Rafael Soares de Almeida

Aprendendo
Banco de Dados com SQLite e Xamarin.Forms Android para Iniciantes

Rafael Soares de Almeida

Aprendendo
Banco de Dados com SQLite e Xamarin.Forms Android para Iniciantes

EDITORA CIÊNCIA MODERNA

Aprendendo Banco de Dados com SQLite e Xamarin.Forms Android para Iniciantes

Editor: Paulo André P. Marques
Produção Editorial: Dilene Sandes Pessanha
Capa: Daniel Jara
Diagramação: Daniel Jara
Copidesque: Equipe Ciência Moderna

FICHA CATALOGRAFICA

ALMEIDA, Rafael Soares de.

Aprendendo Banco de Dados com SQLite e Xamarin.Forms Android para Iniciantes

Rio de Janeiro: Editora Ciência Moderna Ltda., 2021.

1. Informática
I — Título

ISBN: 978-85-399-1078-6 CDD 001.642

Editora Ciência Moderna Ltda.
R. Alice Figueiredo, 46 – Riachuelo
Rio de Janeiro, RJ – Brasil CEP: 20.950-150
Tel: (21) 2201-6662/ Fax: (21) 2201-6896
E-MAIL: LCM@LCM.COM.BR
WWW.LCM.COM.BR **03/21**

Agradecimentos

À minha amada Mãe, Dona Zezé, sem a qual nada disto teria sentido.

À minha querida esposa Gorete e à minha filha Ana Paula, que me ensinam todos os dias o verdadeiro sentido da vida.

Aos meus irmãos, pelo positivismo empregado.

Aos amigos Cláudio Alcântara, Jose Orlando, Profª Msc Maria Beatriz Sena Brignol, Profº Doutor Ailton Feitosa.

Aos amigos que tanto me deram força para continuar nesta caminhada, meu muito obrigado e desculpas por minha ausência.

"O covarde nunca começa, O fracassado nunca termina, O vencedor nunca desiste."

Norman Vincent Peale

Sumário

Capítulo 01

Capítulo 02

Capítulo 03

Capítulo 04

Capítulo 05

Capítulo 06

Anexo V

Capítulo 01

Banco de Dados - Fundamentos

Conceitos Básicos

O que é um Banco de Dados (BD)?

É uma coleção de dados relacionados e armazenados em algum dispositivo.

Propriedades de um BD

1. Um BD é uma coleção de dados com algum significado inerente.
2. Um BD é projetado, construído e "povoado" com dados para um específico propósito.
3. Um BD representa um minimundo.

O que é um SGBD (Sistema de Gestão de Banco de Dados)?

É um software que permite construir e manipular um BD.

Por que usar um SGBD?

- Controlar redundância
- Compartilhamento de dados
- Independência de dados
- Segurança
- Backup e recuperação de falhas
- Forçar restrições de integridade
- Aumentar a produtividade e disponibilidade
- Flexibilidade, padronização.

Quando não usar um SGBD?

- BD de aplicações simples
- Requisitos fortes para tempo real.

Um ambiente de Banco de Dados simplificado, conforme **Figura 1.**

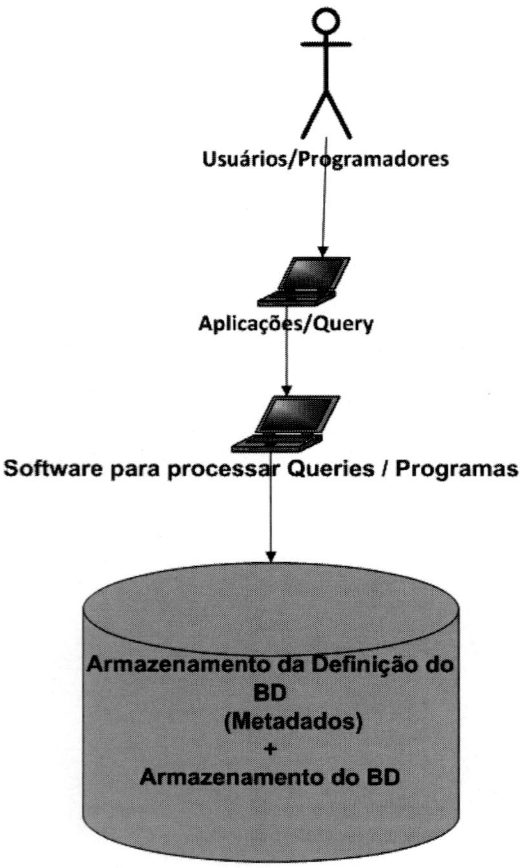

Figura 1

Arquitetura de um SGBD

- Interface de alto nível de abstração que provê: consultas, manipulação de dados, definição de dados, geradores de relatórios, ambientes de desenvolvimento com linguagens de quarta geração;
- Tradutor/otimizador de consultas;
- Visões do usuário de BD;
- Controle de concorrência (sincronização de acessos simultâneos ao BD);
- Controle de integridade (validação de restrições de integridade);
- Controle de segurança (autorização de acesso aos dados);
- Controle de recuperação (torna o SGBD tolerante a falhas);
- Eficiente sistema de arquivos com técnicas de indexação eficientes que permitem armazenar e manipular os dados do BD.

Comparativo SGBD X Sistema de Arquivos

SGBD	**Sistema de Arquivos**
Armazena dados e metadatados;	Definição é parte integrante da aplicação;
A redundância de dados é controlada;	Há bastante redundância de dados
Uso de ferramentas e linguagem de consulta não procedural (o quê);	Tudo tem que ser codificado em linguagem procedural (como);
Independência dados-programa;	Dependência dados-programa
Abstração de dados;	Sem abstração de dados;
Múltiplas visões dos dados;	Visão única dos dados;
Facilita padronização	Difícil padronização
Eficiência, concorrência, compartilhamento, segurança, integridade, tolerância a falhas.	Depende da aplicação

Evolução dos SGBDs

- Até 1960: Sistema de Arquivos integrados. Exemplo: ISAM, VSAM.
- Final de 1960: Modelo Hierárquico. Exemplo: IMS(IBM).
- 1970 & início de 1980: Modelo de Redes (CODASYL). Exemplo: IDMS, DMS-II(Unisys).
- Meados 1980: Modelo Relacional (Codd). Exemplo: DB-2, SQL-DS (IBM), Oracle, Ingres.
- Final de 1980: Modelo Orientado a Objetos e Relacional Estendido (Objeto-Relacional). Exemplo: BDOO: Vbase, O2, Orion, Gemstone, Jasmine, ObjectStore.
- BDRE: Postgres, Illustra/Informix Universal Server, Oracle 8i, IBM DB2 Universal Server
- 1990: BD Inteligentes e Cliente-Servidor, BD e Web, BD multimídia, BD Espacial, Ativo, Temporal, Dedutivo. Exemplo: Krisis.

Pesquisa em Banco de Dados – Novos desafios

- Data Mining –Datawarehousing e OLAP – Banco de Dados Multimídia.
- Banco de Dados Espaciais e Temporais.
- BD Móveis.
- BD e Web, Dados Semiestruturados.
- BD Legados.
- Informação Imprecisa e Incerta.
- Novas Aplicações de BD: Digital Libraries, Comércio Eletrônico, Telecomunicações, Genoma, etc.

Modelos e Esquemas de Dados

Um modelo de dados é um conjunto de conceitos para descrever um BD. Os conceitos são classificados como: estruturas de dados, regras de integridade de dados (RI), operações sobre os dados. Os modelos são eles próprios classificáveis como veremos no item seguinte. Um esquema de dados é a descrição de um BD, segundo um modelo de dados.

Instância de um BD

É o estado (ou conteúdo) do esquema de um BD, num dado instante.

Modelos Lógicos

São os modelos de dados utilizados pelos sistemas de gerência de banco de dados (SGBD). São lógicos porque sua implementação não precisa ser conhecida. Exemplos: Modelo Relacional, Modelos Orientados a Objeto Jasmine, GemStone, etc.

Esquema (Lógico)

É a descrição das estruturas e das operações de um BD específico, utilizando um modelo de dados. Exemplos: Esquema Relacional, Esquema OO Jasmine. Um esquema pode ser personalizado (visão externa).

Modelos e Esquemas Conceituais

Um modelo conceitual é aquele que não é utilizado pelos SGBDs, mas são importantes na chamada fase conceitual do projeto de um BD. Exemplo de modelo conceitual: MER, e suas variações. Um esquema conceitual é a descrição conceitual de um BD específico, segundo um modelo conceitual. Exemplo: Esquema ER.

Modelos e Esquemas Internos

Um modelo interno (também chamado de modelo físico) é aquele que é usado para implementar um modelo lógico. Cada SGBD tem o seu modelo interno. Um esquema interno ou físico é a descrição interna de um BD, segundo o modelo interno ou físico.

Arquitetura em Três Níveis (ANSI/SPARC), representada na **Figura 2**.

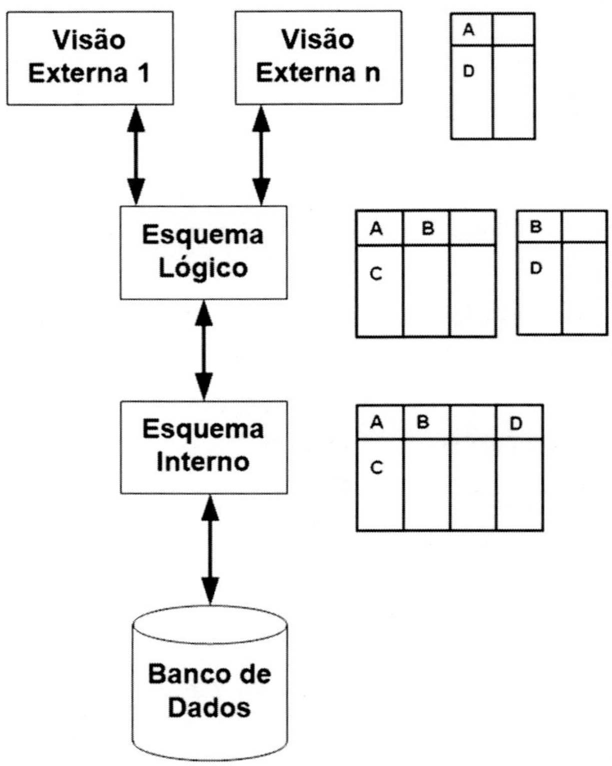

Figura 2

Obs.: Cada esquema (externo, lógico, interno) é um nível de abstração. O nível de abstração mais alto (esquema externo) é muito mais simples do que o nível de abstração mais baixo (esquema interno).

Tipos de Usuário de um BD

- Administrador de BD (ABD)
- Autoriza os acessos ao BD.
    - Coordena e monitora o uso do SGBD.

- Projeta o Esquema Interno do BD.

Projetista de BD

- Projeta os Esquemas Conceitual, Externo e Lógico do BD.

Analista de Sistemas

- Especifica programas que acessam o BD (*programas de aplicação* ou *aplicativos*).

Programador de Aplicações

- Implementa aplicativos.

Usuários Finais

- Usuários Casuais: utilizam esporadicamente o SGBD, utilizando menus, formulários, etc.
- Usuários Paramétricos: utilizam frequentemente o SGBD, fornecendo parâmetros para a execução de aplicativos.
- Usuários Sofisticados: programam suas próprias consultas, utilizando linguagens declarativas, de nível muito alto.

Linguagens e Interfaces

Linguagem de Definição de Dados

- Utilizada por projetistas para definir esquemas lógicos de BD.

Linguagem de Definição de Armazenamento

- Utilizada por ABDs para definir como os dados serão armazenados.

Linguagem de Manipulação de Dados

- Utilizada por programadores e usuários sofisticados para acessar o BD.

Linguagem de Desenvolvimento de Aplicações

- Linguagem declarativa.
- Linguagem procedural ou algorítmica ou sequencial (C, Cobol, etc.), ou orientada a eventos (Windows).
- Linguagem Orientada a Objetos.

Linguagem para Usuários Finais

- Gerador de relatórios.
- Linguagem declarativa.

Capítulo 02

O que é um Banco de Dados Relacional?

Vamos analisar o arquivo da **Figura 3.**

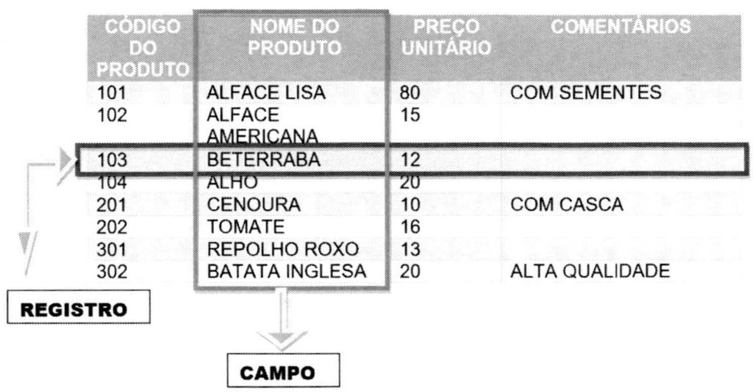

CÓDIGO DO PRODUTO	NOME DO PRODUTO	PREÇO UNITÁRIO	COMENTÁRIOS
101	ALFACE LISA	80	COM SEMENTES
102	ALFACE AMERICANA	15	
103	BETERRABA	12	
104	ALHO	20	
201	CENOURA	10	COM CASCA
202	TOMATE	16	
301	REPOLHO ROXO	13	
302	BATATA INGLESA	20	ALTA QUALIDADE

Figura 3

Podemos dizer que uma unidade de dados no arquivo é chamada de **registro**, **record**, **tupla** ou **linha**. E cada item no **registro** é chamado de **campo, field ou coluna**. Desta forma podemos dizer que um produto corresponde a um **registro**. Então o código do produto, o nome do produto, preço unitário e comentários, vão ser os **campos** deste registro. Consequentemente, cada **registro** contém **campos** do mesmo tipo. No nosso exemplo acima, código do produto é um valor de três dígitos e nome do produto tem 14 caracteres ou mais.

Observe o **campo** código do produto, veja que os números não se repetem. Também não existem **registros** duplicados, desta forma podemos dizer que o código do produto **101** corresponde ao produto **ALFACE LISA**. Veremos com mais detalhes o **campo** código do produto. Mas se olharmos o **campo** preço unitário, vamos identificar valores repetidos, e mesmo sabendo que uma verdura custa R$ 20,00 não teremos como saber se é um **ALHO** ou uma **BATATA INGLESA**. Vamos perceber que podemos identificar dados de um produto somente pelo **campo** código do produto e não pelos demais. Em banco de dados, um **campo** como o de código do produto, no qual os valores não vão ser repetidos, chamamos de único ou **unique**. Desta forma só pode existir um. Observe agora o **campo** comentários. Veja que temos alguns campos vazios, esta ausência de valor, em banco de dados, chamamos de **nulo** ou **null**, que é aceitável em campos que não sejam os que vão identificar dados, no caso de código de produto, não pode haver **nulos**.

Modelos de Dados

É uma coleção de ferramentas conceituais para descrição de dados, relacionamentos de dados, semântica de dados e restrições de consistência. Os vários modelos de dados dividem-se em três diferentes grupos: modelos lógicos baseados em objetos, modelos lógicos baseados em registros e modelos físicos de dados.

Modelos Lógicos Baseados em Objetos

Os modelos lógicos com base em objetos são usados na descrição de dados no nível lógico e de visões. São caracterizados por dispor de recursos de estruturas bem mais flexíveis e por viabilizar a especificação explícita das restrições de dados. Veremos no próximo tópico alguns dos modelos mais conhecidos nessa categoria.

Modelo Entidade-Relacionamento

Tem por base a percepção do mundo real como um conjunto de objetos básicos, chamados entidades, e o relacionamento entre eles. Uma entidade é um objeto do mundo real, que pode ser identificado por outros objetos. Uma pessoa, por exemplo, pode ser considerada uma entidade, as contas de um banco, também são entidades e entre essas duas entidades há um relacionamento. O relacionamento é uma associação entre as entidades.

Modelo Orientado a Objetos

Tem por base um conjunto de objetos. Um objeto contém valores armazenados em várias instâncias dentro do objeto. Instância é o conjunto de informações contidas em um determinado banco de dados em um dado momento. Um objeto também tem um conjunto de códigos, chamados métodos, que operam esse objeto. Os objetos que contêm os mesmos tipos de valores e os mesmos métodos são agrupados em classes. Uma classe pode ser vista como uma definição de tipo para objetos. Essa combinação compacta de dados e métodos abrangendo uma definição de tipos é similar ao tipo abstrato em uma linguagem de programação. O único modo pelo qual um objeto pode conseguir acesso aos dados de outro objeto é por meio do método desse outro objeto.

Modelos Lógicos Baseados em Registros

São usados para descrever os dados no nível lógico e de visão. São usados tanto para especificar a estrutura lógica do banco de dados quanto para implementar uma descrição de alto nível.

Modelo Hierárquico

A organização dos dados no modelo hierárquico é do tipo árvore. A estrutura de árvore pode ser pensada como uma raiz que se distribui em ramos e folhas. Uma raiz tem vários ramos e cada galho tem várias folhas. O caminho raiz-galho-folha é único, não existindo duas formas diferentes de chegar a uma folha a partir da raiz. Tal organização lembra como o próprio nome do modelo sugere que existe uma determinada hierarquia entre os dados.

Modelo de Rede

Esse modelo é uma extensão do modelo hierárquico, porém difere do hierárquico no fato de que no último, um registro filho pode ter apenas um registro pai, já no primeiro, pode ter vários registros pai.

Modelos Físicos de Dados

Os modelos físicos de dados são usados para descrever os dados no nível mais baixo. Esses modelos captam os aspectos de implementação do sistema de banco de dados.

Modelo Relacional

Nesse modelo, o banco de dados é representado como uma coleção de relações. Pode-se pensar uma tabela como uma coleção de relações, onde cada linha representa um conjunto de dados relacionados entre si. Os dados de uma linha representam fatos do mundo real. Como vimos, a base é uma tabela bidimensional, que chamamos de relação. Dados como os da **tabela** de **produtos** do nosso exemplo são fáceis de tabular. Uma **tabela** é chamada de **relação**. Na tabela **produtos**, no nosso exemplo, podemos fazer a seguinte relação: uma **unidade de dados** ou **registro** vamos chamar de **linha** ou **Tupla** e cada **item de dados** ou **campos**, vamos chamar de **coluna** ou **Atributos**. Existe um **campo** que tem um papel muito importante no banco de dados, que é chamado de **chave** ou **key**. No nosso exemplo, o campo **código do produto**, é um exemplo de **chave**, pois é ele que vai identificar os dados da tabela **produtos**, por este motivo chamamos esse código de **chave primária** ou **primary key**. Ela tem que ser única e não pode ser **nula**.

Este modelo foi projetado para que possamos trabalhar os dados com operações matemáticas, também conhecidas como álgebra relacional. Vamos voltar ao nosso exemplo da **tabela Produtos** e vamos extrair os dados da **coluna nome do produto**, veja como ficou, conforme **Figura 4.**

CÓDIGO DO PRODUTO	NOME DO PRODUTO	PREÇO UNITÁRIO	COMENTÁRIOS
101	ALFACE LISA	80	COM SEMENTES
102	ALFACE AMERICANA	15	
103	BETERRABA	12	
104	ALHO	20	
201	CENOURA	10	COM CASCA
202	TOMATE	16	
301	REPOLHO ROXO	13	
302	BATATA INGLESA	20	ALTA QUALIDADE

π

NOME DO PRODUTO
ALFACE LISA
ALFACE AMERICANA
BETERRABA
ALHO
CENOURA
TOMATE
REPOLHO ROXO
BATATA INGLESA

Figura 4

O que fizemos foi **extrair** a **coluna nome do produto** usando uma operação de álgebra relacional chamada de **projeção**. São oito operações de álgebra relacional, e elas se dividem em duas categorias: **de conjunto** e **relacionais**, conforme lista abaixo:

Operações de Conjunto:

1. União;
2. Diferença;
3. Intersecção;
4. Produto Cartesiano.

Operações Relacionais:

1. Projeção;
2. Seleção;
3. Junção;
4. Divisão.

Veremos mais sobre isto nos próximos tópicos. Outra vantagem do modelo de dados relacional é que podemos processar os dados, fazendo a combinação dessas operações.

Operações de Extração de Dados

Operações de Conjunto

São as operações de **união**, **diferença**, **intersecção** e **produto cartesiano**. Elas atuam sobre um ou mais conjuntos de linhas para produzir um novo conjunto de linhas. Em resumo, elas determinam quantas linhas da entrada aparecem na saída. Vamos usar como exemplos a **Tabela de Produtos 1** e a **Tabela de Produtos 2**, conforme abaixo:

Tabela de Produto 1	
Nome Do Produto	**Preço Unitário**
Alface Lisa	80
Alface Americana	15
Beterraba	12
Alho	20

Tabela de Produto 2	
Nome Do Produto	**Preço Unitário**
Alface Lisa	80
Alface Americana	15
Cenoura	10
Tomate	35

União – Union

É uma operação binária que cria uma relação partindo de duas outras relações, estabelecendo assim, a união de todas as **linhas** ou **tuplas** dessa nova relação. Seu símbolo é: . Vejamos: usando nossas tabelas de exemplo:

R = conjunto de linhas ou tuplas de **NOME DO PRODUTO** e **PREÇO UNITÁRIO** da tabela de **PRODUTOS 1**

A = conjunto de linhas ou tuplas de **NOME DO PRODUTO** e **PREÇO UNITÁRIO** da tabela de **PRODUTOS 2**

G = R ∪ A

Nome do Produto	Preço Unitário
Alface Lisa	80
Alface Americana	15
Beterraba	12
Alho	20
Cenoura	10
Tomate	35

Efetuar a operação de união permite que se extraiam todos os produtos inclusos na tabela de **PRODUTO 1** e na tabela de **PRODUTO 2**. O resultado encontra-se ao lado.

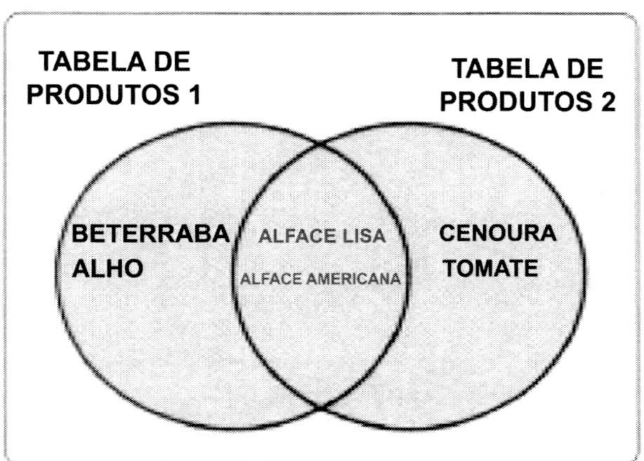

Figura 5

A operação de união extrai todas as linhas nas duas tabelas e as combina. A **Figura 5** mostra como ficam os dados das duas tabelas depois que a operação foi executada. Todas as linhas na Tabela de **PRODUTO 1** e na de **PRODUTO 2** foram extraídas.

Diferença – Difference

É uma operação que cria uma relação partindo de duas outras relações, o qual resultará em uma nova relação que contenha todas as **linhas** ou **tuplas** que pertençam à primeira relação e não pertença à segunda. Seu símbolo é: **-**. Vejamos, usando nossas tabelas de exemplo:

R = conjunto de linhas ou tuplas de **NOME DO PRODUTO** e **PREÇO UNITÁRIO** da tabela de **PRODUTOS 1**

A = conjunto de linhas ou tuplas de **NOME DO PRODUTO** e **PREÇO UNITÁRIO** da tabela de **PRODUTOS 2**

G = R - A

O resultado encontra-se abaixo.

Nome do Produto	Preço Unitário
Beterraba	12
Alho	20

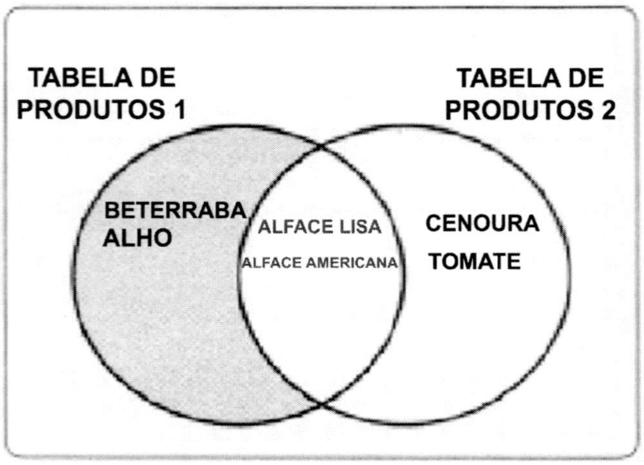

Figura 6

Intersecção – Intersection

É uma operação binária que cria uma relação partindo de duas outras relações, estabelecendo assim a intersecção das duas, gerando uma nova relação e estarão presentes apenas os dados pertencentes às duas condições preestabelecidas. Seu símbolo é: . Vejamos, usando nossas tabelas de exemplo:

R = conjunto de linhas ou tuplas de **NOME DO PRODUTO** e **PREÇO UNITÁRIO** da tabela de **PRODUTOS 1**

A = conjunto de linhas ou tuplas de **NOME DO PRODUTO** e **PREÇO UNITÁRIO** da tabela de **PRODUTOS 2**

G = $R \quad A$

Aqui vemos o resultado da intersecção das Tabelas de **PRODUTO 1** e **PRODUTO 2**.

Nome do Produto	Preço Unitário
Alface Lisa	80
Alface Americana	15

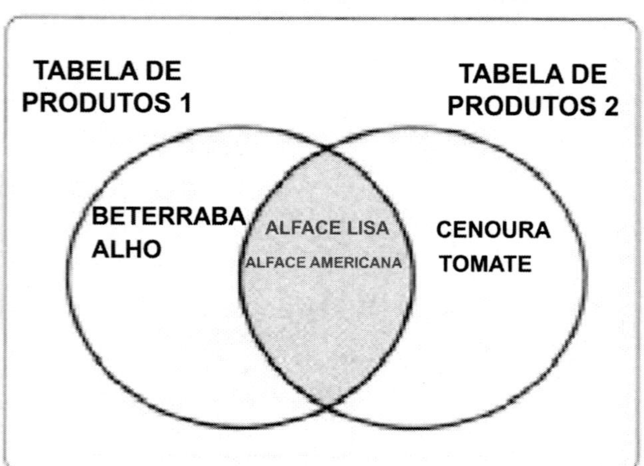

Figura 7

Produto Cartesiano – Product

Operação binária que permite a combinação de informações de duas relações quaisquer, assim a relação resultante conterá todas as **linhas** ou **tuplas** da primeira relação relacionadas às da segunda relação. Seu símbolo é: **X**.

K = conjunto de linhas ou tuplas da **Tabela Produtos**
L = conjunto de linhas ou tuplas da **Tabela Destino Exportação**
R = K x L

Tabela Produtos		
CÓDigo Produto	Nome do Produto	Preço Unitário
177	Alface Lisa	80
117	Alface Americana	15
133	Beterraba	12

Tabela de Destino Exportação	
CÓDigo Destino	Nome Destino
77	EUA
17	Alemanha
33	França

Observem que temos 03 **linhas** ou **tuplas** em cada tabela. Como vimos, a operação produto Cartesiano combina todas as linhas nas duas tabelas. Neste exemplo, ela resulta em 3 x 3 = 9 linhas.

CÓDigo Produto	Nome Produto	Preço Unitário	CÓDigo Destino	Nome Destino
177	Alface Lisa	80	77	EUA
177	Alface Lisa	80	17	Alemanha
117	Alface Lisa	80	33	França
117	Alface Americana	15	77	EUA
117	Alface Americana	15	17	Alemanha
117	Alface Americana	15	33	França
133	Beterraba	12	77	EUA
133	Beterraba	12	17	Alemanha
133	Beterraba	12	33	França

Operações Relacionais

Vamos dar uma olhada em outras quatro operações específicas de um banco de dados relacional, chamadas operações relacionais - projeção, seleção, junção e divisão.

Projeção – Projection

Esta operação também é unária. Produz um subconjunto com apenas as **colunas** ou **atributos** escolhidos na condição especificada, filtrando colunas e se coloca na operação o nome das colunas desejadas para a criação do novo conjunto. Este tipo de relação é vertical e o seu símbolo é: π. Vamos usar como exemplo a **Tabela de Produtos**, conforme abaixo:

Tabela de Produtos		
CÓDigo Produto	Nome do Produto	Preço Unitário
177	Alface Lisa	80
117	Alface Americana	
133	Beterraba	12

R = π NOME DO PRODUTO (PRODUTOS). Abaixo, vemos o resultado da **Projeção**:

Nome do Produto
Alface Lisa
Alface Americana
Beterraba

Pense na projeção como uma extração "vertical", conforme **Figura 8**.

Figura 8

Seleção – Select

Operação unária, pois atua sobre uma única relação, produzindo um subconjunto apenas com os elementos especificados na condição. É conhecida também como uma operação que filtra linhas de uma tabela, através da construção de um subconjunto horizontal de uma relação. Seu símbolo é: σ.

σ **NOME DO PRODUTO** = '**ALFACE AMERICANA**' (**PRODUTOS**)

A operação seleção extrai linhas de uma tabela. Abaixo vemos o resultado da **Projeção**:

CÓDigo Produto	Nome Do Produto	Preço Unitário
117	Alface Americana	15

Seleção é como projeção, mas extrai linhas em vez de colunas. A seleção extrai dados "horizontalmente", conforme **Figura 9**.

Figura 9

Junção – Join

Esta operação tem como objetivo unir duas tabelas, as quais possuem um atributo em comum. Este tipo de operação é muito utilizado quando tratamos de relacionamentos com chaves estrangeiras, em que é realizada uma seleção a partir dos atributos de um relacionamento sobre um produto cartesiano das tabelas. Seu símbolo é: **|x|**. Vamos usar como exemplo a **Tabela de Produtos** e a **Tabela Vendas**:

Tabela de Produtos		
CÓDigo Produto	Nome do Produto	Preço Unitário
177	Alface Lisa	80
117	Alface Americana	15
133	Beterraba	12
114	Alho	20

Tabela de Vendas		
Data	CÓDigo Produto	Quantidade
1/11	117	1100
1/11	177	
5/11	133	1700
8/11	177	500

As colunas **CÓDIGO PRODUTO** nessas duas tabelas representam a mesma informação. Em 01 de novembro, 1100 **ALFACE AMERICANA** (**CÓDIGO PRODUTO 117**) foram vendidos. A **Tabela de Vendas** não inclui o nome do produto, mas inclui seu código. Em outras palavras, a **Tabela de Vendas** permite entender qual produto foi vendido fazendo referência ao código, que é a chave primária (**primary key**) na **Tabela de Produtos**. O código do produto na **Tabela de Vendas** é uma chave estrangeira (**foreign key**). Juntar as duas tabelas para que a chave estrangeira corresponda à chave primária:

Produtos **|x|** Vendas = σProdutos.CÓDIGO PRODUTO = Vendas.CÓDIGO PRODUTO (Produtos × Vendas)

Vai resultar na seguinte tabela.

Data	CÓDigo Produto	Nome do Produto	Preço Unitário	Quantidade
1/11	117	Alface Americana	80	1100
1/11	177	Alface Lisa	80	300
5/11	133	Beterraba	12	1700
8/11	177	Alface Lisa	80	500

A operação de **junção** ou **join** é muito poderosa. Ela literalmente refere-se à tarefa de juntar tabelas. Isso cria uma nova tabela dinâmica de dados de **Vendas**, incluindo a data, o código do produto, o nome do produto, seu preço unitário e a quantidade. A **Figura 10** mostra uma junção - a área sombreada representa uma coluna que aparece nas duas tabelas originais.

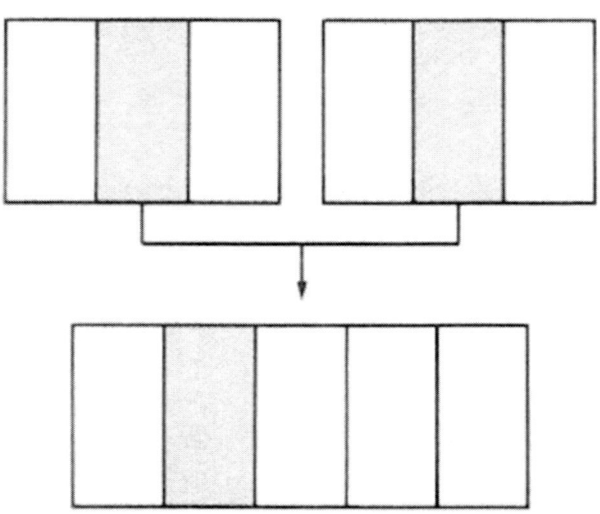

Figura 10

Divisão – Division

Finalmente, vamos examinar a divisão. Operação binária, a qual resultará em uma tabela que conterá apenas os elementos da primeira tabela que se relacionem com todos os elementos da segunda tabela. Seu símbolo é: ÷. Vamos ver um exemplo.

Tabela Vendas		
CÓDigo Destino	Nome Destino	Data
77	EUA	5/3
77	EUA	10/3
17	Alemanha	5/3
25	França	21/3
30	Portugal	25/3

Tabela Destinos Exportacao	
CÓDigo Destino	Nome Destino
77	EUA
17	Alemanha

π **CÓDIGO DESTINO** (**Vendas** ÷ (π **CÓDIGO DESTINO** (**Destinos Exportacao**))

Dividir a **Tabela Vendas** pela de **Destino Exportação** resulta na tabela abaixo:

Data
5/3

Isso permite encontrar as datas quando as verduras foram exportadas tanto para os **EUA** quanto para a **Alemanha**.

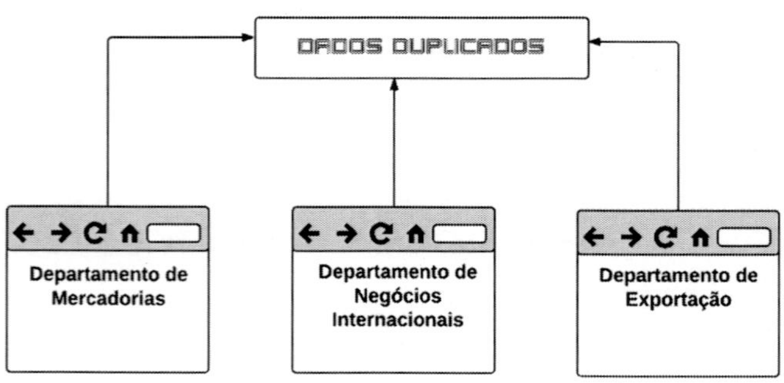

Figura 11

Dados Duplicados – Redundância

Os gestores da empresa **Rei das Verduras** não estão satisfeitos com o sistema atual. Isto se deve ao fato de que cada departamento da empresa gerencia seus dados independentemente. Por exemplo, os departamentos de **Mercadorias** e o de **Exportação** criam cada um, arquivos para gerenciar dados sobre verduras, conforme **Figura 11**.

Assim, os dados são duplicados sem necessidade entre todos os departamentos. Cada um dos departamentos gasta tempo inserindo seus dados, e ocupa espaço desnecessário em seus discos rígidos, para só depois imprimir formulários de checagem, e todo esse processo é um desperdício. Além disso, dados mantidos em um departamento em particular nunca são compartilhados eficientemente com os outros.

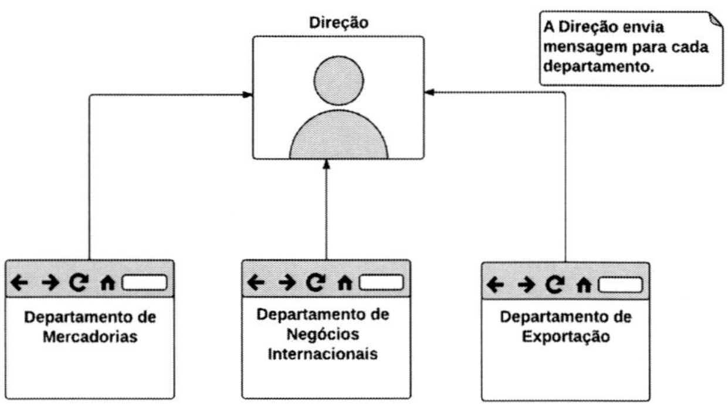

Figura 12

E tem mais, este sistema também cria problemas quando é necessário alterar os dados. Por exemplo, vamos imaginar que o preço das beterrabas sofra alguma alteração. Para gerenciar esta situação, a direção da empresa precisa comunicar esse fato a cada departamento separadamente, o que gera um grande inconveniente, além de gerar conflito nos dados, conforme **Figura 12**.

Conflitos nos Dados

Quando nós mesmos tentamos criar um banco de dados, o primeiro passo é determinar as condições dos dados que se está tentando modelar. Aparentemente parece fácil comunicar a cada departamento sobre a mudança no preço das beterrabas, mas isso pode criar novos problemas. Imaginemos que a **Empresa** envie um comunicado aos três departamentos sobre a alteração de preço. Mas, o **DEPARTAMENTO DE NEGÓCIOS INTERNACIONAIS** por algum motivo, pode esquecer de processar a mudança de preço, ou ainda, o **DEPARTAMENTO DE EXPORTAÇÕES**, por algum motivo, alterou o valor para R$ 3,00 ao invés de R$ 1,20. Esses tipos de erros geram o que chamamos de dados conflitantes entre os departamentos, fazendo com que o conteúdo do sistema de arquivos seja diferente das condições no mundo real, conforme tabela abaixo:

Departamento de Mercadorias		Departamento de Negócios Internacionais		Departamento de Exportação	
Nome do Produto	Preço Unitário	Nome do Produto	Preço Unitário	Nome do Produto	Preço Unitário
Alface Lisa	8,0	Alface Lisa	8,0	Alface Lisa	8,0
Alface Americana	9,5	Alface Americana	9,5	Alface Americana	9,5
Beterraba	1,20	Beterraba	1,00	Beterraba	3,00
Alho	1,05	Alho	1,05	Alho	1,05

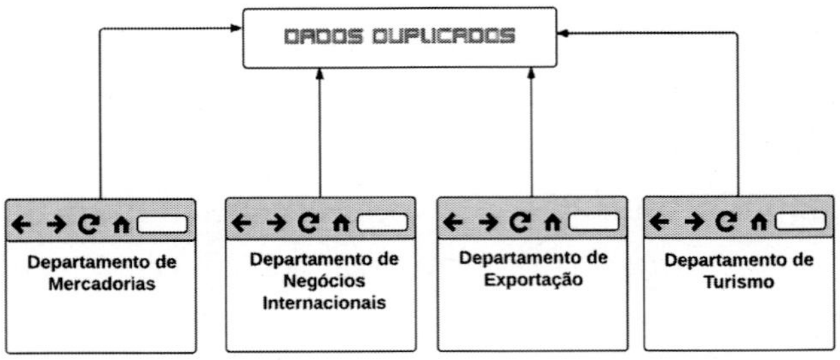

Figura 13

Dificuldade na Atualização dos Dados

Vimos até o momento que o sistema atual gera dados conflitantes, e acaba dificultando para responder a alterações que venha a acontecer nos negócios. Vamos supor que a **Empresa** queira criar um novo empreendimento em turismo ecológico, conforme **Figura 13.**

Onde um guia turístico fará um tour pelos canteiros e ao ser perguntado sobre os preços das vendas de verduras da **Empresa**, ele terá que usar as informações de vendas mais atualizadas. Desta forma, o sistema do jeito que se encontra atualmente não permite necessariamente que os departamentos acessem os dados uns dos outros, uma vez que os arquivos são mantidos independentemente. Para gerenciar esse novo negócio de turismo, a **Empresa** teria que criar um novo arquivo, conforme **Figura 13**.

Departamento de Mercadorias		Departamento de Turismo	
Nome do Produto	Preço Unitário	Nome do Produto	Preço Unitário
Alface Lisa	8,00	Alface Lisa	8,00
Alface Americana	9,50	Alface Americana	9,50
Beterraba	1,20	Beterraba	1,20
Alho	1,05	Alho	1,05

Isto seria uma catástrofe, pois a cada novo empreendimento criado seriam criados mais dados duplicados. Podemos concluir que o sistema atual tem essas limitações, ou seja, o mesmo não é eficiente. O que irá dificultar o início de novos projetos e a resposta a alterações no ambiente.

Capítulo 03

A Solução para estes Problemas: Usar um Banco de Dados

A pergunta que a **Empresa** tem que responder é: por que esse sistema é tão ineficiente? Vimos que o maior problema é o gerenciamento isolado e independente dos dados. O que a **Empresa** deve fazer? A resposta para esta pergunta é bem simples: deve ser providenciada a criação de um banco de dados, onde o mesmo deve unificar o gerenciamento de dados para a **Empresa** toda, conforme **Figura 14**.

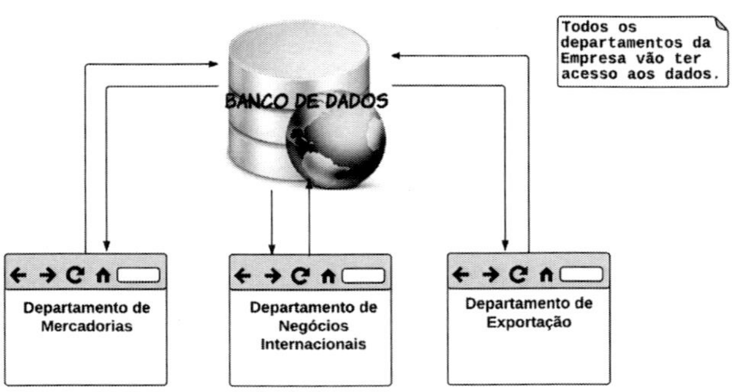

Figura 14

Veremos no próximo tópico como faremos isto. Ao gerenciar os dados de forma centralizada, estamos garantindo que cada departamento obtenha as informações corretas, pois cada um dos departamentos vai efetuar consultas a uma única fonte de dados. Assim, o sistema se torna eficiente evitando os dados conflitantes e, ao mesmo tempo, vamos eliminar a duplicidade de dados, o que vai permitir, com muita facilidade, a inclusão e integração de novos departamentos.

Como Usar um Banco de Dados

Para criarmos e usarmos um banco de dados, devemos entender seus desafios peculiares. Primeiro, o banco de dados será usado por muitas pessoas, neste caso devemos encontrar uma forma para que elas possam incluir, alterar e extrair dados facilmente, ou seja, um processo fácil que todos possam utilizar. Este novo sistema apresenta alguns riscos, do tipo que pode deixar que usuários roubem ou alterem informações importantes como dados de salários, que são confidenciais e devem ser protegidos por uma restrição de acesso. Ou, ainda, apenas o **DEPARTAMENTO DE EXPORTAÇÃO** deve ter acesso aos dados de vendas. Estes questionamentos são importantes, pois devemos fazer a configuração de segurança e permissões no banco de dados quando um novo sistema é criado, é de suma importância.

Outro problema que podemos prever é que o banco de dados pode ser usado por muitas pessoas ao mesmo tempo. Por exemplo, um funcionário do **DEPARTAMENTO DE NEGÓCIOS INTERNACIONAIS** e um funcionário do **DEPARTAMENTO DE EXPORTAÇÃO** tentar alterar o nome de uma verdura ao mesmo tempo - o primeiro de **BETERRABA** para **B**, e o segundo de **BETERRABA** para **BE**. Se isto acontecer, como ficará o nome do produto? Devemos ter em mente que um banco de dados será usado por muitas pessoas, e esse tipo de problema deve ser considerado.

Devemos ter cuidado para não perder nenhum dado. Pois o sistema pode ficar instável, pode ficar fora do ar ou um disco rígido pode dar problemas, desta forma os dados podem ser corrompidos. Então, o banco de dados dever ter mecanismos para recuperar-se desses tipos comuns de falhas. Além da previsão de falhas, devemos estar cientes que o banco de dados vai armazenar muitos dados, assim devemos ser capazes de buscar estas informações com rapidez. Ao criarmos o novo sistema, precisamos fazer com que o mesmo tenha a capacidade de lidar com isso. Veremos como resolver esses problemas.

Projetando um Banco de Dados

O Modelo Entidade-Relacionamento – E-R

Para criar um **Banco de Dados**, primeiro temos que conseguir entender as condições reais do cenário que estamos analisando. Para efeitos didáticos, vamos estudar o cenário da empresa **Rei das Verduras**, empresa de produção e comercialização de verduras cujo objetivo principal é exportação de verduras de qualidade para vários países, de todos os continentes. A produção de verduras é administrada por diversos arquivos criados pelos **DEPARTAMENTOS DE MERCADORIAS**, **NEGÓCIOS INTERNACIONAIS** e **EXPORTAÇÃO**. O **Departamento** de **Mercadorias** é responsável por manter registro de todas as verduras produzidas na empresa. O **Departamento de Negócios Internacionais** é responsável pelo controle dos países estrangeiros que são parceiros de negócios da empresa. O **Departamento de Exportação** é responsável por registrar a quantidade e os tipos de verduras que a empresa exporta. Cada um destes departamentos gerencia seus dados sobre valores e números sobre produtos, clientes e vendas.

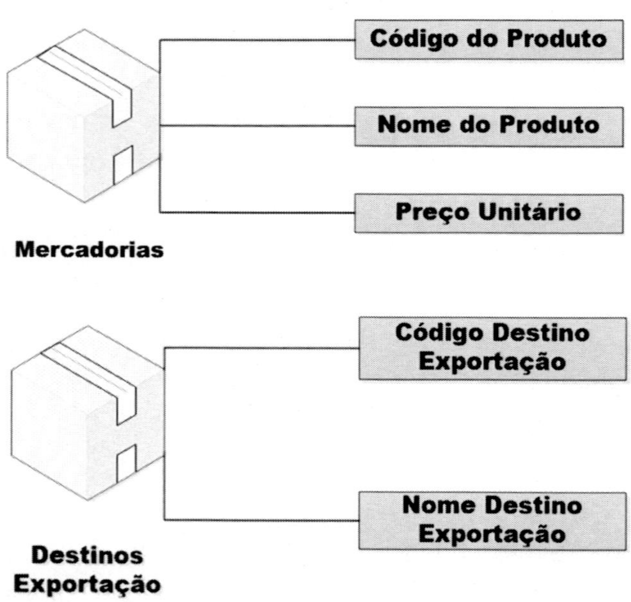

Figura 15

Este modelo é utilizado para analisar as condições da realidade da **Empresa**, ou seja, seu mundo real. **Entidade** é um objeto que se pode identificar neste mundo real, como exemplo, podemos citar a exportação de verduras para outros países, temos aí **Mercadorias** e **Destinos Exportação**, que são considerados **Entidades**. Neste caso devemos associar uma **Entidade** com suas propriedades, desta forma teremos a seguinte representação, conforme **Figura 15**.

Figura 16

Após analisarmos estas duas entidades, podemos concluir que deve existir um relacionamento entre estas duas entidades, **Mercadorias** e **Destinos Exportação**, veremos que se vendem **Mercadorias** para estes destinos, ou seja, mercadorias são exportadas para muitos países e cada **Destino Exportação** compra muitos tipos de mercadorias. Neste caso, muitos destinos de exportação – **N**, estão associados com muitas mercadorias – **N**, se pensarmos um pouco sobre isso, veremos que este é um relacionamento de **muitos-para-muitos**. No modelo **E-R**, o número de associações, chamado de **cardinalidade**, entre entidades deve ser considerado. Desta forma vamos ter um **Modelo E-R**, conforme **Figura 16**.

Figura 17

No modelo acima mercadorias são exportadas para múltiplos destinos de exportação, e cada um destes importa diversos tipos de mercadorias. Temos um problema aqui, pois nenhum banco de dados relacional implementa relacionamentos de **N:N**, **muitos-para-muitos**, desta forma temos que criar uma entidade que chamamos de associativa, que vai retirar o relacionamento **N:N** e deixar um relacionamento **1:N**, ou **um-para-muitos** e temos também o relacionamento **1:1**, **um-para-um**. Veja como ficou agora nosso modelo, conforme **Figura 17**.

Desta forma a entidade associativa **VENDAS**, passa a receber a chave primária da entidade **MERCADORIAS** e a chave primária da entidade **DESTINOS EXPORTAÇÃO**. Desta forma poderemos implementar as tabelas no banco de dados relacional. Descobrimos a condição real da **Empresa Rei das Verduras**, através do nosso **Modelo E-R**. Mas antes de implementar este modelo, devemos realmente verificar se está tudo de acordo com o que necessitamos.

Normalizando uma Tabela

Sabemos as reais condições da **Empresa**, mas ainda não podemos implementar o Banco de Dados, pois ainda temos que aprender sobre normalização, que é o processo de tabular dados do mundo real em um banco de dados relacional. É necessário normalizar dados para gerenciar apropriadamente um banco de dados relacional. Vamos verificar uma tabela, feita em um formulário, dos relatórios de vendas, conforme abaixo:

Relatório de vendas

Código Vendas	Data	CÓDigo Destino	Nome Destino	Código Do Produto	Nome Do Produto	Preço Unitário	Quantidade
1	5/3	1	EUA	1	Alface Lisa	8,00	1100
				2	Alface Americana	9,5	300
2	7/3	2	França	3	Beterraba	1,20	1700
3	8/3	3	Alemanha	4	Alho	1,05	500
4	10/3	1	EUA	1	Alface Lisa	8,00	2500
5	12/3	3	Alemanha	3	Beterraba	1,20	2000
				4	Alho	1,05	700

Este relatório do jeito que está não pode ser usado para criar nosso banco de dados, pois em um banco de dados relacional, temos que fazer a tabela o mais fácil possível de ser usada. Observem que neste relatório de vendas, temos duas linhas de produtos em uma única linha de dados, pois algumas vezes são processados dois ou mais produtos em um único relatório de vendas. Chamamos esta técnica de forma **desnormalizada**, é uma tabela na qual itens que aparecem mais de uma vez não foram removidos. É mais fácil de entender se cada linha da tabela tivesse um único valor. Assim não podemos gerenciar bem os dados usando este tipo de tabela em um banco de dados relacional. Consequentemente, é preciso dividir a tabela, para podermos gerenciar os dados corretamente e sem discrepâncias. Vamos supor que a **Empresa** queira aumentar o preço da **ALFACE LISA** em R$ 2,00. Se usarmos a tabela do jeito que se encontra, teremos que encontrar todas as linhas com o produto **ALFACE LISA** e corrigir o preço unitário. Mas se tivermos uma tabela somente de **Produtos**, poderemos corrigir o preço da **ALFACE LISA** em apenas um lugar, ou seja, uma linha na **Tabela Produtos**. Desta forma vamos evitar o conflito de informações, caso esqueçamo-nos de corrigir alguma linha. Chamamos isto de normalização. Existem várias formas **Normais**, mas geralmente usamos somente três formas **Normais**.

A primeira forma normal refere-se a uma tabela simples, bidimensional, resultante da divisão do original **desnormalizada**. Pode ser considerada como uma tabela com um item em cada célula. A tabela é dividida para que nenhum item apareça mais de uma vez. Vamos alterar nossa tabela para que cada linha tenha um único valor. Observem que dados repetidos são uma pista de que linhas devem ser divididas. Assim vamos dividir a tabela, em uma tabela com código Vendas, datas, código de Destino Exportação e nome Destino Exportação.

1ª Forma Normal (1) – Tabela de Vendas

Código Vendas	Data	CÓDigo Destino	Nome Destino Exportação
1	5/3	1	EUA
2	7/3	2	França
3	8/3	3	Alemanha
4	10/3	1	EUA
5	12/3	4	Alemanha

Agora vamos dividir novamente e criar uma tabela com o código vendas, código do produto, nome do produto, preço unitário e quantidade.

1ª Forma Normal (2) – Tabela de Detalhes de Vendas

Código Vendas	Código Do Produto	Nome Do Produto	Preço Unitário	Quantidade
1	1	Alface Lisa	8,00	1100
1	2	Alface Americana	9,50	300
2	3	Beterraba	1,20	1700
3	4	Alho	1,05	500
4	1	Alface Lisa	8,00	2500
5	3	Beterraba	1,20	2000
5	4	Alho	1,05	700

Observem que código Vendas existe em ambas as tabelas, desta forma podemos identificar se existem associações entre as duas tabelas. As tabelas na **1ª Forma Normal** ainda não podem ser usadas como tabelas de um banco de dados relacional. Vamos dar uma olhada na **Tabela de Detalhes de Vendas – 1ª Forma Normal (2)**, que é a tabela de detalhes de vendas, observem que ainda não podemos gerenciar produtos com esta tabela, pois se recebêssemos outro tipo de verdura, **CEBOLA**, não poderíamos adicioná-la nesta tabela, pois elas ainda não foram vendidas. Já que nenhuma venda foi informada, o código Vendas e a quantidade são desconhecidos, sem contar que os dados relacionados a produtos e vendas estão misturados. Não podemos gerenciar produto independentemente usando a **Tabela de Detalhes de Vendas – 1ª Forma Normal (2)**. Vamos dividi-la em duas. A segunda forma normal refere-se a uma tabela na qual uma chave que pode identificar dados determina os valores de outras colunas. Em um banco de dados relacional, um valor é chamado de funcionalmente dependente se ele determinar valores em outras colunas. Na segunda forma normal, a tabela é dividida para que valores em outras colunas sejam funcionalmente dependentes da chave primária. Aqui, é a chave primária que determina valores em outras colunas. Veja o resultado.

2ª Forma Normal (1) – Tabela de Produtos

Código Do Produto	Nome Do Produto	Preço Unitário
1	Alface Lisa	8,00
2	Alface Americana	9,5
3	Beterraba	1,20
4	Alho	1,05

2ª Forma Normal (2) – Tabela de Detalhes de Vendas

Código Vendas	Código Do Produto	quantidade
1	1	1100
1	2	300
2	3	1700
3	4	500
4	1	2500
5	3	2000
5	4	700

Na **Tabela de Produtos – 2ª Forma Normal (1)**, temos dados relacionados aos **Produtos**. Se o valor na coluna código do produto for determinado, podemos encontrar dados nas colunas do nome do produto e do preço unitário. Isto significa que o código do produto, como **chave primária**, vai determinar os valores em outras colunas. Já a **Tabela de Detalhes de Vendas – 2ª Forma Normal (2)**, os dados relacionados aos itens de detalhes de vendas, e o valor de suas colunas, são determinados pela **chave primária**, mas, para esta tabela, vamos considerar a combinação do **código Vendas + código do produto** como uma chave primária.

Veremos que em alguns casos, podemos vender dois tipos de produtos ao mesmo tempo e, um tipo de produto com quantidades diferentes, e por este motivo dividimos a tabela e chegamos à **2ª Forma Normal**. Agora novos produtos podem ser acrescentados, mesmo se o preço de outros produtos mudarem, bastando para isto, corrigir os dados em uma única linha. Dividimos a **Tabela de Detalhes**

de Vendas – 1ª Forma Normal (2), então não vamos precisar dividir a **Tabela de Vendas – 1ª Forma Normal (1)?** Veja que nesta tabela, se o valor do código Vendas for determinado, todos os outros valores, data, código destino exportação e nome do Destino Exportação ficam determinados. Neste caso, quando classificamos uma tabela em que os valores em outras colunas são determinados quando a chave primária também é, dizemos que está na **2ª Forma Normal**, ou seja, esta tabela já está na **2ª Forma Normal**.

2ª Forma Normal (3) – Tabela de Vendas

Código Vendas	Data	CÓDigo Destino	Nome Destino Exportação
1	5/3	1	EUA
2	7/3	2	França
2	8/3	3	Alemanha
4	10/3	1	EUA
5	12/3	3	Alemanha

Terminamos a primeira e a segunda formas normais, mas ainda não estamos aptos a criar nosso banco de dados, pois não conseguimos gerenciar os destinos de exportação com a **Tabela de Vendas 2ª – Forma Normal (3)**, pois não podemos acrescentar outro país nesta tabela, pois os dados que relacionam destinos de exportação e vendas estão misturados. Na terceira forma normal, uma tabela é dividida para que um valor não seja determinado por nenhuma chave não primária. Em um banco de dados relacional, um valor é chamado de transitivamente dependente se ele determinar valores em outras colunas indiretamente, o que é parte de uma operação funcionalmente dependente. Na terceira forma normal, a tabela é dividida para que valores transitivamente dependentes sejam removidos. Para podermos gerenciar estas informações, vamos dividir novamente esta tabela. Deve ficar conforme abaixo:

3ª Forma Normal (1) – Tabela de Vendas

Código Vendas	Data	CÓDigo Destino
1	5/3	1
2	7/3	2
3	8/3	3
4	10/3	1
4	12/3	3

3ª Forma Normal (2) – Tabela de Destinos de Exportação

Código Destino	Nome Destino Exportação
1	EUA
2	França
3	Alemanha

Observem que na **Tabela de Vendas 2ª – Forma Normal (3)**, o nome dos destinos exportação é determinado de acordo com o código Vendas, assim, determinado código Vendas corresponde a um valor de código de **Destino Exportação**, assim sendo, determinando o nome do **Destino Exportação** indiretamente. Para resolver estas questões, dividimos a tabela para que nenhum item seja determinado indiretamente. Resumindo, uma tabela que não permite que outra chave, exceto a primária, determine valores em outras colunas, está na terceira forma normal. Agora podemos gerenciar **Produtos**, **Destino Exportação** e **Vendas**, usando as tabelas que criamos e normalizamos. Veja como ficou ao final:

Tabela Vendas

Código Vendas	Data	Codigo Destino
1	5/3	1
2	7/3	2
3	8/3	3
4	10/3	1
5	12/3	3

Tabela de Destinos Exportação

Codigo Destino	Nome Destino Exportação
1	EUA
2	França
3	Alemanha

Tabela de Detalhes Vendas

Código Vendas	Código Do Produto	Quantidade
1	1	1100
1	2	300
2	3	1700
3	4	500
4	1	2500
5	3	2000
5	4	700

Tabela Produtos

Código Do Produto	Nome Do Produto	Preço Unitário
1	Alface Lisa	8,00
2	Alface Americana	9,50
3	Beterraba	1,20
4	Alho	1,05

O código de **Destino Exportação** na tabela de **Vendas** se refere ao código correspondente na tabela **Destinos Exportação**. Assim como, o código do produto na tabela **Detalhes Vendas** se refere ao código equivalente na tabela de **Produtos**. O código Vendas na tabela **Detalhes Vendas** se refere ao código equivalente na tabela de **Vendas**. Estas colunas que são equivalentes em outras tabelas, chamamos de **chaves estrangeiras** ou **foreign key**. Estas chaves se referem às chaves primárias de outras tabelas.

Capítulo 04

Visão Geral do SQLite

Vamos entender o que é o **SQLite**, como ele difere do **SQL**, por que é necessário e como ele lida com o banco de dados de aplicativos. **SQLite** é uma biblioteca de software que implementa um mecanismo de banco de dados **SQL** autônomo, sem servidor, de configuração zero e transacional. **SQLite** é um dos motores de banco de dados de crescimento mais rápido em termos de popularidade, não em termos de seu tamanho. O código-fonte do **SQLite** está em domínio público.

O Que é o SQLite?

Como vimos anteriormente, **SQLite** é uma biblioteca de software que implementa um mecanismo de banco de dados **SQL** autônomo, sem servidor, de configuração zero e transacional. Como podemos perceber, é o único banco de dados, que não precisa ser configurado, o que significa que não vamos precisar configurá-lo em nosso sistema. O motor do **SQLite** não é um processo autônomo como outros bancos de dados, podemos vinculá-lo estaticamente ou dinamicamente conforme a exigência da nossa aplicação.

Por que usar SQLite?

- O **SQLite** não requer um processo ou sistema de servidor separado para operar (sem servidor – serverless).
- O **SQLite** vem com zero-configuração, o que significa que nenhuma configuração ou administração é necessária.
- Um banco de dados **SQLite** completo é armazenado em um único arquivo de disco multi-plataforma.
- O **SQLite** é muito pequeno e peso leve, menos de 400KB totalmente configurado ou menos de 250KB com recursos opcionais omitidos.
- O **SQLite** é autossuficiente, o que significa que não há dependências externas.
- As transações **SQLite** são totalmente compatíveis com ACID, permitindo o acesso seguro de vários processos ou threads.
- O **SQLite** suporta a maioria dos recursos de linguagem de consulta encontrados no padrão SQL92 (SQL2).
- O **SQLite** é escrito em ANSI-C e fornece uma API simples e fácil de usar.
- O **SQLite** está disponível em UNIX (Linux, Mac OS-X, Android, iOS) e Windows (Win32, Win64, WinCE, WinRT).

História

2000 – Drº Richard Hipp tinha projetado o **SQLite** com a finalidade de nenhuma configuração necessária para operar um programa.
2000 - Em agosto, o **SQLite** 1.0 foi lançado com o GNU Database Manager.
2011 - Drº Richard Hipp anunciou para adicionar UNQl interface para SQLite DB e desenvolver UNQLite (Documento orientado banco de dados).

Limitações do SQLite

Existem poucos recursos não suportados do **SQL92** no **SQLite** que são mostrados na tabela abaixo:

Característica	Descrição
RIGHT OUTER JOIN	Somente LEFT OUTER JOIN é implementado.
FULL OUTER JOIN	Somente LEFT OUTER JOIN é implementado.
ALTER TABLE	As variantes RENAME TABLE e ADD COLUMN do comando ALTER TABLE são suportadas. DROP COLUMN, ALTER COLUMN, ADD CONSTRAINT não é suportada.
Suporte a Trigger	As linhas de triggers são suportadas, mas declarações separadas de triggers não são suportadas.
VIEWs	VIEWs em **SQLite são somente leitura. Não podemos executar uma instrução** DELETE, INSERT ou UPDATE em uma VIEW.
GRANT e REVOKE	As permissões de acesso apenas podem ser aplicadas **à**s permissões de acesso de arquivos normais do sistema operacional em uso.

Comandos SQLite

Os comandos padrão **SQLite** para interagir com bancos de dados relacionais são semelhantes aos comandos **SQL**, que são **CREATE**, **SELECT**, **INSERT**, **UPDATE**, **DELETE** e **DROP**. Estes comandos podem ser classificados em grupos com base na sua natureza operacional, conforme abaixo:

DDL - Data Definition Language – Linguagem de Definição de Dados é o subconjunto da **SQL** que vamos utilizar para gerenciar a estrutura do banco de dados. Com a **DDL** podemos criar, alterar e remover objetos (tabelas, visões, funções, etc.) no banco de dados. Os comandos deste subconjunto são:

Comando	Descrição
CREATE	Cria uma nova tabela, uma view de uma tabela ou outro objeto no banco de dados.
ALTER	Modifica um objeto de banco de dados existente, como uma tabela.
DROP	Exclui uma tabela inteira, uma view de uma tabela ou outro objeto no banco de dados.

DML - Data Manipulation Language – Linguagem de Manipulação de Dados é o subconjunto que nós vamos utilizar com mais frequência da linguagem **SQL**, pois é através da **DML** que vamos operar sobre os dados dos bancos de dados com instruções de inserção, atualização, exclusão e consulta de informações. Os comandos **SQL** desse subconjunto são:

Comando	Descrição
INSERT	Cria um registro.
UPDATE	Altera os registros.
DELETE	Deleta os registros.

Só para lembrar que **Registro**, **Linha** e **Tupla** são palavras sinônimas para referenciar a uma linha da tabela.

DQL - Data Query Language – Linguagem de Consulta de Dados

Comando	Descrição
SELECT	Recupera certos registros de uma ou mais tabelas.

DCL – DATA CONTROL LANGUAGE – Linguagem de Controle de Dados é o subconjunto da **SQL** que vamos utilizar para controlar o acesso aos dados, basicamente com dois comandos que permite ou bloqueia o acesso de usuários a dados. Vejamos estes comandos:

Comando	Descrição
GRANT	Autoriza um usuário a executar alguma operação.
REVOKE	Restringe ou remove a permissão de um usuário executar alguma operação.

DTL – DATA TRANSACTION LANGUAGE – Linguagem de controle de transações é o subconjunto da **SQL** que vai nos fornecer mecanismos para controlar transações no banco de dados. São 3 comandos:

Comando	Descrição
BEGIN TRANSACTION	Iniciar uma transação.
COMMIT	Efetivar as alterações no banco de dados.
ROLLBACK	Cancelar as alterações.

Veremos mais adiante o uso destes comandos.

Instalação do SQLite

O **SQLite** é famoso por sua principal característica de zero-configuração, o que significa que não é necessária configuração complexa ou de administração. Veremos o processo de configuração do **SQLite** no **Windows**.

Tipo de dados SQLite

No **SQLite** o tipo de dados é um atributo que especifica o tipo de dados de qualquer objeto. Cada coluna, variável e expressão tem tipo de dados relacionados no **SQLite**. Vamos usar esses tipos de dados ao criarmos as tabelas do nosso banco de dados. O **SQLite** usa um sistema de tipo dinâmico mais geral. No **SQLite**, o tipo de dados de um valor está associado ao próprio valor, e não ao seu contêiner.

Classes de Armazenamento SQLite

Cada valor armazenado em um banco de dados **SQLite** tem uma das seguintes classes de armazenamento, conforme tabela abaixo:

Armazenamento	**Descrição**
NULL	O valor é um valor NULL.
INTEGER	O valor é um inteiro assinado, armazenado em 1, 2, 3, 4, 6 ou 8 bytes, dependendo da grandeza do valor.
REAL	O valor é um valor de ponto flutuante, armazenado como um número de ponto flutuante IEEE de 8 bytes.
TEXT	O valor é uma sequência de caracteres de texto, armazenada usando a codificação de banco de dados (UTF-8, UTF-16BE ou UTF-16LE).
BLOB	O valor é um blob de dados, armazenado exatamente como foi inserido.

A Classe de armazenamento do **SQLite** é um pouco mais geral do que um tipo de dados. A classe de armazenamento **INTEGER**, por exemplo, inclui 6 diferentes tipos de dados inteiros de comprimentos diferentes.

Tipo de Afinidade no SQLite

O **SQLite** suporta o conceito de afinidade de tipo em colunas. Qualquer coluna ainda pode armazenar qualquer tipo de dados, mas a classe de armazenamento preferida para uma coluna é chamada de sua afinidade. Cada coluna das tabelas em um banco de dados **SQLite3** é atribuída um tipo de afinidade.

Afinidade	Descrição
TEXT	Esta coluna armazena todos os dados usando classes de armazenamento **NULL**, **TEXT** ou **BLOB**.
NUMERIC	Esta coluna pode conter valores usando todas as cinco classes de armazenamento.
INTEGER	Comporta-se como uma coluna com afinidade NUMÉRICA com uma exceção em uma expressão CAST.
REAL	Comporta-se como uma coluna com afinidade NUMÉRICA exceto que força valores inteiros em representação em ponto flutuante.
NONE	Uma coluna com afinidade NONE não prefere uma classe de armazenamento sobre outra e nenhuma tentativa é feita para coagir os dados de uma classe de armazenamento para outra.

Nomes de Afinidade e Tipo no SQLite

Na tabela a seguir, são listados vários nomes de tipos de dados que podem ser usados durante a criação de tabelas no **SQLite3** e a correspondente afinidade aplicada.

Tipo de Dados	Afinidade
INT **INTEGER** **TINYINT** **SMALLINT** **MEDIUMINT** **BIGINT** **UNSIGNED BIG INT** **INT2** **INT8**	**INTEGER**

CHARACTER(20) **VARCHAR(255)** **VARYING CHARACTER(255)** **NCHAR(55)** **NATIVE CHARACTER(70)** **NVARCHAR(100)** **TEXT** **CLOB**	**TEXT**
BLOB **Nenhum tipo de dado especificado.**	**NONE**
REAL **DOUBLE** **DOUBLE PRECISION** **FLOAT**	**REAL**
NUMERIC **DECIMAL(10,5)** **BOOLEAN** **DATE** **DATETIME**	**NUMERIC**

Tipo de Dados booleano

O **SQLite** não tem uma classe de armazenamento **Boolean** separado. Em vez disso, os valores booleanos são armazenados como inteiros 0 (falso) e 1 (verdadeiro).

Tipo de Dados Data e Hora

O **SQLite** não tem uma classe de armazenamento separada para armazenar datas e / ou horas, mas o **SQLite** é capaz de armazenar datas e horas como valores **TEXT**, **REAL** ou **INTEGER**.

Classe	**Formato**
TEXT	Uma data em um formato como **"YYYY-MM-DD HH:MM:SS.SSS"**.
REAL	O número de dias desde o meio-dia em **Greenwich em 24 de novembro de 4714 B.C.**
INTEGER	O número de segundos desde **1970-01-01 00:00:00 UTC**.

Podemos escolher armazenar datas e horas em qualquer um desses formatos e converter livremente entre formatos usando as funções de data e hora incorporadas.

Capítulo 05

Trabalhando com Banco de Dados SQLite

Usando Versão Gráfica do SQLite

Veja que trabalhar no **prompt** de comando não é nada agradável e nem produtivo. Por este motivo, vamos baixar uma versão gráfica do **SQLite**. Para isto, abra seu navegador web e digite o seguinte endereço: **http://sqlitestudio.pl/index.rvt?act=download**, veja que vai aparecer o site para download, conforme **Figura 18**.

Figura 18

Clique no link **Download Windows binary Version 3.2.1**. conforme **Figura 19**.

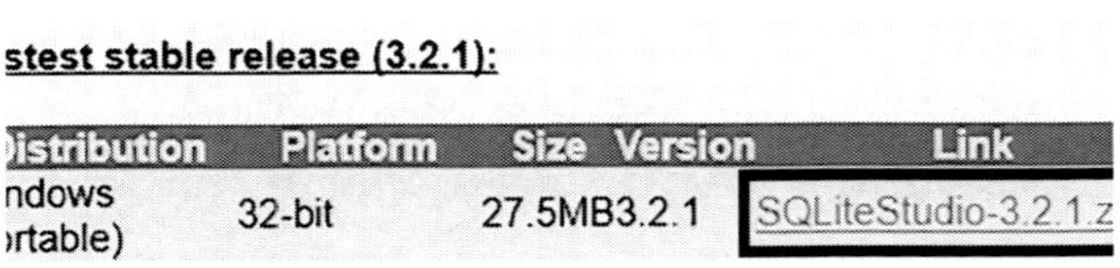

Figura 19

Vai aparecer a opção para download, conforme **Figura 20**.

Figura 20

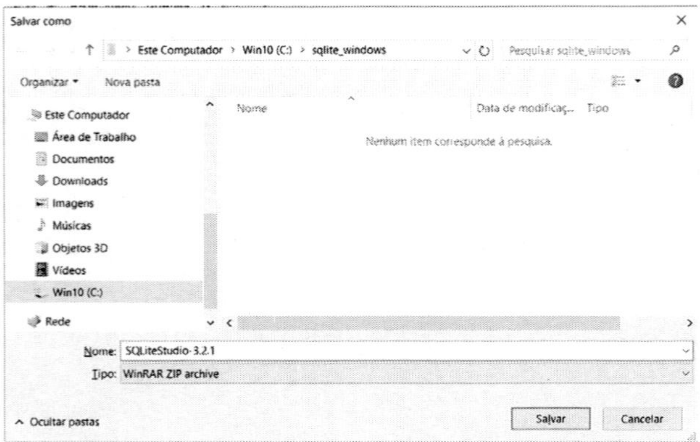

Figura 21

Esta mensagem é referente ao Navegador **Microsoft Edge**, dependendo do navegador esta mensagem vai ser diferente, clique na setinha para cima e selecione o botão **Salvar como,** conforme **Figura 21**.

Selecione uma pasta, ou crie uma, no meu caso, criei uma pasta chamada **sqlite_windows**, no meu **C:**, e clique no botão **Salvar** e aguarde o término do **download**, vai aparecer uma mensagem, conforme **Figura 22**.

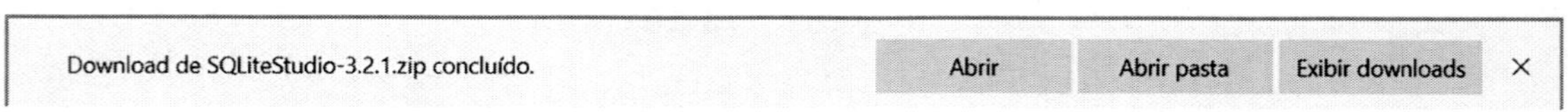

Figura 22

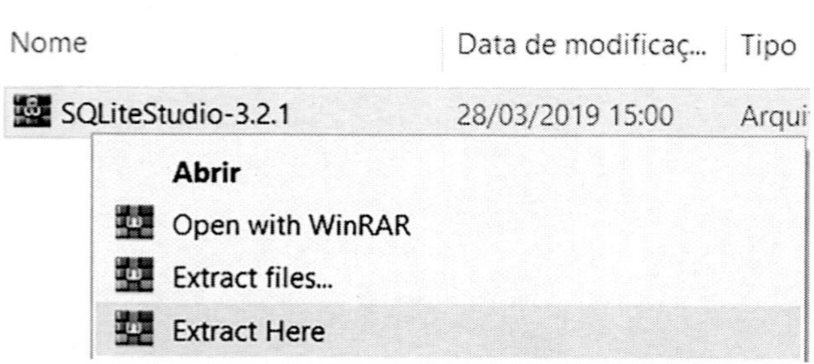

Figura 23

Clique no botão **Abrir pasta**, e abrirá a pasta onde o arquivo foi salvo, clique com o botão do mouse sobre o arquivo **SQLitestudio-3.2.1.zip**, e selecione o item **Extract Here (Extrair aqui)** conforme **Figura 23**.

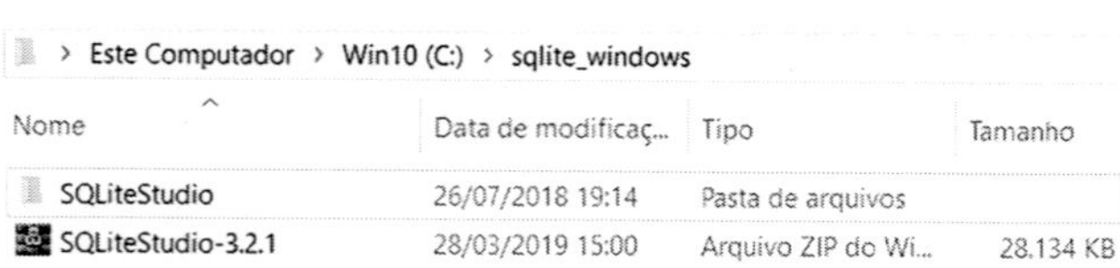

Figura 24

Aguarde o término da extração dos arquivos e veja como ficou, conforme **Figura 24**.

Em seguida selecione o arquivo **SQLitestudio--3.2.1.zip**, e pressione a tecla **Delete** do teclado. Em seguida clique duas vezes sobre a pasta **SQLiteStudio**, procure o arquivo **SQLiteStudio.exe**, clique com o botão do mouse sobre o mesmo e selecione o item **Fixar na barra de tarefas,** conforme **Figura 25**.

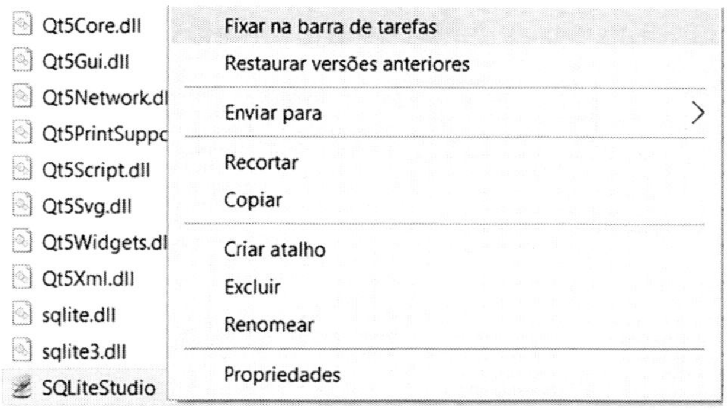

Figura 25

Veja como ficou, conforme **Figura 26**.

Figura 26

Desta forma teremos um atalho para chamar o programa, agora basta clicar sobre o ícone do **SQLiteStudio**, e vai abrir a janela perguntando qual idioma você vai usar, deixe marcado **American English** e clique no botão OK, vai abrir a área principal do **SQLite,** conforme **Figura 27**.

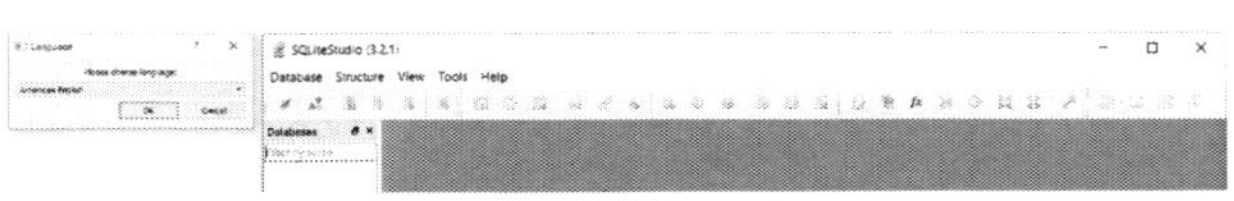

Figura 27

Para criarmos um banco de dados no ambiente visual, chamado **rei_das_verduras**, clique no menu **Database**, em seguida selecione o item **Add a database,** conforme **Figura 28**.

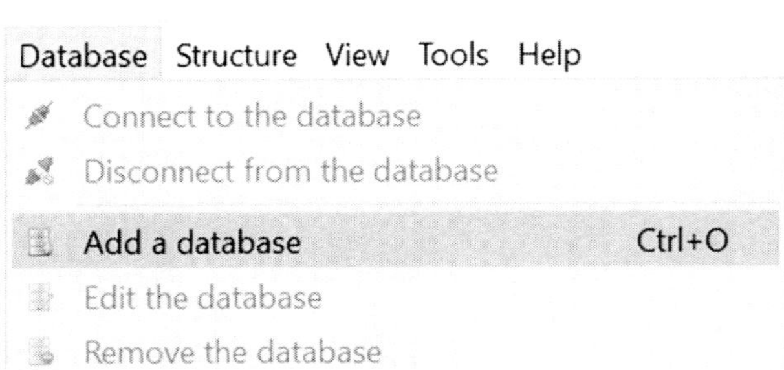

Figura 28

Figura 29

Ou pressione, ao mesmo tempo, as teclas **Ctrl+O** ou clique sobre o ícone da barra de ferramentas, conforme **Figura 29**.

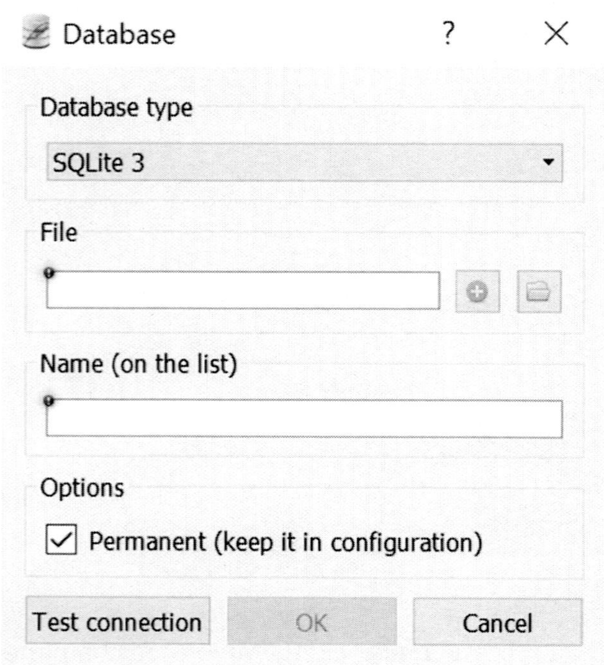

Figura 30

Independentemente da forma usada, vai abrir a janela **Database,** conforme **Figura 30**.

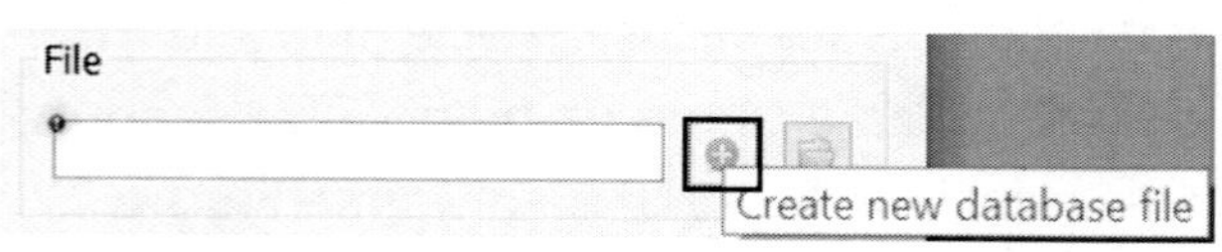

Figura 31

No item **File**, clique sobre o botão verde, com o sinal de **+,** conforme **Figura 31**.

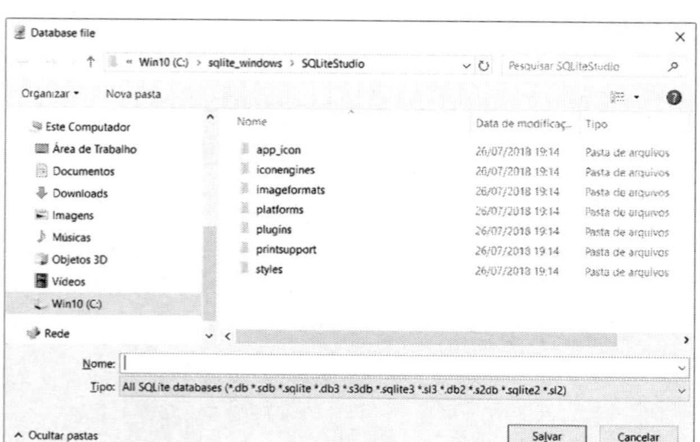

Figura 32

Vai abrir a janela **Database file,** conforme **Figura 32**.

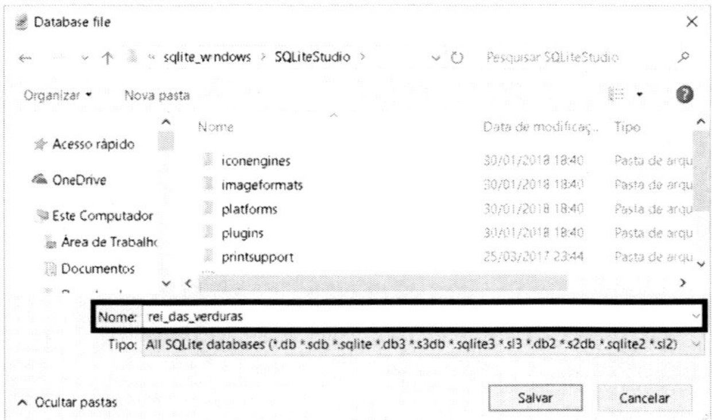

Figura 33

Selecione a pasta onde vamos salvar nosso banco de dados, neste caso vamos deixar na pasta principal do programa. Na caixa de texto **Nome:**, digite **rei_das_verduras,** conforme **Figura 33**.

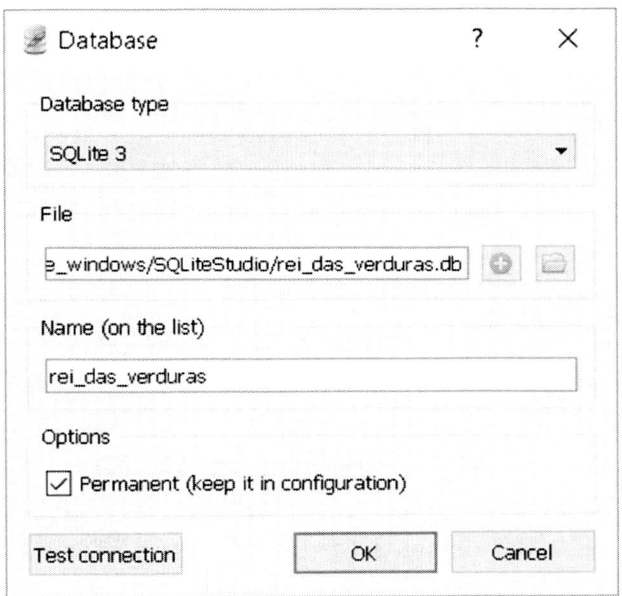

Figura 34

Em seguida clique no botão **Salvar**. Veja como ficou, conforme **Figura 34**.

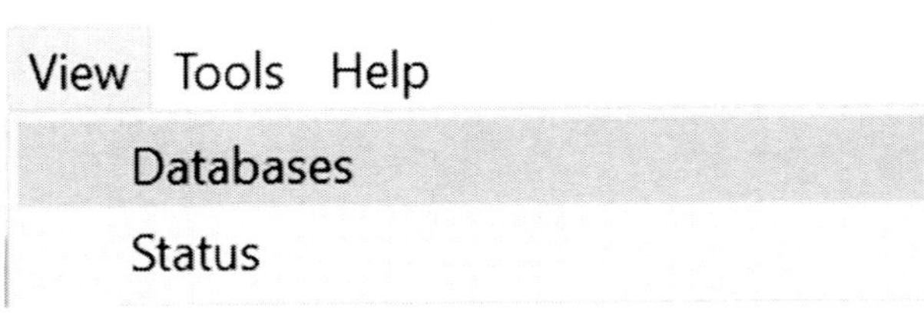

Figura 35

Clique no botão **OK**. Para ter certeza que o banco de dados foi criado, clique no menu **View**, em seguida clique no item **Databases,** conforme **Figura 35**.

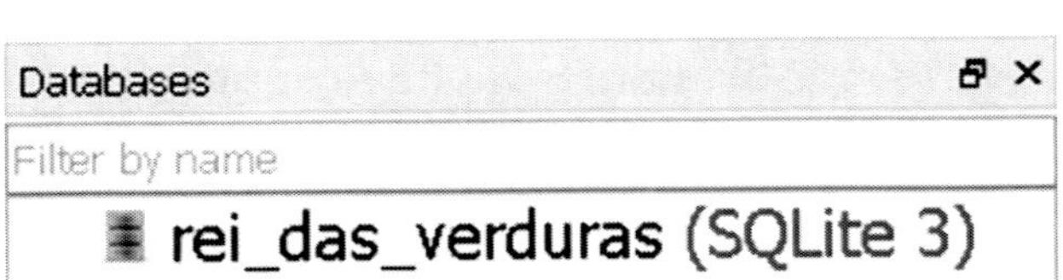

Figura 36

Vai abrir a janela **Databases**, conforme **Figura 36**.

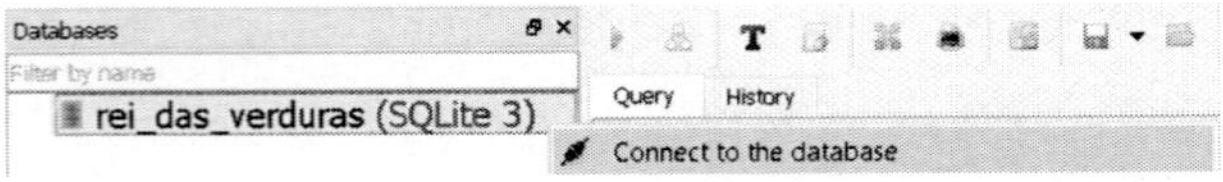

Figura 37

Para utilizar o nosso banco de dados, temos que conectá-lo, para isto clique com o botão do mouse sobre o nosso banco de dados, e selecione o item **Connect to the database,** conforme **Figura 37**.

Figura 38

Agora estamos aptos a trabalhar com nosso banco de dados **rei_das_verduras**, na criação das tabelas, visões, entre outros, conforme **Figura 38**.

Criar Tabela no SQLite

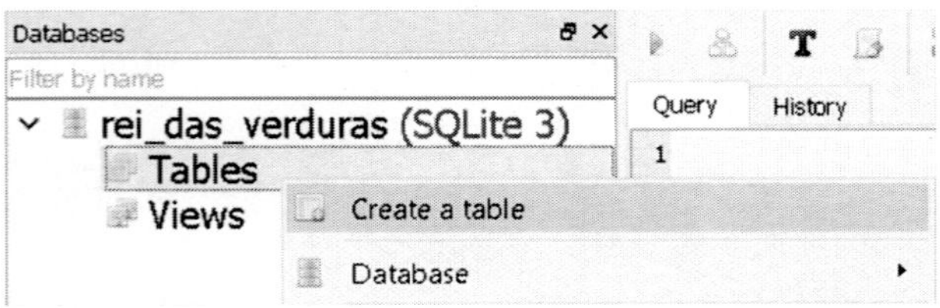

Figura 39

Vimos até o presente momento como criar nossa base de dados, repositório ou banco de dados. Agora vamos aprender a criar nossas **Tabelas**, temos duas formas de fazê-lo: no ambiente visual, e através do código **SQL**. Veremos as duas formas. A primeira é clicando com o botão do mouse sobre o item **Tables** da janela **Databases**, e selecionar a opção **Create a table,** conforme **Figura 39**.

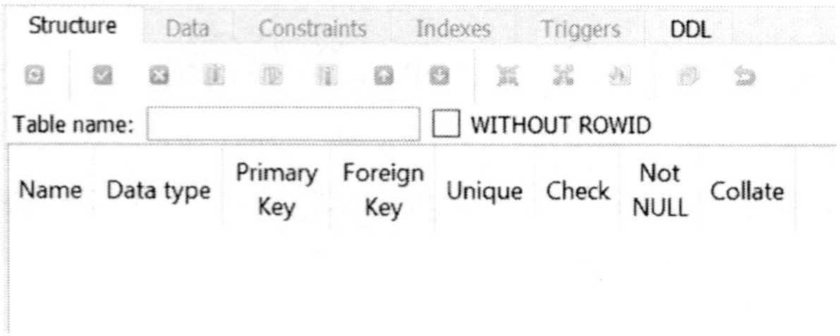

Figura 40

Vai abrir a janela **Strucuture,** conforme **Figura 40**.

Figura 41

No item **Table name:**, digite **Produtos**, em seguida clique no item **Add column,** conforme **Figura 41**.

Vai abrir a janela **Column**, para digitação dos dados, conforme **Figura 42**.

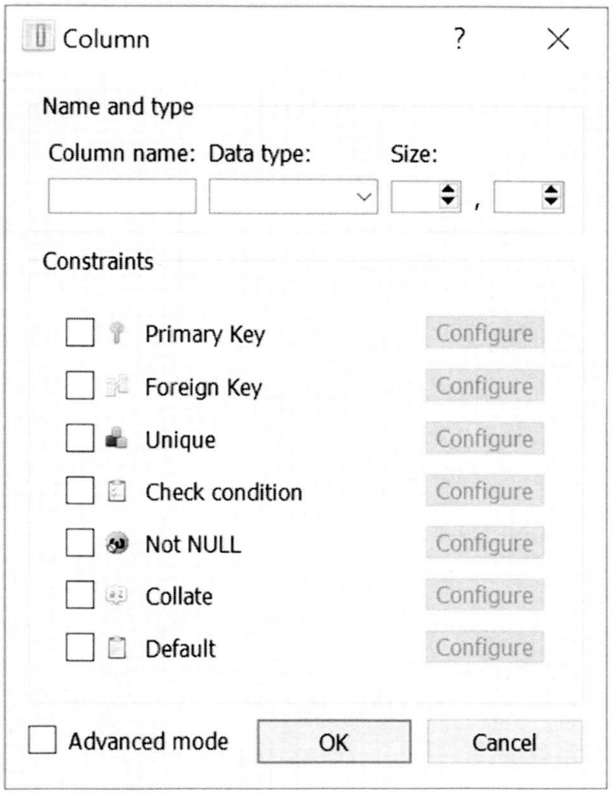

Figura 42

No item **Name and type**, na caixa de texto **Column name**, digite **pro_id**, na caixa de seleção **Data type:**, selecione o tipo **INTEGER**, no item **Constraints**, selecione o quadradinho **Primary Key,** conforme **Figura 43**.

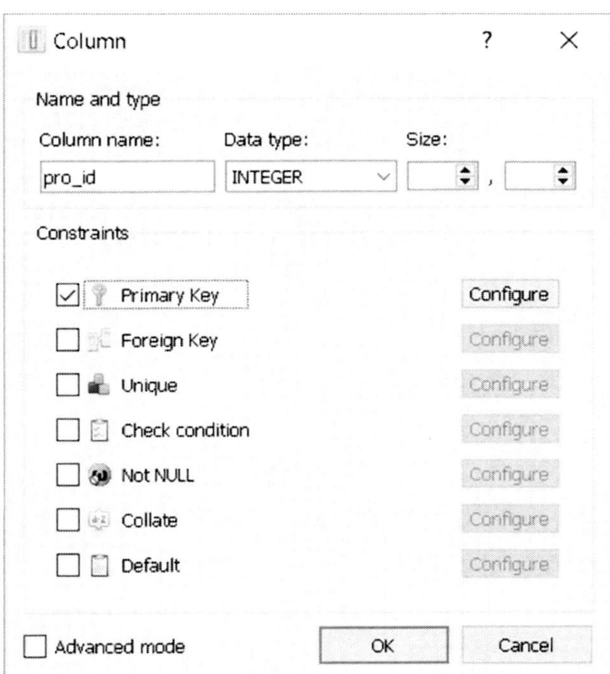

Figura 43

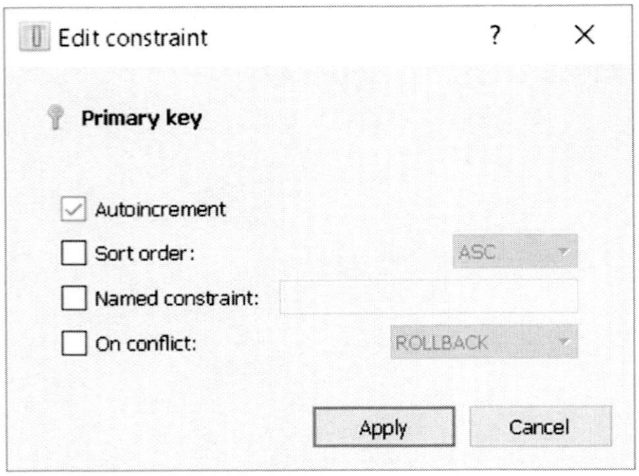

Figura 44

Clique no botão **Configure**, que fica ao lado de **Primary Key**, e vai abrir a janela **Edit constraint**, nesta janela marque o quadradinho **Autoincrement,** conforme **Figura 44**.

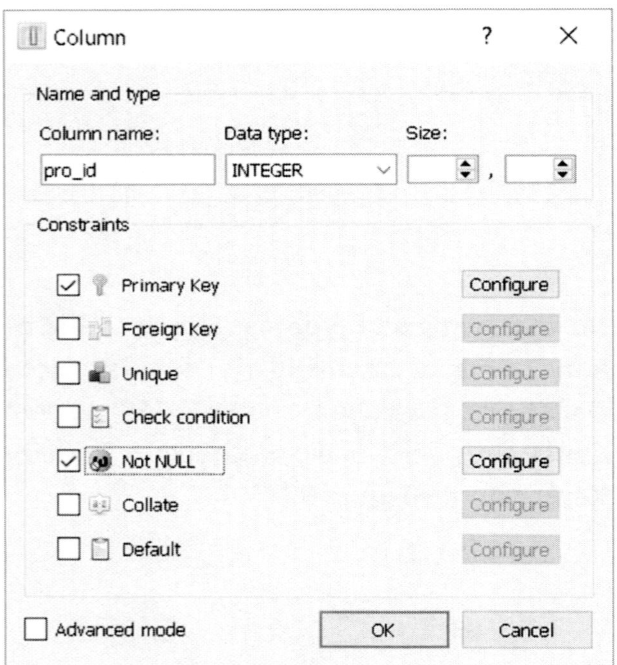

Figura 45

Em seguida clique no botão **Apply**. Observe que vamos retornar para a janela **Column**, ainda no item **Constraints**, selecione o quadradinho **Not Null,** conforme **Figura 45**.

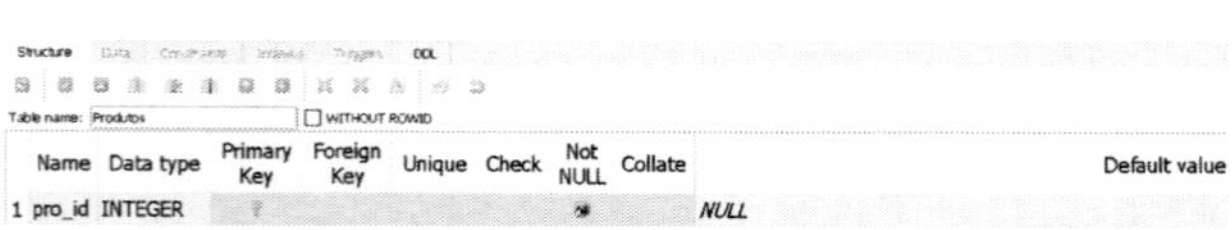

Figura 46

Clique no botão **OK**, e veja que criamos nosso primeiro campo da tabela **Produtos,** conforme **Figura 46**.

Figura 47

Vamos criar o próximo campo, para isto repita o procedimento para inserir outra coluna, conforme vimos na **Figura 41**, na janela **Column**, no item **Name and type**, na caixa de texto **Column name**, digite **pro_nome**, na caixa de seleção **Data type:**, selecione o tipo **VARCHAR**, no item **Size:**, digite 255, no item **Constraints**, selecione o quadradinho **Not Null,** conforme **Figura 47**.

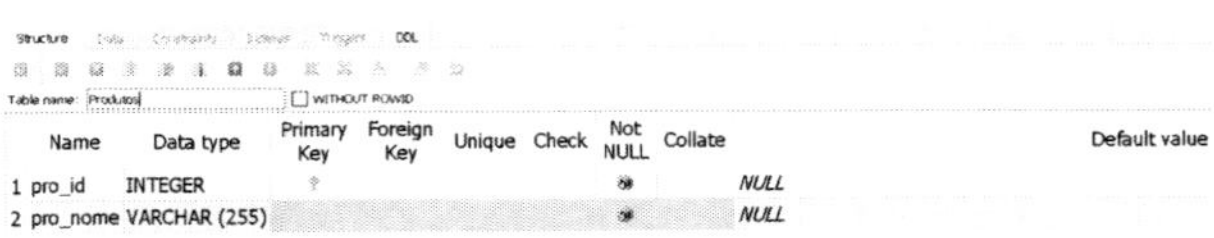

Figura 48

Clique no botão **OK**, e veja que criamos nosso segundo campo da tabela **Produtos,** conforme **Figura 48**.

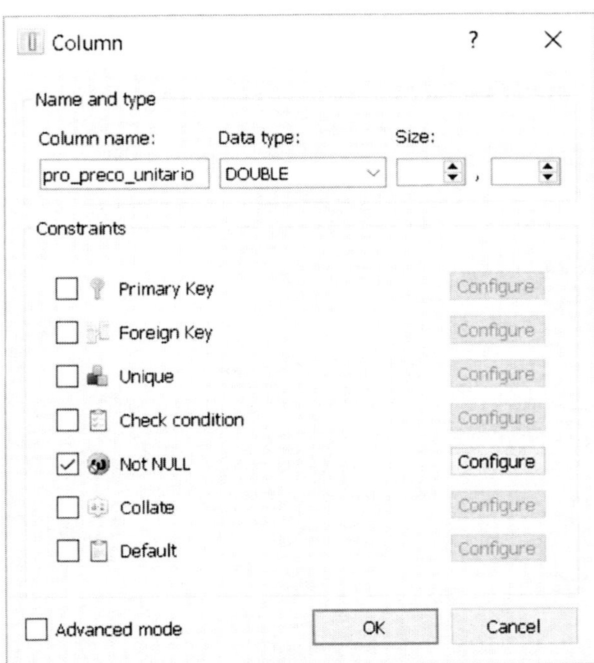

Figura 49

Vamos criar o próximo campo, para isto, repita o procedimento para inserir outra coluna, conforme vimos na **Figura 41**, na janela **Column**, no item **Name and type**, na caixa de texto **Column name**, digite **pro_preco_unitario**, na caixa de seleção **Data type:**, selecione o tipo **DOUBLE**, no item **Constraints**, selecione o quadradinho **Not Null,** conforme **Figura 49**.

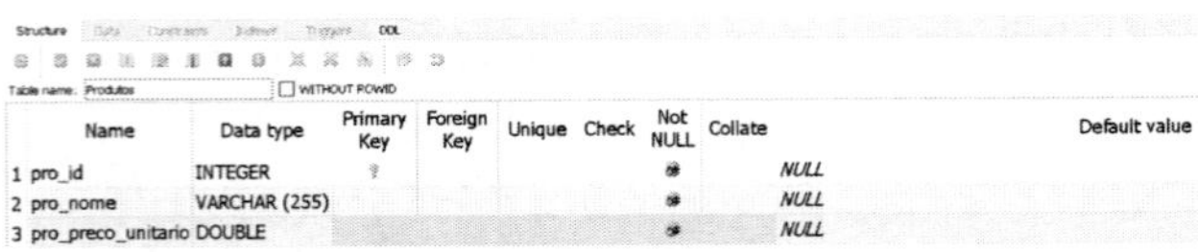

Figura 50

Clique no botão **OK**, e veja que criamos nosso terceiro campo da tabela **Produtos,** conforme **Figura 50**.

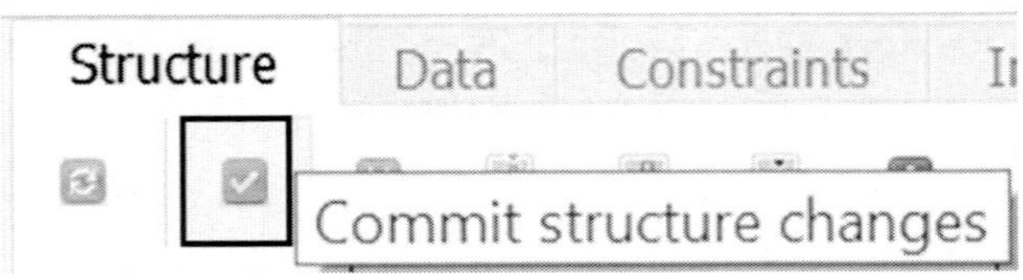

Figura 51

Pronto, nossa tabela **Produtos** está completa. Para salvar a tabela, vamos clicar no botão **Commit structure changes,** conforme **Figura 51**.

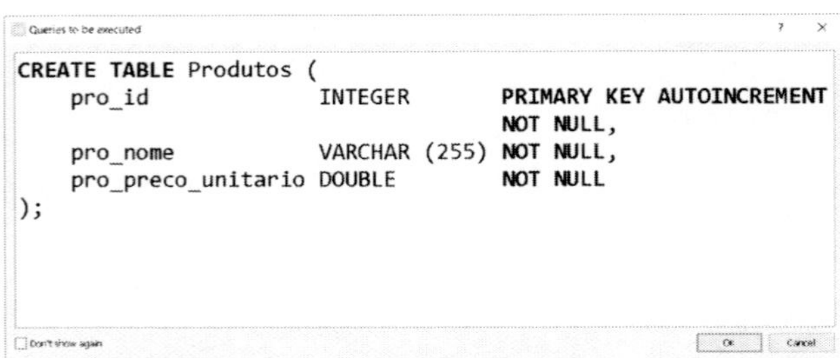

```
CREATE TABLE Produtos (
    pro_id             INTEGER        PRIMARY KEY AUTOINCREMENT
                                      NOT NULL,
    pro_nome           VARCHAR (255)  NOT NULL,
    pro_preco_unitario DOUBLE         NOT NULL
);
```

Figura 52

Vai aparecer a janela **Queries to be executed**, com o código **SQL** da criação da tabela, conforme **Figura 52**.

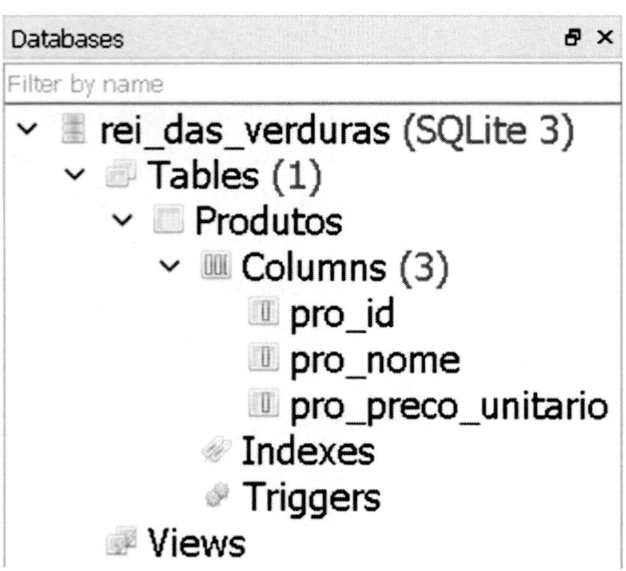

Figura 53

Clique no botão **OK**. Observem que na janela **Databases**, no item **Tables**, temos nossa tabela, basta clicar na setinha do item **Tables,** conforme **Figura 53**.

A outra forma de criar uma nova tabela é usando a instrução **SQL CREATE TABLE** em qualquer banco de dados fornecido. Veja a sintaxe a seguir:

```
CREATE TABLE database_name.table_name(
    column1 datatype PRIMARY KEY(one or more columns),
    column2 datatype,
    column3 datatype,
    .....
    columnN datatype,
);
```

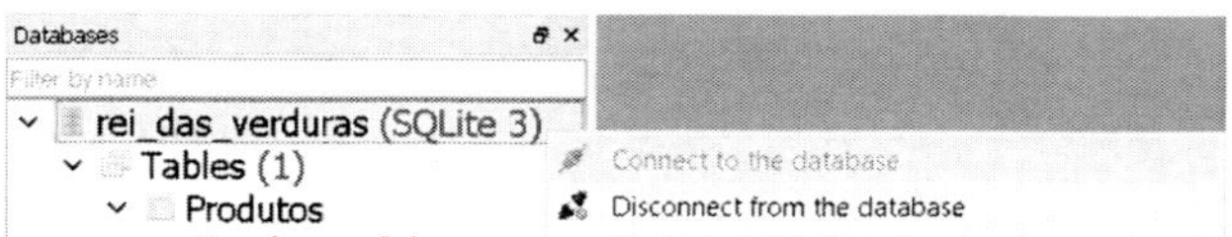

Figura 54

Onde **CREATE TABLE** é a palavra-chave dizendo ao sistema de banco de dados para criar uma nova tabela.

O nome exclusivo ou identificador para a tabela segue após a instrução **CREATE TABLE**. Opcionalmente, podemos especificar o nome do banco de dados **database_name** juntamente com o nome da tabela, **table_name**. Para criar nossas tabelas, precisamos verificar se nosso banco de dados, **rei_das_verduras.db**, está conectado, para isto, clique com o botão direito do mouse sobre o nome do nosso banco de dados, e se o item **Connect to the database** estiver apagado, nosso banco de dados está conectado, conforme **Figura 54**.

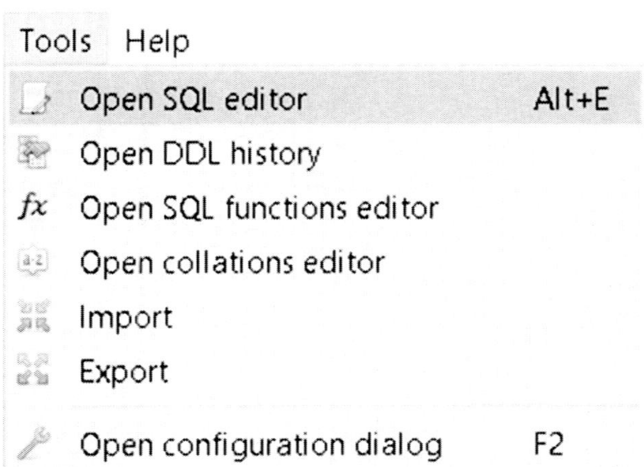

Figura 55

Caso contrário, se o mesmo estiver ativo, basta clicar sobre ele para conectar o banco de dados, conforme vimos na **Figura 37**. Vamos criar mais uma tabela, para digitar o código da nova tabela no **SQL**, vamos abrir a janela **Open SQL editor**, para isto, vamos até o menu **Tools**, em seguida, vamos clicar no item **Open SQL editor**, ou pressione ao mesmo tempo as teclas **Alt+E,** conforme **Figura 55**.

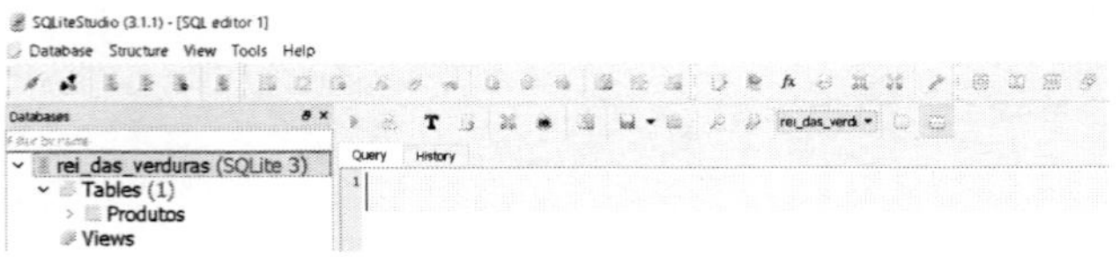

Veja como ficou, conforme **Figura 56**.

Figura 56

Vamos criar uma nova tabela que vamos chamar de **Destinos_Exportacao**, com um campo **des_id** do tipo **INTEGER** como chave primária, e **NOT NULL** e **des_nome**, do tipo **VARCHAR**, com tamanho de 255 caracteres, e **NOT NULL**, são as restrições que mostram que estes campos não podem ser nulos durante a criação de registos nesta tabela, na aba **Query**, vamos digitar o código:

```
CREATE TABLE Destinos_Exportacao
(
        des_id INTEGER NOT NULL PRIMARY KEY AUTOINCREMENT,
        des_nome VARCHAR(255) NOT NULL
);
```

Veja como ficou, conforme **Figura 57**.

Figura 57

Para executar a **Query**, vamos clicar no botão do triângulo azul **Execute query(F9) – Executar query(F9)**, ou pressionar a tecla **F9,** conforme **Figura 58**.

Figura 58

Vamos criar uma nova tabela e chamar de **Vendas**, com um campo **ven_id** do tipo **INTEGER** como chave primária, e **NOT NULL** e **ven_data**, do tipo **DATE**, e um campo **des_id** do tipo **INTEGER**, e **NOT NULL**, este campo é a chave estrangeira da tabela **Destinos_Exportacao**. São as restrições que mostram que estes campos não podem ser nulos durante a criação de registos nesta tabela, na aba **Query**, selecione o código anterior, para isto pressione ao mesmo tempo as teclas **Ctrl + A**, em seguida pressione a tecla **Delete** do teclado e vamos digitar o código:

```
CREATE TABLE Vendas
(
      ven_id INTEGER NOT NULL PRIMARY KEY AUTOINCREMENT,
      ven_data DATE,
      des_id INTEGER NOT NULL
);
```

Veja como ficou, conforme vimos na **Figura 57**, para executar a **Query**, vamos clicar no botão do triângulo azul **Execute query(F9) – Executar query(F9)**, ou pressionar a tecla **F9**, conforme Vimos na **Figura 58**. Vamos criar uma nova tabela e chamar de **Detalhes_Vendas**, com um campo **ven_id** do tipo **INTEGER** como chave primária, e **NOT NULL** e um campo **pro_id** do tipo **INTEGER** como chave primária, e **NOT NULL**, e um campo **dev_qtd** do tipo **INTEGER**, e **NOT NULL**. Observem que temos uma chave primária dupla, desta forma ela não pode ser autoincremento. Estes dois campos, são as chaves estrangeiras das tabelas **Vendas** e **Produtos**. São as restrições que mostram que estes campos não podem ser nulos durante a criação de registos nesta tabela, na aba **Query**, selecione o código anterior, para isto pressione ao mesmo tempo as teclas **Ctrl + A**, em seguida pressione a tecla **Delete** do teclado e vamos digitar o código:

```
CREATE TABLE Detalhes_Vendas
(
      ven_id INTEGER NOT NULL,
      pro_id INTEGER NOT NULL,
      dev_qtd INTEGER NOT NULL,
      CONSTRAINT Key1 PRIMARY KEY (pro_id,ven_id)
);
```

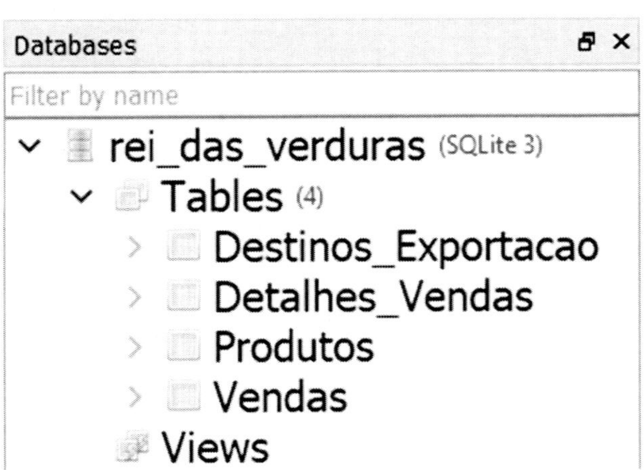

Figura 59

Veja como ficou, conforme vimos na **Figura 57**, para executar a **Query**, vamos clicar no botão do triângulo azul **Execute query(F9) – Executar query(F9)**, ou pressionar a tecla **F9**, conforme Vimos na **Figura 58**. Vejam que na janela **Databases**, no item **Tables**, temos nossas tabelas, basta clicar na setinha do item **Tables,** conforme **Figura 59**.

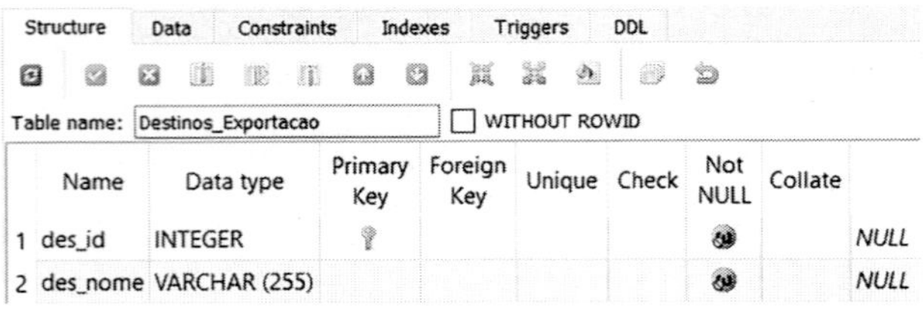

Figura 60

Você pode obter informações completas sobre uma tabela, basta clicar duas vezes com o botão do mouse sobre o nome da tabela na janela **Databases**, no item **Tables**, e aparecerão os dados da tabela, conforme **Figura 60**.

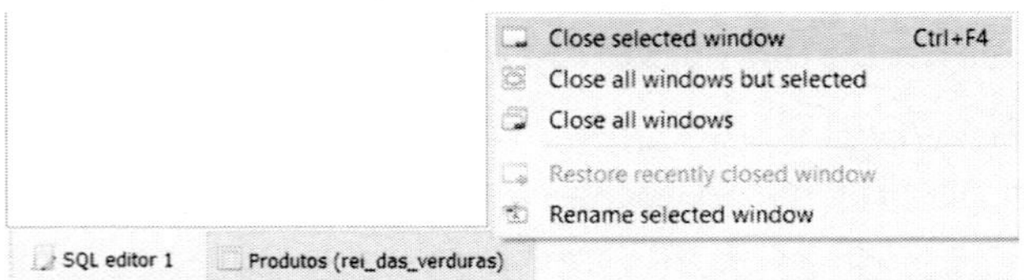

Figura 61

Veja que temos várias abas com todos os detalhes da tabela, basta navegar nas mesmas para obter as informações que precisa. Para fechar a janela, basta clicar com o botão do mouse sobre a aba com o nome da tabela que fica no canto inferior esquerdo e selecione o item **Close selected window** ou pressionar ao mesmo tempo as teclas **Ctrl+F4,** conforme **Figura 61**.

Isto vale para todas as janelas. Para fechar todas as janelas, basta selecionar o item **Close all window**. Acabamos de criar nossas tabelas, agora vamos popular ou inserir dados nas mesmas.

Inserção de Dados – SQLite INSERT INTO Query

O comando **INSERT INTO** é usado para adicionar novas linhas de dados em uma tabela no banco de dados, a sintaxe é a seguinte:

INSERT INTO tabela (coluna1, coluna2, coluna3, colunaX) **VALUES** (XX, XX, XX);

Ou

INSERT INTO tabela (coluna1, coluna2, coluna3, colunaX) **VALUES** (XX, XX, XX), (XX, XX, XX);

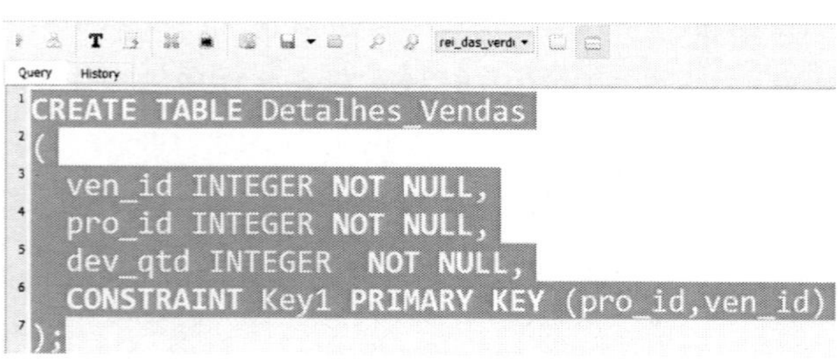

Figura 62

Então vamos inserir os dados na tabela **Destinos_Exportacao**. Verifique se o banco de dados **rei_das_verduras.db**, está conectado conforme vimos na **Figura 54**, em seguida vamos abrir a janela **Open SQL editor**, para isto, vamos até o menu **Tools**.

Em seguida, vamos clicar no item **Open SQL editor**, ou pressione ao mesmo tempo as teclas **Alt+E**, conforme vimos na **Figura 55**, em seguida, vamos selecionar o código que está digitado nesta janela, se tiver algum, basta pressionar ao mesmo tempo as teclas **Ctrl+A**, e veja que o código foi selecionado, conforme **Figura 62**.

Agora pressione a tecla **Delete**, do teclado, e veja que nossa janela **Open SQL editor** vai ficar vazia novamente, no local onde o cursor do mouse está piscando, usando o primeiro método de inserção de dados, vamos digitar o código:

```
INSERT INTO Destinos_Exportacao (des_nome) VALUES ('EUA')
```

Veja como ficou, conforme **Figura 63**.

Query History

```
1 INSERT INTO Destinos_Exportacao (des_nome) VALUES ('EUA')
```

Figura 63

Para executar a **Query**, vamos clicar no botão do triângulo azul **Execute query(F9) – Executar query(F9)**, ou pressionar a tecla **F9**, conforme vimos na **Figura 58**. Para verificar se os dados foram inclusos na tabela **Destinos_Exportacao**, vamos utilizar o comando **SELECT**, que nada mais é do que uma conversa com o banco de dados, para isto, vamos retornar a janela **Open SQL editor**, em seguida, vamos selecionar o código que está digitado nesta janela, se tiver algum, basta pressionar ao mesmo tempo as teclas **Ctrl+A**, e veja que o código foi selecionado, conforme vimos na **Figura 62**. Agora pressione a tecla **Delete**, do teclado e veja que nossa janela **Open SQL editor**, vai ficar vazia novamente, no local onde o cursor do mouse está piscando, vamos digitar o código:

```
SELECT * FROM Destinos_Exportacao
```

Veja como ficou, conforme **Figura 64**.

Query History

```
1 SELECT * FROM Destinos_Exportacao
```

Figura 64

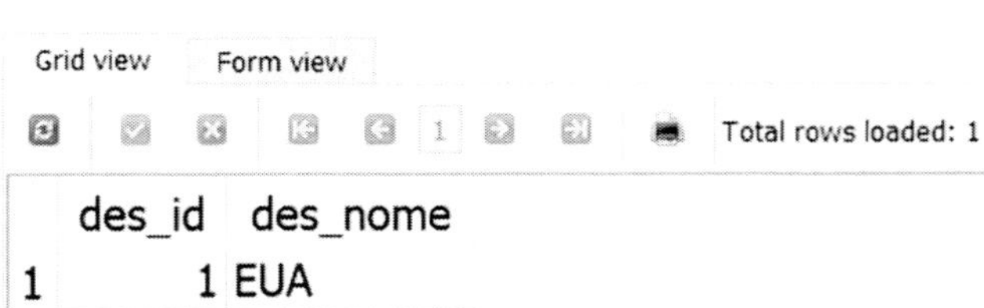

Figura 65

Este comando **SQL** é formado por dois grupos de palavras: **SELECT *** e **FROM** Produtos, também conhecidos como cláusulas, onde estamos especificando que queremos que sejam mostradas todas as colunas, através da cláusula **SELECT ***, e o nome da tabela, com a cláusula **FROM**.

Para executar a **Query**, vamos clicar no botão do triângulo azul **Execute query(F9) – Executar query(F9)**, ou pressionar a tecla **F9**, conforme vimos na **Figura 58**. Vejam que os dados solicitados vão aparecer na janela **Grid view**, que fica logo abaixo da janela **Open SQL editor**, conforme **Figura 65**.

Observem que com este método vamos ter que inserir os dados um a um, o que seria muito cansativo e impensável, caso tivermos muitas linhas ou tuplas a serem incluídas. Por este motivo vamos utilizar o segundo método. Vamos retornar a janela **Open SQL editor**, em seguida vamos selecionar o código que está digitado nesta janela, se tiver algum, basta pressionar ao mesmo tempo as teclas **Ctrl+A**, e veja que o código foi selecionado, conforme vimos na **Figura 62**. Agora pressione a tecla **Delete**, do teclado, e veja que nossa janela **Open SQL editor** vai ficar vazia novamente, no local onde o cursor do mouse está piscando, vamos digitar o código:

```
INSERT INTO Destinos_Exportacao (des_nome) VALUES ('França'), ('Alemanha')
```

Veja como ficou, conforme **Figura 66**.

Figura 66

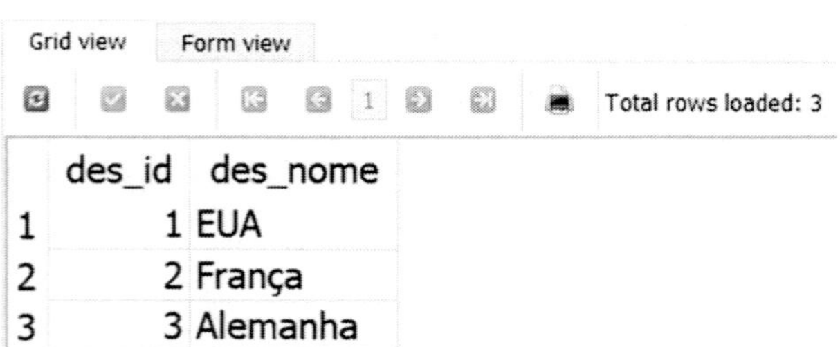

Figura 67

Observem que não inserimos o campo **des_id**, pois o mesmo é chave primária autoincremento, ou seja, o valor vai ser adicionado automaticamente. Para executar a **Query**, vamos clicar no botão do triângulo azul **Execute query(F9) – Executar query(F9)**, ou pressionar a tecla **F9**, conforme vimos na **Figura 58**.

Para verificar se todos os dados foram inclusos na tabela **Destinos_Exportacao**, vamos utilizar o comando **SELECT**, para isto, vamos retornar a janela **Open SQL editor**, em seguida, vamos selecionar o código que está digitado nesta janela, se tiver algum, basta pressionar ao mesmo tempo as teclas **Ctrl+A**, e veja que o código foi selecionado, conforme vimos na **Figura 62**. Agora pressione a tecla **Delete** do teclado e veja que nossa janela **Open SQL editor** vai ficar vazia novamente; no local onde o cursor do mouse está piscando, vamos digitar o código, conforme vimos na **Figura 64**. Para executar a **Query**, vamos clicar no botão do triângulo azul **Execute query(F9) – Executar query(F9)**, ou pressionar a tecla **F9**, conforme vimos na **Figura 58**. Vejam que os dados solicitados vão aparecer na janela **Grid view**, que fica logo abaixo da janela **Open SQL editor**, conforme **Figura 67**.

Veremos o comando **SELECT** em detalhes, mais adiante. Agora vamos inserir os dados da tabela **Produtos**, para isto, vamos retornar a janela **Open SQL editor**, em seguida, vamos selecionar o código que está digitado nesta janela, se tiver algum, basta pressionar ao mesmo tempo as teclas **Ctrl+A**, e veja que o código foi selecionado, conforme vimos na **Figura 62**. Agora pressione a tecla **Delete**, do teclado e veja que nossa janela **Open SQL editor** vai ficar vazia novamente, no local onde o cursor do mouse está piscando, vamos digitar o código:

```
INSERT INTO Produtos (pro_nome, pro_preco_unitario) VALUES ('Alface Lisa',
8.00), ('Alface Americana', 9.50), ('Beterraba', 1.20), ('Alho', 1.05)
```

Veja como ficou, conforme **Figura 68**.

```
Query   History
INSERT INTO Produtos (pro_nome, pro_preco_unitario) VALUES ('Alface Lisa', 8.00),
('Alface Americana', 9.50), ('Beterraba', 1.20), ('Alho', 1.05)
```

Figura 68

Para executar a **Query**, vamos clicar no botão do triângulo azul **Execute query(F9) – Executar query(F9)**, ou pressionar a tecla **F9**, conforme vimos na **Figura 58**. Para verificar se todos os dados foram inclusos na tabela **Produtos**, vamos utilizar o comando **SELECT**, para isto vamos retornar a janela **Open SQL editor**, em seguida, vamos selecionar o código que está digitado nesta janela, se tiver algum, basta pressionar ao mesmo tempo as teclas **Ctrl+A**, e veja que o código foi selecionado, conforme vimos na **Figura 62**. Agora, pressione a tecla **Delete**, do teclado e veja que nossa janela **Open SQL editor**, vai ficar vazia novamente, no local onde o cursor do mouse está piscando, vamos digitar o código:

```
SELECT * FROM Produtos
```

Grid view | Form view

Total rows loaded: 4

	pro_id	pro_nome	pro_preco_unitario
1	1	Alface Lisa	8
2	2	Alface Americana	9.5
3	3	Beterraba	1.2
4	4	Alho	1.05

Figura 69

Deve ficar conforme vimos na **Figura 64**. Para executar a **Query**, vamos clicar no botão do triângulo azul **Execute query(F9) – Executar query(F9)**, ou pressionar a tecla **F9**, conforme vimos na **Figura 58**. Vejam que os dados solicitados vão aparecer na janela **Grid view**, que fica logo abaixo da janela **Open SQL editor**, conforme **Figura 69**.

Agora, vamos inserir os dados da tabela **Vendas**, para isto, vamos retornar a janela **Open SQL editor**, em seguida, vamos selecionar o código que está digitado nesta janela, se tiver algum, basta pressionar ao mesmo tempo as teclas **Ctrl+A**, e veja que o código foi selecionado, conforme vimos na **Figura 62**. Agora pressione a tecla **Delete**, do teclado, e veja que nossa janela **Open SQL editor**, vai ficar vazia novamente, no local onde o cursor do mouse está piscando, vamos digitar o código:

```
INSERT INTO Vendas (ven_data, des_id) VALUES ('5/3', 1), ('7/3',2), ('8/3', 3),
('10/3', 1), ('12/3', 3)
```

Veja como ficou, conforme **Figura 70**.

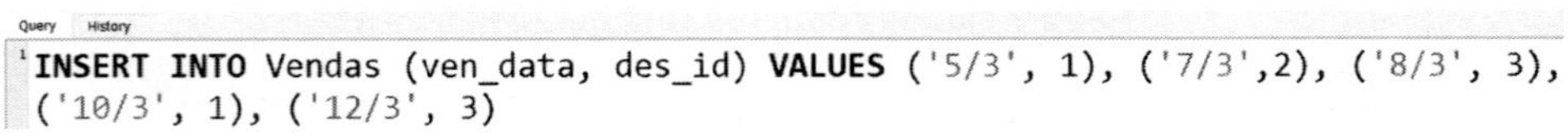

Figura 70

Para executar a **Query**, vamos clicar no botão do triângulo azul **Execute query(F9) – Executar query(F9)**, ou pressionar a tecla **F9**, conforme vimos na **Figura 58**. Para verificar se todos os dados foram inclusos na tabela **Vendas**, vamos utilizar o comando **SELECT**, para isto, vamos retornar a janela **Open SQL editor**, em seguida, vamos selecionar o código que está digitado nesta janela, se tiver algum, basta pressionar ao mesmo tempo as teclas **Ctrl+A**, e veja que o código foi selecionado, conforme vimos na **Figura 62**. Agora pressione a tecla **Delete**, do teclado e veja que nossa janela **Open SQL editor** vai ficar vazia novamente, no local onde o cursor do mouse está piscando, vamos digitar o código:

```
SELECT * FROM Vendas
```

Deve ficar conforme vimos na **Figura 64**. Para executar a **Query**, vamos clicar no botão do triângulo azul **Execute query(F9) – Executar query(F9)**, ou pressionar a tecla **F9**, conforme vimos na **Figura 58**. Vejam que os dados solicitados vão aparecer na janela **Grid view**, que fica logo abaixo da janela **Open SQL editor**, conforme **Figura 71**.

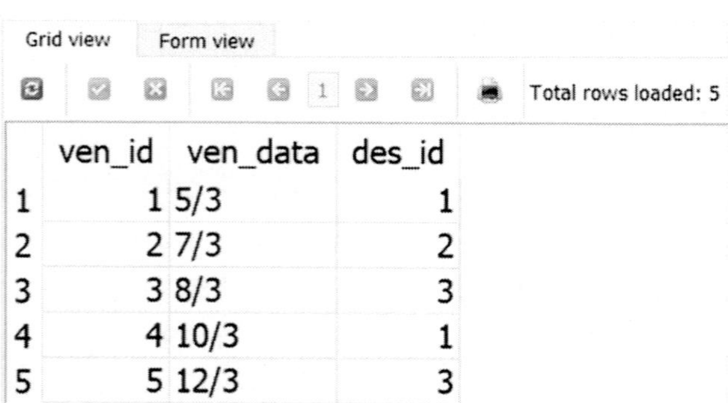

	ven_id	ven_data	des_id
1	1	5/3	1
2	2	7/3	2
3	3	8/3	3
4	4	10/3	1
5	5	12/3	3

Figura 71

Agora vamos inserir os dados da tabela **Detalhes_Vendas**, para isto, vamos retornar a janela **Open SQL editor**, em seguida, vamos selecionar o código que está digitado nesta janela, se tiver algum, basta pressionar, ao mesmo tempo, as teclas **Ctrl+A**, e veja que o código foi selecionado, conforme vimos na **Figura 62**. Agora pressione a tecla **Delete**, do teclado, e veja que nossa janela **Open SQL**

editor vai ficar vazia novamente, no local onde o cursor do mouse está piscando, vamos digitar o código:

```
INSERT INTO Detalhes_Vendas (ven_id, pro_id, dev_qtd) VALUES (1, 1, 1100), (1, 2, 300), (2, 3, 1700), (3, 4, 500), (4, 1, 2500), (5, 3, 2000), (5, 4, 700)
```

Veja como ficou, conforme **Figura 72**.

Query History

```
1 INSERT INTO Detalhes_Vendas (ven_id, pro_id, dev_qtd) VALUES (1, 1, 1100), (1, 2, 300),
  (2, 3, 1700), (3, 4, 500), (4, 1, 2500), (5, 3, 2000), (5, 4, 700)
```

Figura 72

Um detalhe que deve ser observado nesta tabela, é que os campos **ven_id** e **pro_id**, apesar de serem chaves primárias, não são autoincremento, desta forma, obrigatoriamente, temos que informar os valores dos mesmos. Para executar a **Query**, vamos clicar no botão do triângulo azul **Execute query(F9) – Executar query(F9)**, ou pressionar a tecla **F9**, conforme vimos na **Figura 58**. Para verificar se todos os dados foram inclusos na tabela **Detalhes_Vendas**, vamos utilizar o comando **SELECT**, para isto, vamos retornar a janela **Open SQL editor**, em seguida, vamos selecionar o código que está digitado nesta janela, se tiver algum, basta pressionar ao mesmo tempo as teclas **Ctrl+A**, e veja que o código foi selecionado, conforme vimos na **Figura 62**. Agora pressione a tecla **Delete**, do teclado e veja que nossa janela **Open SQL editor**, vai ficar vazia novamente, no local onde o cursor do mouse está piscando, vamos digitar o código:

```
SELECT * FROM Detalhes_Vendas
```

Grid view | Form view

Total rows loaded: 7

	ven_id	pro_id	dev_qtd
1	1	1	1100
2	1	2	300
3	2	3	1700
4	3	4	500
5	4	1	2500
6	5	3	2000
7	5	4	700

Figura 73

Deve ficar conforme vimos na **Figura 64**. Para executar a **Query**, vamos clicar no botão do triângulo azul **Execute query(F9) – Executar query(F9)**, ou pressionar a tecla **F9**, conforme vimos na **Figura 58**. Vejam que os dados solicitados vão aparecer na janela **Grid view**, que fica logo abaixo da janela **Open SQL editor,** conforme **Figura 73**.

Pronto, todas as nossas tabelas estão populadas, vamos agora estudar os comandos **SQL** do **SQLite** mais a fundo.

Pesquisando Dados Usando o Comando SELECT

A instrução **SELECT** é usada para buscar os dados de uma tabela do banco de dados **SQLite**, retornando os dados na forma de tabela de resultados. Essas tabelas de resultados também são chamadas de conjuntos de resultados, a sintaxe é a seguinte:

SELECT coluna1, coluna2, colunaN **FROM** tabela

Onde **coluna1**, **coluna2**, são os campos de uma tabela, cujos valores desejamos buscar. Se pretendermos obter todos os valores disponíveis nos campos da tabela **Produtos**, por exemplo, vamos utilizar a seguinte sintaxe: **SELECT * FROM** Produtos. Podemos fazer consultas parametrizadas, por exemplo, vamos buscar somente os nomes dos produtos, para isto, vamos retornar a janela **Open SQL editor**, em seguida vamos selecionar o código que está digitado nesta janela, se tiver algum, basta pressionar ao mesmo tempo as teclas **Ctrl+A**, e veja que o código foi selecionado, conforme vimos na **Figura 62**. Agora pressione a tecla **Delete**, do teclado, e veja que nossa janela **Open SQL editor** vai ficar vazia novamente, no local onde o cursor do mouse está piscando, vamos digitar o código:

```
SELECT pro_nome FROM Produtos
```

Veja como ficou, conforme **Figura 74**.

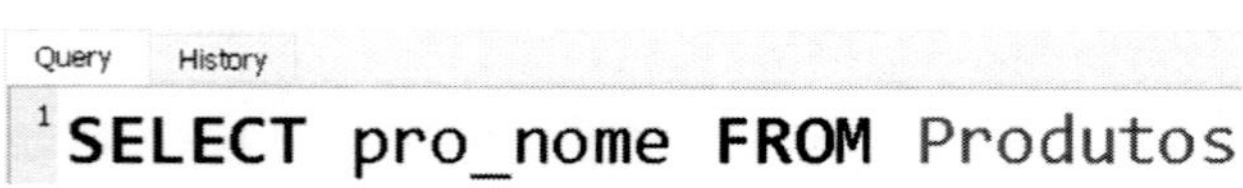

Figura 74

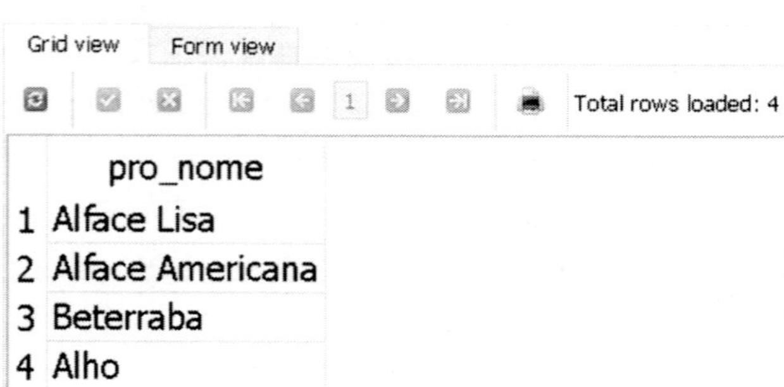

Figura 75

Para executar a **Query**, vamos clicar no botão do triângulo azul **Execute query(F9) – Executar query(F9)**, ou pressionar a tecla **F9**, conforme vimos na **Figura 58**. Vejam que os dados solicitados vão aparecer na janela **Grid view**, que fica logo abaixo da janela **Open SQL editor,** conforme **Figura 75**.

Informações do Esquema

Para listar todas as tabelas criadas em nosso banco de dados, ou **schema**, existentes no **SQLite**, vamos usar a seguinte instrução **SELECT** com a tabela **sqlite_master**, para isto, vamos retornar a janela **Open SQL editor**, em seguida, vamos selecionar o código que está digitado nesta janela, se tiver algum, basta pressionar, ao mesmo tempo, as teclas **Ctrl+A**, e veja que o código foi selecionado, conforme vimos na **Figura 62**. Agora pressione a tecla **Delete**, do teclado, e veja que nossa janela **Open SQL editor** vai ficar vazia novamente, no local onde o cursor do mouse está piscando, vamos digitar o código:

```
SELECT tbl_name FROM sqlite_master WHERE type = 'table'
```

Veja como ficou, conforme **Figura 76**.

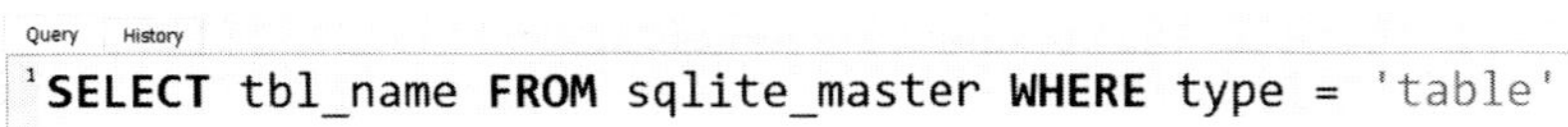

Figura 76

Figura 77

Para executar a **Query**, vamos clicar no botão do triângulo azul **Execute query(F9) – Executar query(F9)**, ou pressionar a tecla **F9**, conforme vimos na **Figura 58**. Vejam que os dados solicitados vão aparecer na janela **Grid view**, que fica logo abaixo da janela **Open SQL editor,** conforme **Figura 77**.

Podemos listar as informações completas da tabela **Produtos**, para isto, vamos retornar a janela **Open SQL editor**, em seguida, vamos selecionar o código que está digitado nesta janela, se tiver algum, basta pressionar, ao mesmo tempo, as teclas **Ctrl+A**, e veja que o código foi selecionado, conforme vimos na **Figura 62**. Agora pressione a tecla **Delete**, do teclado, e veja que nossa janela **Open SQL editor**, vai ficar vazia novamente, no local onde o cursor do mouse está piscando, vamos digitar o código:

```
SELECT sql FROM sqlite_master WHERE type = 'table' AND tbl_name = 'Produtos'
```

Veja como ficou, conforme **Figura 78**.

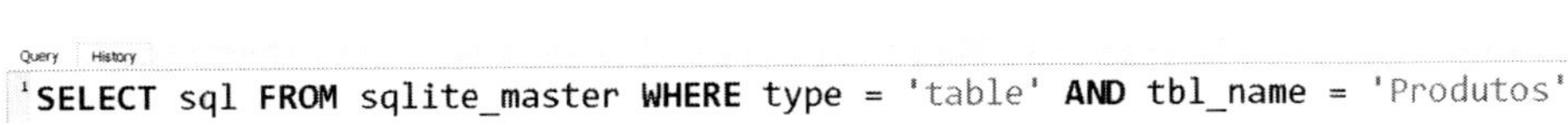

Figura 78

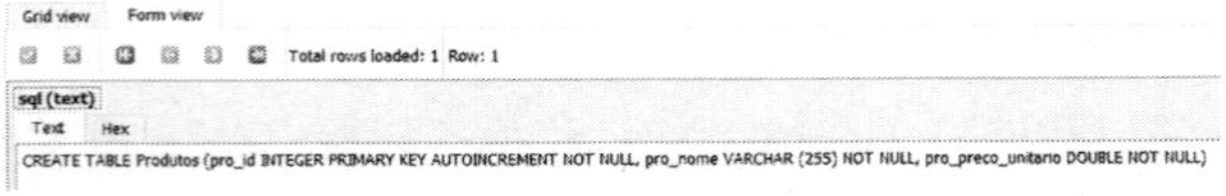

Figura 79

Para executar a **Query**, vamos clicar no botão do triângulo azul **Execute query(F9) – Executar query(F9)**, ou pressionar a tecla **F9**, conforme vimos na **Figura 58**. Vejam que os dados inseridos vão aparecer na janela **Form view**, que fica logo abaixo da janela **Open SQL editor**, conforme **Figura 79**.

Operadores no SQLite

O Que é um Operador no SQLite?

Um operador é uma palavra reservada ou um caractere usado, principalmente, na cláusula **WHERE** de uma instrução **SQLite** para executar operações, como comparações e operações aritméticas. Os operadores são usados para especificar condições em uma instrução **SQLite** e para servir como conjunções para várias condições em uma instrução. Os operadores são os seguintes:

- Arithmetic operators – Operadores aritméticos;
- Comparison operators – Operadores de comparação;
- Logical operators – Operadores lógicos;

Veremos apenas os operadores de comparação e lógicos, que são os mais importantes para nosso estudo.

Operadores de Comparação do SQLite

Veja na tabela abaixo, quais são os operadores de comparação:

OPERADOR	DESCRIÇÃO
==	Verifica se os valores de dois operandos são iguais ou não, se sim, a condição torna-se verdadeira.
=	Verifica se os valores de dois operandos são iguais ou não, se sim, a condição torna-se verdadeira.
!=	Verifica se os valores de dois operandos são iguais ou não, se os valores não são iguais, a condição torna-se verdadeira.
<>	Verifica se os valores de dois operandos são iguais ou não, se os valores não são iguais, a condição torna-se verdadeira.
>	Verifica se o valor do operando esquerdo é maior que o valor do operando direito, se sim, a condição se torna verdadeira.
<	Verifica se o valor do operando esquerdo é menor que o valor do operando direito, se sim, a condição se torna verdadeira.

>=	Verifica se o valor do operando esquerdo é maior ou igual ao valor do operando direito, se sim, a condição se torna verdadeira.
<=	Verifica se o valor do operando esquerdo é menor ou igual ao valor do operando direito, se sim, a condição se torna verdadeira.
!<	Verifica se o valor do operando esquerdo não é menor que o valor do operando direito, se sim, a condição se torna verdadeira.
!>	Verifica se o valor do operando esquerdo não é maior que o valor do operando direito, se sim, a condição se torna verdadeira.

Vamos utilizar a tabela **Produtos**, para nossos exemplos e também, vamos utilizar a cláusula **WHERE**, que será explicada mais adiante, mas, por enquanto, podemos entender que a cláusula **WHERE** é usada para colocar uma instrução condicional juntamente com a instrução **SELECT**. Vamos buscar todos os produtos que tenham o preço maior ou igual a R$ 8,00, para isto, vamos retornar a janela **Open SQL editor**, em seguida vamos selecionar o código que está digitado nesta janela, se tiver algum, basta pressionar ao mesmo tempo as teclas **Ctrl+A**, e veja que o código foi selecionado, conforme vimos na **Figura 62**. Agora pressione a tecla **Delete**, do teclado, e veja que nossa janela **Open SQL editor**, vai ficar vazia novamente, no local onde o cursor do mouse está piscando, vamos digitar o código:

```
SELECT * FROM Produtos WHERE pro_preco_unitario >= 8.00
```

Veja como ficou:

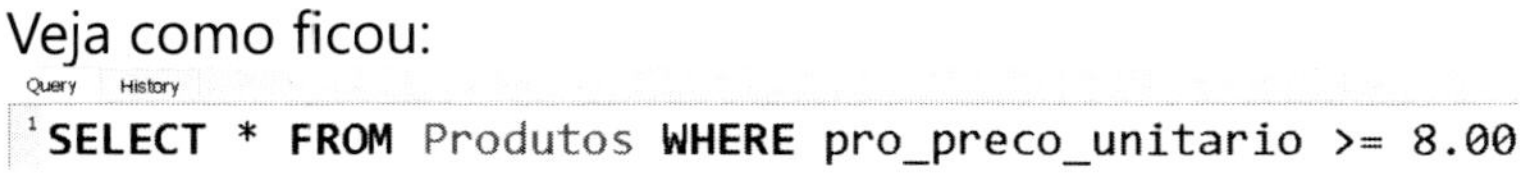

Figura 80

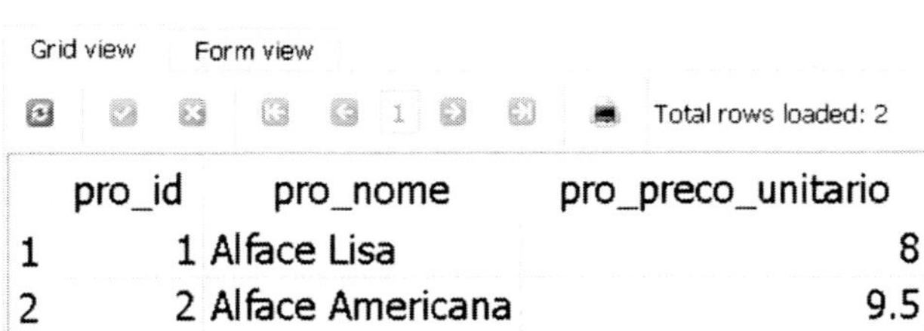

Figura 81

Para executar a **Query**, vamos clicar no botão do triângulo azul **Execute query(F9) – Executar query(F9)**, ou pressionar a tecla **F9**, conforme vimos na **Figura 58**. Vejam que os dados solicitados vão aparecer na janela **Grid view**, que fica logo abaixo da janela **Open SQL editor**, conforme **Figura 81.**

Agora, vamos buscar todos os produtos que tenham o preço diferente ou não igual a R$ 9,50, para isto vamos retornar a janela **Open SQL editor**, em seguida, vamos selecionar o código que está digitado nesta janela, se tiver algum, basta pressionar ao mesmo tempo as teclas **Ctrl+A**, e veja que o código foi selecionado, conforme vimos na **Figura 62**. Agora, pressione a tecla **Delete**, do teclado e veja que nossa janela **Open SQL editor**, vai ficar vazia novamente, no local onde o cursor do mouse está piscando, vamos digitar o código:

```
SELECT * FROM Produtos WHERE pro_preco_unitario != 9.50
```

Veja como ficou, conforme **Figura 82**.

```
Query  History
1 SELECT * FROM Produtos WHERE pro_preco_unitario != 9.50
```

Figura 82

Ou podemos usar desta forma:

```
SELECT * FROM Produtos WHERE pro_preco_unitario <> 9.50
```

Veja como ficou, conforme **Figura 83**.

```
Query  History
1 SELECT * FROM Produtos WHERE pro_preco_unitario <> 9.50
```

Figura 83

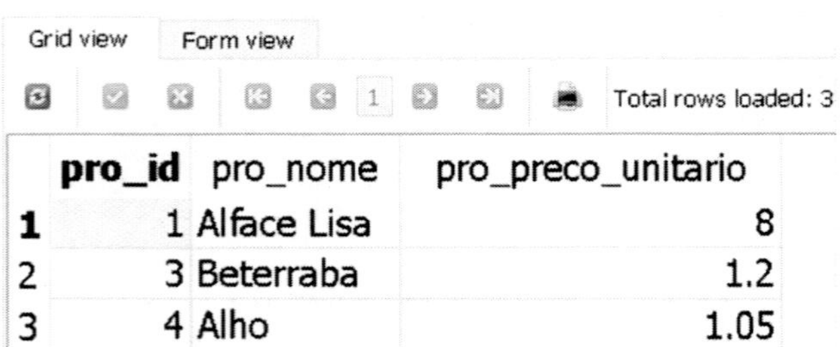

Figura 84

Para executar a **Query**, vamos clicar no botão do triângulo azul **Execute query(F9) – Executar query(F9)**, ou pressionar a tecla **F9**, conforme vimos na **Figura 58**. Vejam que os dados solicitados vão aparecer na janela **Grid view**, que fica logo abaixo da janela **Open SQL editor,** conforme **Figura 84**.

Agora vamos buscar todos os produtos que tenham o preço menor que R$ 1,20, para isto, vamos retornar a janela **Open SQL editor**, em seguida, vamos selecionar o código que está digitado nesta janela, se tiver algum, basta pressionar ao mesmo tempo as teclas **Ctrl+A**, e veja que o código foi selecionado, conforme vimos na **Figura 62**. Agora pressione a tecla **Delete**, do teclado, e veja que nossa janela **Open SQL editor** vai ficar vazia novamente, no local onde o cursor do mouse está piscando, vamos digitar o código:

```
SELECT * FROM Produtos WHERE pro_preco_unitario < 1.20
```

Veja como ficou, conforme **Figura 85**.

```
Query  History
1 SELECT * FROM Produtos WHERE pro_preco_unitario < 1.20
```

Figura 85

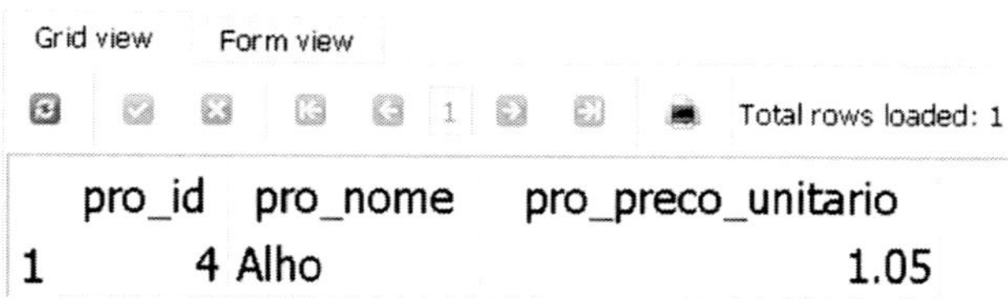

Figura 86

Para executar a **Query**, vamos clicar no botão do triângulo azul **Execute query(F9) – Executar query(F9)**, ou pressionar a tecla **F9**, conforme vimos na **Figura 58**. Vejam que os dados solicitados vão aparecer na janela **Grid view**, que fica logo abaixo da janela **Open SQL editor,** conforme **Figura 86**.

Podemos, também, definir quais colunas queremos que apareça, neste caso, vamos usar o mesmo código anterior, só que vamos pedir somente as colunas **pro_nome** e **pro_preco_unitario**, para isto, vamos retornar a janela **Open SQL editor**, em seguida, vamos selecionar o código que está digitado nesta janela, se tiver algum, basta pressionar, ao mesmo tempo, as teclas **Ctrl+A**, e veja que o código foi selecionado, conforme vimos na **Figura 62**. Agora pressione a tecla **Delete**, do teclado, e veja que nossa janela **Open SQL editor**, vai ficar vazia novamente, no local onde o cursor do mouse está piscando, vamos digitar o código:

```
SELECT pro_nome, pro_preco_unitario FROM Produtos WHERE pro_preco_unitario < 1.20
```

Veja como ficou, conforme **Figura 87**.

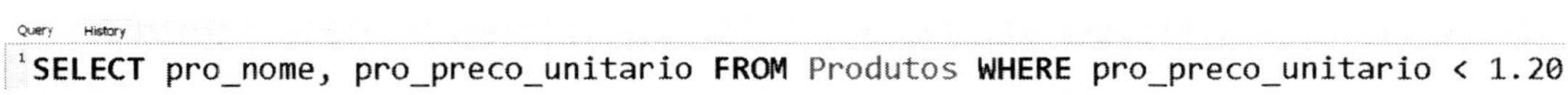

Figura 87

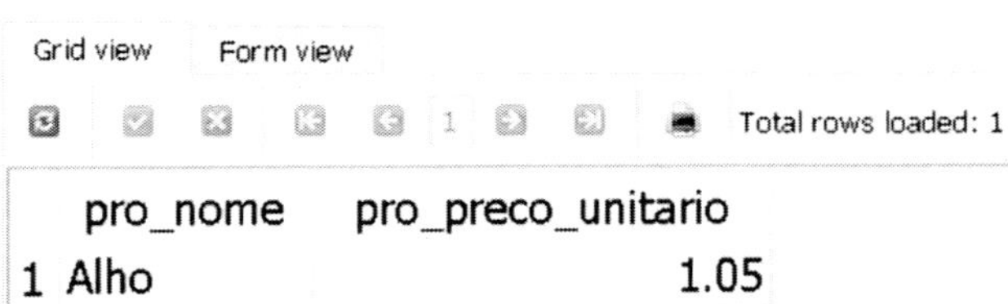

Figura 88

Para executar a **Query**, vamos clicar no botão do triângulo azul **Execute query(F9) – Executar query(F9)**, ou pressionar a tecla **F9**, conforme vimos na **Figura 58**. Vejam que os dados solicitados vão aparecer na janela **Grid view**, que fica logo abaixo da janela **Open SQL editor,** conforme **Figura 88**.

Operadores Lógicos do SQLite

Em alguns casos, vamos precisar usar expressões que sejam mais complexas do que uma simples comparação. Podemos utilizar os operadores lógicos para fazer a combinação das condições baseadas em operadores de comparação e criar critérios mais complexos. Veja na tabela abaixo todos os operadores lógicos disponíveis no **SQLite**:

OPERADOR	DESCRIÇÃO
AND	O operador **AND** permite a existência de várias condições em uma instrução **SQL** usando a cláusula **WHERE**.
BETWEEN	O operador **BETWEEN** é usado para pesquisar valores que estão dentro de um conjunto de valores, dado o valor mínimo e o valor máximo.
EXISTS	O operador **EXISTS** é usado para procurar a presença de uma linha em uma tabela especificada que atende a determinados critérios.
IN	O operador **IN** é usado para comparar um valor a uma lista de valores literais que foram especificados.
NOT IN	O operador **NOT IN** é usado para negar a comparação de um valor a uma lista de valores literais que foram especificados.
LIKE	O operador **LIKE** é usado para comparar um valor com valores semelhantes usando operadores curingas.
GLOB	O operador **GLOB** é usado para comparar um valor com valores semelhantes usando operadores curingas. Além disso, o operador **GLOB** é sensível a maiúsculas e minúsculas, ao contrário do operador **LIKE**.
NOT	O operador **NOT** inverte o significado do operador lógico com o qual é usado. Por exemplo: **NOT EXISTS**, **NOT BETWEEN**, **NOT IN**, etc. Isto é negar o operador.
OR	O operador **OR** é usado para combinar várias condições em uma instrução **SQL** usando a cláusula **WHERE**.
IS NULL	O operador **NULL** é usado para comparar um valor nulo.
IS	O operador **IS** funciona como igual, =.
IS NOT	O operador **IS** funciona como diferente, !=.
||	Adiciona duas sequências diferentes e cria uma nova.
UNIQUE	O operador **UNIQUE** procura cada linha de uma tabela especificada para exclusividade (sem duplicatas).

Vamos utilizar a tabela **Produtos**, para nossos exemplos, vamos buscar todas as verduras do tipo Alface que tenham o preço unitário maior que R$ 8,00, para isto, vamos retornar a janela **Open SQL editor**, em seguida, vamos selecionar o código que está digitado nesta janela, se tiver algum, basta pressionar ao mesmo tempo as teclas **Ctrl+A**, e veja que o código foi selecionado, conforme vimos na **Figura 62**. Agora pressione a tecla **Delete**, do teclado e veja que nossa janela **Open SQL editor** vai ficar vazia novamente, no local onde o cursor do mouse está piscando, vamos digitar o código:

```
SELECT * FROM Produtos WHERE pro_nome LIKE ‘Alface%’ AND pro_preco_unitario > 8.00
```

Veja como ficou, conforme **Figura 89**.

Figura 89

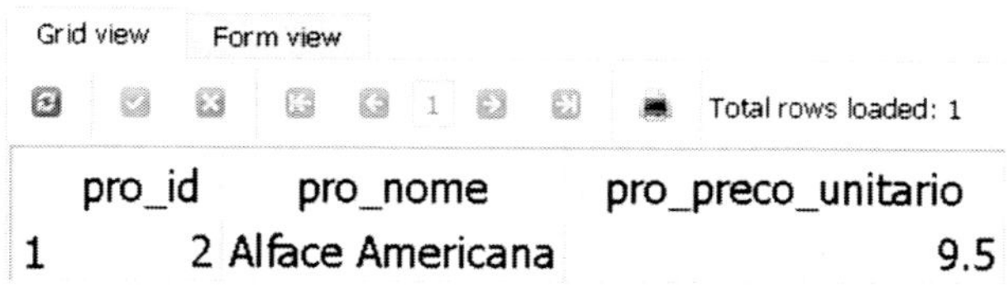

	pro_id	pro_nome	pro_preco_unitario
1	2	Alface Americana	9.5

Figura 90

Para executar a **Query**, vamos clicar no botão do triângulo azul **Execute query(F9) – Executar query(F9)**, ou pressionar a tecla **F9**, conforme vimos na **Figura 58**. Vejam que os dados solicitados vão aparecer na janela **Grid view**, que fica logo abaixo da janela **Open SQL editor,** conforme **Figura 90**.

Usando o operador **AND**, serão mostradas as informações se, e somente se, ambas as condições forem verdadeiras. Agora vamos buscar todas as verduras do tipo Alface que tenham o preço unitário maior que R$ 8,00, vamos usar o operador **OR**, para isto vamos retornar a janela **Open SQL editor**, em seguida vamos selecionar o código que está digitado nesta janela, se tiver algum, basta pressionar ao mesmo tempo as teclas **Ctrl+A**, e veja que o código foi selecionado, conforme vimos na **Figura 62**. Agora pressione a tecla **Delete**, do teclado e veja que nossa janela **Open SQL editor**, vai ficar vazia novamente, no local onde o cursor do mouse está piscando, vamos digitar o código:

```
SELECT * FROM Produtos WHERE pro_nome LIKE 'Alface%' OR pro_preco_unitario > 8.00
```

Veja como ficou, conforme **Figura 91**.

```
Query  History
SELECT * FROM Produtos WHERE pro_nome LIKE 'Alface%' OR pro_preco_unitario > 8.00
```

Figura 91

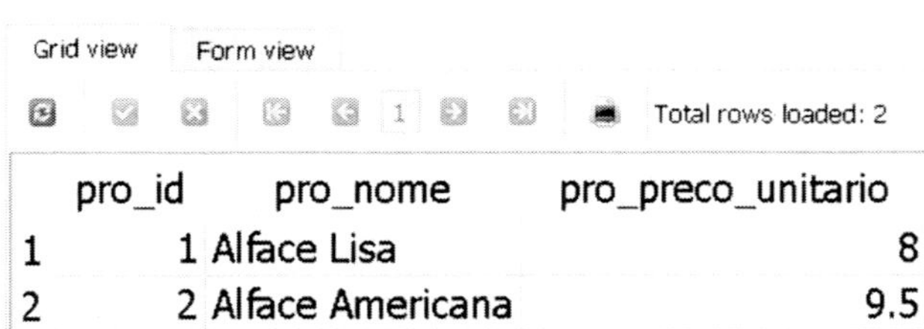

	pro_id	pro_nome	pro_preco_unitario
1	1	Alface Lisa	8
2	2	Alface Americana	9.5

Figura 92

Para executar a **Query**, vamos clicar no botão do triângulo azul **Execute query(F9) – Executar query(F9)**, ou pressionar a tecla **F9**, conforme vimos na **Figura 58**. Vejam que os dados solicitados vão aparecer na janela **Grid view**, que fica logo abaixo da janela **Open SQL editor,** conforme **Figura 92**.

Usando o operador **OR**, serão mostradas as informações se qualquer uma das condições for verdadeira. Agora vamos buscar todas as verduras onde o nome tenha uma letra **%e%'**, não importa a posição onde o **'%e%'** se encontra, vamos retornar a janela **Open SQL editor**, em seguida, vamos selecionar o código que está digitado nesta janela, se tiver algum, basta pressionar, ao mesmo tempo, as teclas **Ctrl+A**, e veja que o código foi selecionado, conforme vimos na **Figura 62**. Agora, pressione a tecla **Delete**, do teclado, e veja que nossa janela **Open SQL editor** vai ficar vazia novamente, no local onde o cursor do mouse está piscando, vamos digitar o código:

```
SELECT * FROM Produtos WHERE pro_nome LIKE '%e%'
```

Veja como ficou, conforme **Figura 93**.

Figura 93

	pro_id	pro_nome	pro_preco_unitario
1	1	Alface Lisa	8
2	2	Alface Americana	9.5
3	3	Beterraba	1.2

Figura 94

Para executar a **Query**, vamos clicar no botão do triângulo azul **Execute query(F9) – Executar query(F9)**, ou pressionar a tecla **F9**, conforme vimos na **Figura 58**. Vejam que os dados solicitados vão aparecer na janela **Grid view**, que fica logo abaixo da janela **Open SQL editor,** conforme **Figura 94**.

Agora, vamos buscar todas as verduras onde o nome começa com **'Al'**, não importa o que vem depois de **'Al'**, vamos retornar a janela **Open SQL editor**, em seguida, vamos selecionar o código que está digitado nesta janela, se tiver algum, basta pressionar ao mesmo tempo as teclas **Ctrl+A**, e veja que o código foi selecionado, conforme vimos na **Figura 62**. Agora, pressione a tecla **Delete**, do teclado, e veja que nossa janela **Open SQL editor**, vai ficar vazia novamente, no local onde o cursor do mouse está piscando, vamos digitar o código:

```
SELECT * FROM Produtos WHERE pro_nome GLOB 'Al*'
```

Veja como ficou, conforme **Figura 95**.

Figura 95

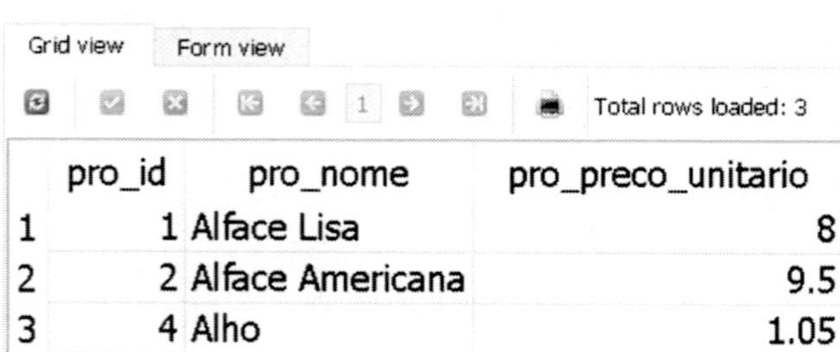

	pro_id	pro_nome	pro_preco_unitario
1	1	Alface Lisa	8
2	2	Alface Americana	9.5
3	4	Alho	1.05

Figura 96

Para executar a **Query**, vamos clicar no botão do triângulo azul **Execute query(F9) – Executar query(F9)**, ou pressionar a tecla **F9**, conforme vimos na **Figura 58**. Vejam que os dados solicitados vão aparecer na janela **Grid view**, que fica logo abaixo da janela **Open SQL editor,** conforme **Figura 96**.

Como vimos, o operador **GLOB** é sensível a maiúsculas e minúsculas, ao contrário do operador **LIKE**, portanto, se tentarmos executar este mesmo comando:

```
SELECT * FROM Produtos WHERE pro_nome GLOB ‘al*’
```

Veja como ficou, conforme **Figura 97**.

Figura 97

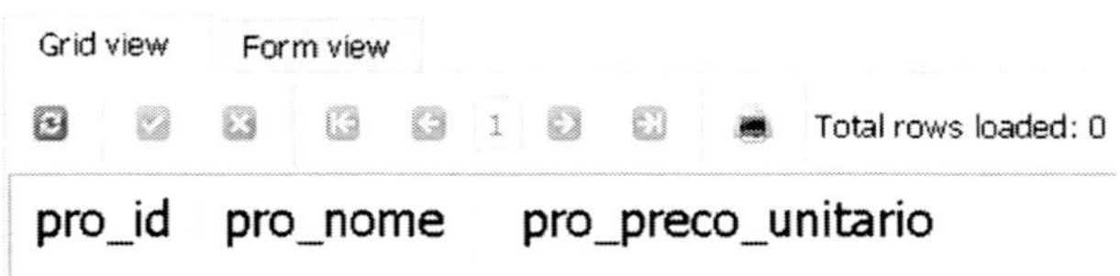

Figura 98

Para executar a **Query**, vamos clicar no botão do triangulo azul **Execute query(F9) – Executar query(F9)**, ou pressionar a tecla **F9**, conforme vimos na **Figura 58**. Vejam que os dados solicitados vão aparecer na janela **Grid view**, que fica logo abaixo da janela **Open SQL editor,** conforme **Figura 98**.

Vejam que não vai buscar nada, pois as letras estão minúsculas. Agora vamos buscar todas as verduras onde o preço unitário seja R$ 1.05 ou R$ 9.50, vamos retornar à janela **Open SQL editor**, em seguida vamos selecionar o código que está digitado nesta janela, se tiver algum, basta pressionar ao mesmo tempo as teclas **Ctrl+A**, e veja que o código foi selecionado, conforme vimos na **Figura 62**. Agora, pressione a tecla **Delete**, do teclado, e veja que nossa janela **Open SQL editor**, vai ficar vazia novamente, no local onde o cursor do mouse está piscando, vamos digitar o código:

```
SELECT * FROM Produtos WHERE pro_preco_unitario IN (1.05, 9.50)
```

Veja como ficou, conforme **Figura 99**.

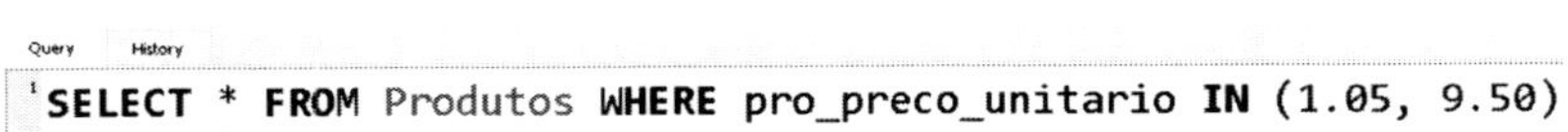

Figura 99

Figura 100

Para executar a **Query**, vamos clicar no botão do triângulo azul **Execute query(F9) – Executar query(F9)**, ou pressionar a tecla **F9**, conforme vimos na **Figura 58**. Vejam que os dados solicitados vão aparecer na janela **Grid view**, que fica logo abaixo da janela **Open SQL editor,** conforme **Figura 100**.

Agora vamos buscar todas as verduras onde o preço unitário não seja nem R$ 1.05 nem R$ 9.50, vamos retornar à janela **Open SQL editor**, em seguida, vamos selecionar o código que está digitado nesta janela, se tiver algum, basta pressionar, ao mesmo tempo, as teclas **Ctrl+A**, e veja que o código foi selecionado, conforme vimos na **Figura 62**. Agora pressione a tecla **Delete**, do teclado e veja que nossa janela **Open SQL editor** vai ficar vazia novamente, no local onde o cursor do mouse está piscando, vamos digitar o código:

```
SELECT * FROM Produtos WHERE pro_preco_unitario NOT IN (1.05, 9.50)
```

Veja como ficou, conforme **Figura 101**.

Figura 101

	pro_id	pro_nome	pro_preco_unitario
1	1	Alface Lisa	8
2	3	Beterraba	1.2

Figura 102

Para executar a **Query**, vamos clicar no botão do triângulo azul **Execute query(F9) – Executar query(F9)**, ou pressionar a tecla **F9**, conforme vimos na **Figura 58**. Vejam que os dados solicitados vão aparecer na janela **Grid view**, que fica logo abaixo da janela **Open SQL editor,** conforme **Figura 102**.

Agora vamos buscar todas as verduras onde o preço unitário esteja entre 1.00 e 5.00, vamos retornar à janela **Open SQL editor**, em seguida vamos selecionar o código que está digitado nesta janela, se tiver algum, basta pressionar, ao mesmo tempo, as teclas **Ctrl+A** e veja que o código foi selecionado, conforme vimos na **Figura 62**. Agora pressione a tecla **Delete**, do teclado, e veja que nossa janela **Open SQL editor** vai ficar vazia novamente, no local onde o cursor do mouse está piscando, vamos digitar o código:

```
SELECT * FROM Produtos WHERE pro_preco_unitario BETWEEN 1.05 AND 5.00
```

Veja como ficou, conforme **Figura 103**.

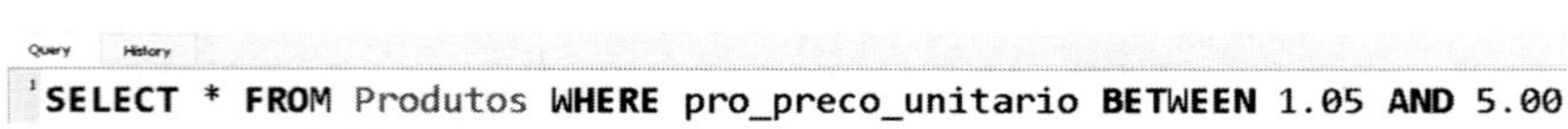

Figura 103

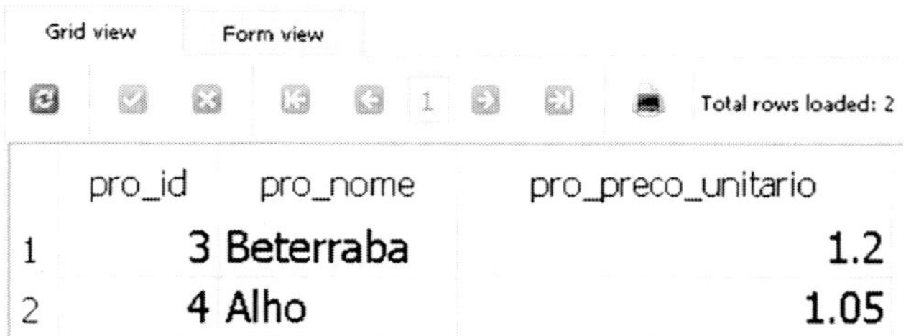

Figura 104

Para executar a **Query**, vamos clicar no botão do triângulo azul **Execute query(F9) – Executar query(F9)**, ou pressionar a tecla **F9**, conforme vimos na **Figura 58**. Vejam que os dados solicitados vão aparecer na janela **Grid view**, que fica logo abaixo da janela **Open SQL editor,** conforme **Figura 104**.

Expressões no SQLite

Uma expressão é uma combinação de um ou mais valores, operadores e funções **SQL** que avaliam um valor. Elas são como fórmulas e são escritas na linguagem de consulta, e podemos usá-las para consultar o banco de dados para um conjunto específico de dados. Vamos considerar a sintaxe básica da instrução **SELECT**, conforme abaixo:

```
SELECT column1, column2, columnN
FROM nome_tabela
WHERE [CONDITION | EXPRESSION];
```

Existem diferentes tipos de expressões **SQLite**, que veremos nos próximos tópicos.

Expressões Booleanas

Expressões booleanas buscam os dados com base em correspondência de valor único. Veja a sintaxe abaixo:

```
SELECT column1, column2, columnN
FROM table_name
WHERE EXPRESSÃO DE VALOR ÚNICO;
```

Conforme exemplo visto na **Figura 80**.

Expressão Numérica

Essas expressões são usadas para executar qualquer operação matemática em qualquer consulta. Veja a sintaxe abaixo:

```
SELECT numerical_expression as OPERATION_NAME
[FROM nome_tabela WHERE CONDITION]
```

Onde:

numerical_expression é usado para expressão matemática ou qualquer fórmula. Existem várias funções internas como **avg()**, **sum()**, **count()**, entre outras. Para executar o que é conhecido como cálculos de dados agregados em uma tabela ou uma coluna da tabela específica. Vamos buscar todos os registros da tabela **Produtos**, para isto, vamos retornar à janela **Open SQL editor**, em seguida, vamos selecionar o código que está digitado nesta janela, se tiver algum, basta pressionar, ao mesmo tempo, as teclas **Ctrl+A**, e veja que o código foi selecionado, conforme vimos na **Figura 62**. Agora pressione a tecla **Delete**, do teclado e veja que nossa janela **Open SQL editor**, vai ficar vazia novamente, no local onde o cursor do mouse está piscando, vamos digitar o código:

```
SELECT COUNT(*) AS "RECORDS" FROM Produtos
```

Veja como ficou, conforme **Figura 105**.

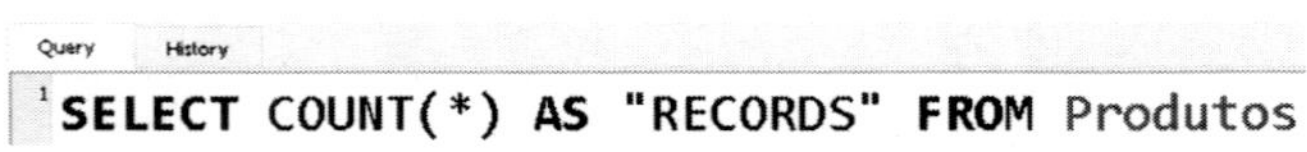

Figura 105

Figura 106

Para executar a **Query**, vamos clicar no botão do triângulo azul **Execute query(F9) – Executar query(F9)**, ou pressionar a tecla **F9**, conforme vimos na **Figura 58**. Vejam que os dados solicitados vão aparecer na janela **Grid view**, que fica logo abaixo da janela **Open SQL editor**, conforme **Figura 106**.

Vamos somar o preço de todas as verduras **Produtos**, para isto, vamos retornar à janela **Open SQL editor**, em seguida, vamos selecionar o código que está digitado nesta janela, se tiver algum, basta pressionar, ao mesmo tempo, as teclas **Ctrl+A**, e veja que o código foi selecionado, conforme vimos na **Figura 62**. Agora pressione a tecla **Delete**, do teclado e veja que nossa janela **Open SQL editor**, vai ficar vazia novamente, no local onde o cursor do mouse está piscando, vamos digitar o código:

```
SELECT SUM(pro_preco_unitario) FROM Produtos
```

Veja como ficou, conforme **Figura 107**:

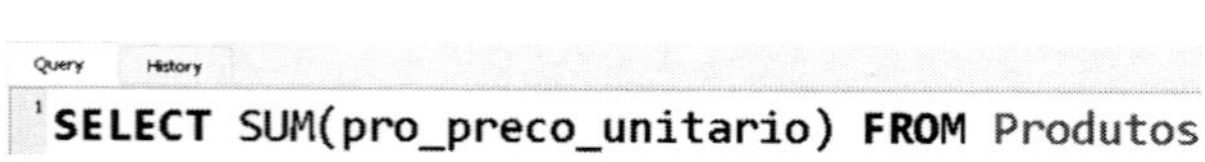

Figura 107

Figura 108

Para executar a **Query**, vamos clicar no botão do triângulo azul **Execute query(F9) – Executar query(F9)**, ou pressionar a tecla **F9**, conforme vimos na **Figura 58**. Vejam que os dados solicitados vão aparecer na janela **Grid view**, que fica logo abaixo da janela **Open SQL editor**, conforme **Figura 108**.

Vamos fazer a média dos preços das verduras da tabela **Produtos**, para isto, vamos retornar à janela **Open SQL editor**, em seguida, vamos selecionar o código que está digitado nesta janela, se tiver algum, basta pressionar ao mesmo tempo as teclas **Ctrl+A**, e veja que o código foi selecionado, conforme vimos na **Figura 62**. Agora pressione a tecla **Delete**, do teclado, e veja que nossa janela **Open SQL editor** vai ficar vazia novamente, no local onde o cursor do mouse está piscando, vamos digitar o código:

```
SELECT AVG (pro_preco_unitario) FROM Produtos
```

Veja como ficou, conforme **Figura 109.**

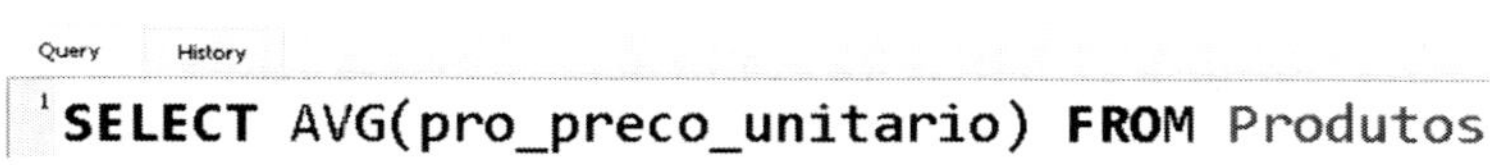

Figura 109

Figura 110

Para executar a **Query**, vamos clicar no botão do triângulo azul **Execute query(F9) – Executar query(F9)**, ou pressionar a tecla **F9**, conforme vimos na **Figura 58**. Vejam que os dados solicitados vão aparecer na janela **Grid view**, que fica logo abaixo da janela **Open SQL editor,** conforme **Figura 110**.

Expressões de Data

Estas expressões retornam os valores atuais de data e hora do sistema e serão usadas em várias manipulações de dados. Vamos buscar a data e a hora atual do sistema, para isto, vamos retornar à janela **Open SQL editor**, em seguida vamos selecionar o código que está digitado nesta janela, se tiver algum, basta pressionar, ao mesmo tempo, as teclas **Ctrl+A**, e veja que o código foi selecionado, conforme vimos na **Figura 62**. Agora pressione a tecla **Delete**, do teclado, e veja que nossa janela **Open SQL editor** vai ficar vazia novamente, no local onde o cursor do mouse está piscando, vamos digitar o código:

```
SELECT CURRENT_TIMESTAMP
```

Veja como ficou, conforme **Figura 111**.

Figura 111

Figura 112

Para executar a **Query**, vamos clicar no botão do triângulo azul **Execute query(F9) – Executar query(F9)**, ou pressionar a tecla **F9**, conforme vimos na **Figura 58**. Vejam que os dados solicitados vão aparecer na janela **Grid view**, que fica logo abaixo da janela **Open SQL editor,** conforme **Figura 112**.

Cláusula WHERE no SQLite

Vimos no **capítulo 05**, no tópico **O Que é um Operador no SQLite?** Que esta cláusula é usada para especificar uma condição ao buscar os dados de uma tabela ou várias tabelas. Se a condição dada for satisfeita, significa verdadeiro, então ele retorna um valor específico da tabela. Utilizamos a cláusula **WHERE** para filtrar os registros e obter apenas os registros necessários. A cláusula **WHERE** não é usada somente na instrução **SELECT**, mas também é usada na instrução **UPDATE**, **DELETE**, entre outras, que vamos estudar nos próximos tópicos. Veja a sintaxe abaixo:

```
SELECT column1, column2, columnN
FROM nome_tabela
WHERE [condição]
```

Podemos especificar uma condição usando **Comparação** ou **Operadores Lógicos** como **>**, **<**, **=**, **LIKE**, **NOT**, entre outros que já estudamos, conforme exemplos vistos na **Figura 80**, **Figura 89**, **Figura 113**, etc.

Alteração de Dados – SQLite UPDATE Query

Esta query é usada para modificar ou alterar os registros existentes em uma tabela. Devemos usar a cláusula **WHERE** com **UPDATE** para atualizar as linhas selecionadas, caso contrário, todas as linhas serão atualizadas. Veja a sintaxe abaixo:

```
UPDATE nome_tabela
SET column1 = value1, column2 = value2...., columnN = valueN
WHERE [condição]
```

Podemos combinar **N** números de condições usando os operadores **AND** ou **OR**. Vamos utilizar a tabela **Produtos**, para nossos exemplos, vamos alterar o nome da verdura com **pro_id** igual 4, para isto, vamos retornar à janela **Open SQL editor**, em seguida, vamos selecionar o código que está digitado nesta janela, se tiver algum, basta pressionar, ao mesmo tempo, as teclas **Ctrl+A**, e veja que o código foi selecionado, conforme vimos na **Figura 62**. Agora pressione a tecla **Delete**, do teclado, e veja que nossa janela **Open SQL editor**, vai ficar vazia novamente, no local onde o cursor do mouse está piscando, vamos digitar o código:

```
UPDATE Produtos SET pro_nome = 'Alho Poró' WHERE pro_id = 4
```

Veja como ficou, conforme **Figura 113**.

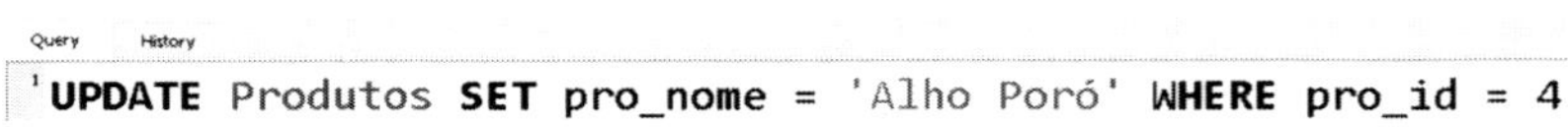

Figura 113

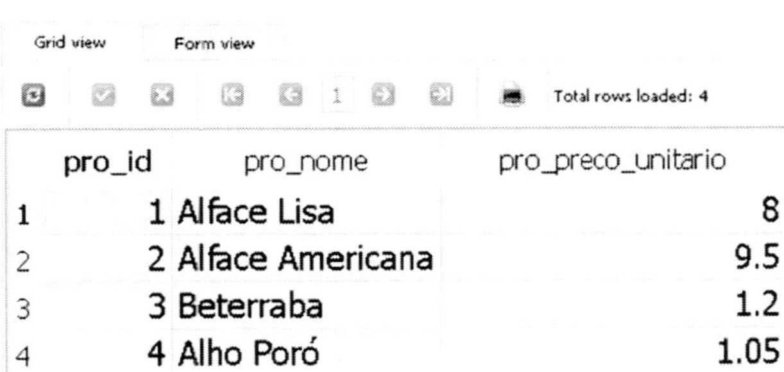

Figura 114

Para executar a **Query**, vamos clicar no botão do triângulo azul **Execute query(F9) – Executar query(F9)**, ou pressionar a tecla **F9**, conforme vimos na **Figura 58**. Para verificar se os dados foram alterados, use o comando **SELECT** para exibir todos os dados da tabela **Produtos**, conforme vimos na **Figura 69**. Vejam que os dados solicitados e alterados vão aparecer na janela **Grid view**, que fica logo abaixo da janela **Open SQL editor,** conforme **Figura 114**.

Excluir Dados – SQLite DELETE Query

Esta query é usada para excluir os registros existentes em uma tabela. Devemos usar a cláusula **WHERE** com a cláusula **DELETE** para excluir linhas selecionadas, caso contrário, todos os registros seriam excluídos. Veja a sintaxe abaixo:

```
DELETE FROM nome_tabela
WHERE [condição]
```

Podemos combinar **N** números de condições usando os operadores **AND** ou **OR**. Vamos utilizar a tabela **Destinos_Exportacao**, para nossos exemplos, vamos inserir mais dois países nesta tabela. Vamos retornar à janela **Open SQL editor**, em seguida, vamos selecionar o código que está digitado nesta janela, se tiver algum, basta pressionar ao mesmo tempo as teclas **Ctrl+A**, e veja que o código foi selecionado, conforme vimos na **Figura 62**. Agora pressione a tecla **Delete**, do teclado, e veja que nossa janela **Open SQL editor**, vai ficar vazia novamente, no local onde o cursor do mouse está piscando, vamos digitar o código abaixo:

```
INSERT INTO Destinos_Exportacao (des_nome) VALUES ('Brasil'), ('Portugal')
```

Grid view | Form view

Total rows loaded: 5

	des_id	des_nome
1	1	EUA
2	2	França
3	3	Alemanha
4	4	Brasil
5	5	Portugal

Figura 115

Veja como ficou, conforme vimos na **Figura 66**. Para verificar se todos os dados foram inclusos na tabela **Destinos_Exportacao**, vamos utilizar o comando **SELECT**, para isto, vamos retornar à janela **Open SQL editor**, em seguida, vamos selecionar o código que está digitado nesta janela, se tiver algum, basta pressionar, ao mesmo tempo, as teclas **Ctrl+A**, e veja que o código foi selecionado, conforme vimos na **Figura 62**.

Agora pressione a tecla **Delete**, do teclado, e veja que nossa janela **Open SQL editor** vai ficar vazia novamente, no local onde o cursor do mouse está piscando, vamos digitar o código, conforme vimos na **Figura 64**. Para executar a **Query**, vamos clicar no botão do triângulo azul **Execute query(F9) – Executar query(F9)**, ou pressionar a tecla **F9**, conforme vimos na **Figura 58**. Vejam que os dados solicitados vão aparecer na janela **Grid view**, que fica logo abaixo da janela **Open SQL editor,** conforme **Figura 115**.

Vamos excluir o país com o código número 5, para isto, vamos retornar à janela **Open SQL editor**, em seguida, vamos selecionar o código que está digitado nesta janela, se tiver algum, basta pressionar, ao mesmo tempo, as teclas **Ctrl+A**, e veja que o código foi selecionado, conforme vimos na **Figura 62**. Agora pressione a tecla **Delete**, do teclado, e veja que nossa janela **Open SQL editor** vai ficar vazia novamente, no local onde o cursor do mouse está piscando, vamos digitar o código abaixo:

```
DELETE FROM Destinos_Exportacao WHERE des_id = 5
```

Veja como ficou, conforme **Figura 116**.

Query | History

```
DELETE FROM Destinos_Exportacao WHERE des_id = 5
```

Figura 116

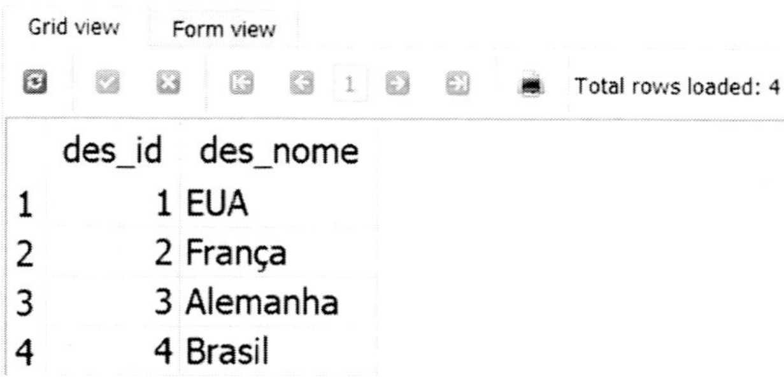

Figura 117

Para executar a **Query**, vamos clicar no botão do triângulo azul **Execute query(F9) – Executar query(F9)**, ou pressionar a tecla **F9**, conforme vimos na **Figura 58**. Para verificar se os dados foram excluídos, use o comando **SELECT** para listar os dados, conforme vimos na **Figura 64**. Vejam que os dados vão aparecer na janela **Grid view**, que fica logo abaixo da janela **Open SQL editor,** conforme **Figura 117**.

Observem que uma vez deletado um registro, o código deste registro não será mais utilizado. Caso tenhamos que inserir um novo registro, a sequência seria o código de número 6, e não número 5, pois os códigos são únicos. Muito cuidado ao excluir registros, o ideal é fazer um backup das tabelas antes de usar este comando. Outro ponto que devemos tomar cuidado e que se esquecermos de usar a cláusula **WHERE**, vamos deletar todos os registros da tabela, não utilizem o comando abaixo:

```
DELETE FROM Destinos_Exportacao
```

Jamais utilizem este comando.

Estudo Aprofundado do Operador LIKE no SQLite

Vimos no tópico **Operadores Lógicos do SQLite**, que o operador **LIKE** é usado para corresponder os valores de texto com um padrão usando curingas. Se a expressão de pesquisa corresponder à expressão padrão, o operador **LIKE** retornará true, que é 1. Há dois caracteres universais usados em conjunto com o operador **LIKE**, são eles:

- **O sinal de percentagem (%):** representa zero, um ou múltiplos números ou caracteres.
- **O sublinhado (_):** representa um único número ou caractere.

Estes símbolos podem ser usados em combinações. Veja a sintaxe para **%** e _, conforme abaixo:

```
SELECT FROM nome_tabela
WHERE column LIKE 'XXXX%'
```

Ou:

```
SELECT FROM nome_tabela
WHERE column LIKE '%XXXX%'
```

Ou:

```
SELECT FROM nome_tabela
WHERE column LIKE 'XXXX_'
```

Ou:

```
SELECT FROM nome_tabela
WHERE column LIKE '_XXXX'
```

Ou:

```
SELECT FROM nome_tabela
WHERE column LIKE '_XXXX_'
```

Aqui **XXXX** pode ser qualquer valor numérico ou string. Na tabela abaixo, veremos as várias possibilidades de uso das cláusulas **SELECT**, **WHERE** com o operador **LIKE** usando **'%'** e **'_'**:

Declaração	**Descrição**
WHERE pro_preco_unitario **LIKE** '200%'	Encontra quaisquer valores que começam com 200.
WHERE cor_salario **LIKE** '%200%'	Encontra quaisquer valores que tenham 200 em qualquer posição.
WHERE pro_preco_unitario **LIKE** '_00%'	Encontra quaisquer valores que têm 00 na segunda e terceira posições.
WHERE pro_preco_unitario **LIKE** '2_%_%'	Localiza todos os valores que começam com 2 e têm pelo menos 3 caracteres de comprimento
WHERE pro_preco_unitario **LIKE** '%2'	Encontra quaisquer valores que terminam com 2.
WHERE pro_preco_unitario **LIKE** '_2%3'	Encontra quaisquer valores que têm um 2 na segunda posição e terminam com um 3.
WHERE pro_preco_unitario **LIKE** '2___3'	Encontra quaisquer valores em um número de cinco dígitos que começam com 2 e terminam com 3.

Podemos combinar **N** números de condições usando os operadores **AND** ou **OR**. Vamos utilizar a tabela **Produtos** para nossos exemplos, lembrando que nós deletamos todos os registros desta tabela, desta forma, temos que inserir novamente estes dados, usando o comando **INSERT INTO**, que já vimos em tópicos anteriores. Vamos buscar todos os produtos com o preço unitário começando com 1, para isto, vamos retornar à janela **Open SQL editor**, em seguida, vamos selecionar o código que está digitado nesta janela, se tiver algum, basta pressionar, ao mesmo tempo, as teclas **Ctrl+A**, e veja que o código foi selecionado, conforme vimos na **Figura 62**. Agora, pressione a tecla **Delete**, do teclado, e veja que nossa janela **Open SQL editor**, vai ficar vazia novamente, no local onde o cursor do mouse está piscando, vamos digitar o código abaixo:

```
SELECT * FROM Produtos WHERE pro_preco_unitario LIKE '1%'
```

Veja como ficou, conforme **Figura 118.**

Query History

```
SELECT * FROM Produtos WHERE pro_preco_unitario LIKE '1%'
```

Figura 118

Grid view | Form view

Total rows loaded: 2

	pro_id	pro_nome	pro_preco_unitario
1	3	Beterraba	1.2
2	4	Alho Poró	1.05

Figura 119

Para executar a **Query**, vamos clicar no botão do triângulo azul **Execute query(F9) – Executar query(F9)**, ou pressionar a tecla **F9**, conforme vimos na **Figura 58**. Vejam que os dados solicitados vão aparecer na janela **Grid view**, que fica logo abaixo da janela **Open SQL editor,** conforme **Figura 119**.

Vamos buscar todos os produtos que tenham um espaço em branco no nome, para isto, vamos retornar à janela **Open SQL editor**, em seguida, vamos selecionar o código que está digitado nesta janela, se tiver algum, basta pressionar, ao mesmo tempo, as teclas **Ctrl+A**, e veja que o código foi selecionado, conforme vimos na **Figura 62**. Agora pressione a tecla **Delete**, do teclado, e veja que nossa janela **Open SQL editor** vai ficar vazia novamente, no local onde o cursor do mouse está piscando, vamos digitar o código:

```
SELECT * FROM Produtos WHERE pro_nome LIKE '% %'
```

Veja como ficou, conforme **Figura 120.**

Query History

```
SELECT * FROM Produtos WHERE pro_nome LIKE '% %'
```

Figura 120

Grid view | Form view

Total rows loaded: 3

	pro_id	pro_nome	pro_preco_unitario
1	1	Alface Lisa	8
2	2	Alface Americana	9.5
3	4	Alho Poró	1.05

Figura 121

Para executar a **Query**, vamos clicar no botão do triângulo azul **Execute query(F9) – Executar query(F9)**, ou pressionar a tecla **F9**, conforme vimos na **Figura 58**. Vejam que os dados solicitados vão aparecer na janela **Grid view**, que fica logo abaixo da janela **Open SQL editor,** conforme **Figura 121**.

Estudo Aprofundado do Operador GLOB do SQLite

Vimos no tópico **Operadores Lógicos do SQLite**, que este operador é usado para corresponder apenas valores de texto a um padrão usando curingas. Se a expressão de pesquisa corresponder à expressão padrão, o operador **GLOB** retornará true, que é 1. Ao contrário do operador **LIKE**, o operador **GLOB** distingue maiúsculas de minúsculas e segue a sintaxe do **UNIX** para especificar os seguintes curingas abaixo:

- O sinal de asterisco ***:** representa zero ou vários números ou caracteres.
- O ponto de interrogação **?:** representa um único número ou caractere.

Veja a sintaxe para ***** e **?**, conforme abaixo:

```
SELECT FROM nome_tabela
WHERE column GLOB 'XXXX*'
```

Ou:

```
SELECT FROM nome_tabela
WHERE column GLOB '*XXXX*'
```

Ou:

```
SELECT FROM nome_tabela
WHERE column GLOB 'XXXX?'
```

Ou:

```
SELECT FROM nome_tabela
WHERE column GLOB '?XXXX'
```

Ou:

```
SELECT FROM nome_tabela
WHERE column GLOB '?XXXX?'
```

Ou:

```
SELECT FROM nome_tabela
WHERE column GLOB '????'
```

Aqui **XXXX** pode ser qualquer valor numérico ou string. Na tabela abaixo, veremos as várias possibilidades de uso das cláusulas **SELECT**, **WHERE** com o operador **GLOB** usando **'*'** e **'?'**:

Declaração	**Descrição**
WHERE pro_preco_unitario **GLOB** '200*'	Encontra quaisquer valores que começam com 200.
WHERE pro_preco_unitario **GLOB** '*200*'	Encontra quaisquer valores que tenham 200 em qualquer posição.
WHERE pro_preco_unitario **GLOB** '?00*'	Encontra quaisquer valores que têm 00 na segunda e terceira posições.
WHERE pro_preco_unitario **GLOB** '2??'	Localiza todos os valores que começam com 2 e têm pelo menos 3 caracteres de comprimento.
WHERE pro_preco_unitario **LIKE** '*2'	Encontra quaisquer valores que terminam com 2.
WHERE pro_preco_unitario **LIKE** '?2*3'	Encontra quaisquer valores que têm um 2 na segunda posição e terminam com um 3.
WHERE pro_preco_unitario **LIKE** '2???3'	Encontra quaisquer valores em um número de cinco dígitos que começam com 2 e terminam com 3.

Podemos combinar **N** números de condições usando os operadores **AND** ou **OR**. Vamos utilizar a tabela **Produtos** para nossos exemplos. Vamos buscar todos os produtos que tenham no nome do produto as letras **er**, para isto, vamos retornar à janela **Open SQL editor**, em seguida, vamos selecionar o código que está digitado nesta janela, se tiver algum, basta pressionar, ao mesmo tempo, as teclas **Ctrl+A**, e veja que o código foi selecionado, conforme vimos na **Figura 62**. Agora, pressione a tecla **Delete**, do teclado, e veja que nossa janela **Open SQL editor** vai ficar vazia novamente, no local onde o cursor do mouse está piscando, vamos digitar o código abaixo:

```
SELECT * FROM Produtos WHERE pro_nome GLOB '*er*'
```

Veja como ficou, conforme **Figura 122**.

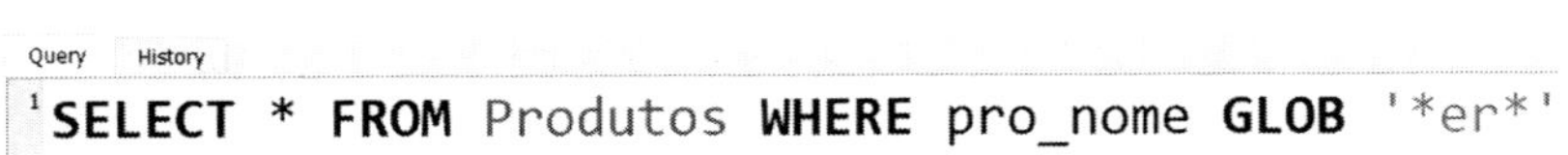

Figura 122

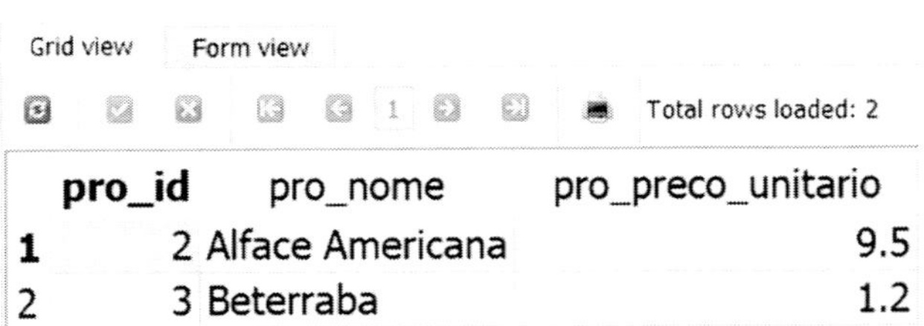

Figura 123

Para executar a **Query**, vamos clicar no botão do triângulo azul **Execute query(F9) – Executar query(F9)**, ou pressionar a tecla **F9**, conforme vimos na **Figura 58**. Vejam que os dados solicitados vão aparecer na janela **Grid view**, que fica logo abaixo da janela **Open SQL editor,** conforme **Figura 123**.

Cláusula ORDER BY do SQLite

Esta cláusula é usada para classificar os dados em ordem crescente ou decrescente, com base em uma ou mais colunas. Veja a sintaxe abaixo:

```
SELECT column-list
FROM nome_tabela
WHERE [condição]
ORDER BY [column1, column2, columnN] [ASC | DESC]
```

Podemos usar mais de uma coluna na cláusula **ORDER BY**. Certifique-se que a coluna que vamos usar para classificar, esteja disponível em column-list. Vamos utilizar a tabela **Produtos** para nossos exemplos, vamos buscar todos os produtos e mostrar o resultado em ordem decrescente por preço unitário, ou seja, do menor para o maior. Para isto, vamos retornar a janela **Open SQL editor**, em seguida, vamos selecionar o código que está digitado nesta janela, se tiver algum, basta pressionar, ao mesmo tempo, as teclas **Ctrl+A**, e veja que o código foi selecionado, conforme vimos na **Figura 62**. Agora pressione a tecla **Delete**, do teclado, e veja que nossa janela **Open SQL editor**, vai ficar vazia novamente, no local onde o cursor do mouse está piscando, vamos digitar o código:

```
SELECT * FROM Produtos ORDER BY pro_preco_unitario ASC
```

Veja como ficou, conforme **Figura 124**.

Query History

```
SELECT * FROM Produtos ORDER BY pro_preco_unitario ASC
```

Figura 124

Grid view Form view

Total rows loaded: 4

	pro_id	pro_nome	pro_preco_unitario
1	4	Alho Poró	1.05
2	3	Beterraba	1.2
3	1	Alface Lisa	8
4	2	Alface Americana	9.5

Figura 125

Para executar a **Query**, vamos clicar no botão do triângulo azul **Execute query(F9) – Executar query(F9)**, ou pressionar a tecla **F9**, conforme vimos na **Figura 58**. Vejam que os dados solicitados vão aparecer na janela **Grid view**, que fica logo abaixo da janela **Open SQL editor,** conforme **Figura 125**.

Vamos buscar todos os produtos e mostrar o resultado em ordem decrescente por nome do produto, ou seja, do maior para o menor, para isto, vamos retornar a janela **Open SQL editor**, em seguida, vamos selecionar o código que está digitado nesta janela, se tiver algum, basta pressionar, ao mesmo tempo, as teclas **Ctrl+A**, e veja que o código foi selecionado, conforme vimos na **Figura 62**. Agora pressione a tecla **Delete**, do teclado, e veja que nossa janela **Open SQL editor** vai ficar vazia novamente, no local onde o cursor do mouse está piscando, vamos digitar o código:

```
SELECT * FROM Produtos ORDER BY pro_nome DESC
```

Veja como ficou, conforme **Figura 126.**

Figura 126

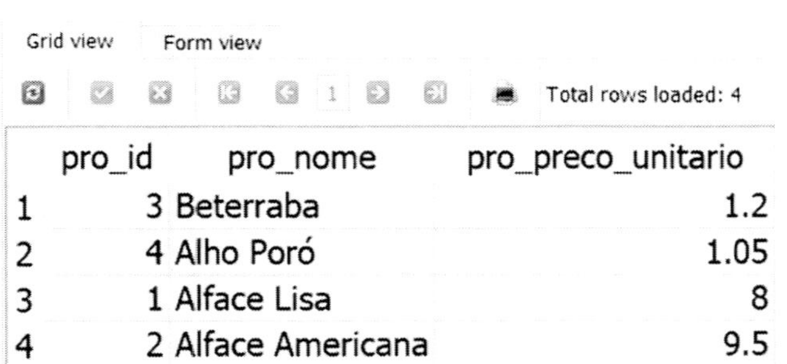

	pro_id	pro_nome	pro_preco_unitario
1	3	Beterraba	1.2
2	4	Alho Poró	1.05
3	1	Alface Lisa	8
4	2	Alface Americana	9.5

Figura 127

Para executar a **Query**, vamos clicar no botão do triângulo azul **Execute query(F9) – Executar query(F9)**, ou pressionar a tecla **F9**, conforme vimos na **Figura 58**. Vejam que os dados solicitados vão aparecer na janela **Grid view**, que fica logo abaixo da janela **Open SQL editor,** conforme **Figura 127**.

Cláusula GROUP BY do SQLite

Esta cláusula é utilizada em colaboração com a instrução **SELECT** para organizar dados idênticos em grupos. A cláusula **GROUP BY** segue a cláusula **WHERE** em uma instrução **SELECT** e precede a cláusula **ORDER BY**. A cláusula **GROUP BY** deve seguir as condições na cláusula **WHERE** e deve preceder a cláusula **ORDER BY,** se esta for usada. Veja a sintaxe abaixo:

```
SELECT column-list
FROM nome_tabela
WHERE [condição]
GROUP BY column1, column2,.columnN
ORDER BY [column1, column2, columnN] [ASC | DESC]
```

Podemos usar mais de uma coluna na cláusula **GROUP BY**. Certifique-se de que a coluna que usaremos para agrupar esteja disponível em column-list. Vamos utilizar a tabela **Produtos** para nossos exemplos. Vamos buscar o valor total de cada produto, para isto, vamos retornar à janela **Open SQL editor**, em seguida, vamos selecionar o código que está digitado nesta janela, se tiver algum, basta pressionar, ao mesmo tempo, as teclas **Ctrl+A**, e veja que o código foi selecionado, conforme vimos na **Figura 62**. Agora pressione a tecla **Delete**, do teclado, e veja que nossa janela **Open SQL editor**, vai ficar vazia novamente, no local onde o cursor do mouse está piscando, vamos digitar o código abaixo:

```
SELECT pro_nome, SUM(pro_preco_unitario) FROM Produtos GROUP BY pro_nome
```

Veja como ficou, conforme **Figura 128.**

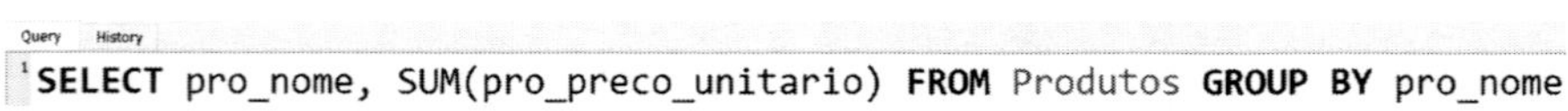

Figura 128

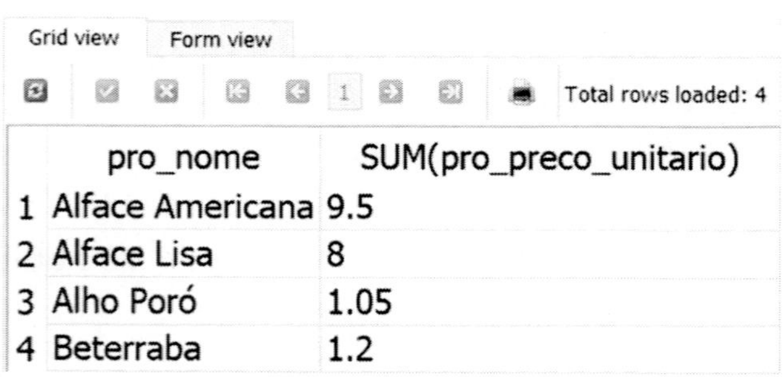

Figura 129

Para executar a **Query**, vamos clicar no botão do triângulo azul **Execute query(F9) – Executar query(F9)**, ou pressionar a tecla **F9**, conforme vimos na **Figura 58**. Vejam que os dados solicitados vão aparecer na janela **Grid view**, que fica logo abaixo da janela **Open SQL editor,** conforme **Figura 129**.

Cláusula HAVING do SQLite

Esta cláusula permite especificar condições que filtram e quais resultados de grupo aparecem nos resultados finais. A cláusula **WHERE** coloca condições nas colunas selecionadas, enquanto a cláusula **HAVING** coloca condições em grupos criados pela cláusula **GROUP BY**. A cláusula **HAVING** deve seguir a cláusula **GROUP BY** em uma consulta e também deve preceder a cláusula **ORDER BY** se usada. Veja a sintaxe a seguir:

```
SELECT column1, column2
FROM tabela1, tabela2
WHERE [condição]
GROUP BY column1, column2
HAVING [condição]
```

```
ORDER BY column1, column2
```

Vamos utilizar a tabela **Produtos** para nossos exemplos, vamos buscar todos os produtos que a média do preço unitário seja maior que 2, e ordenar por preço unitário, do menor para o maior, para isto vamos retornar à janela **Open SQL editor**, em seguida, vamos selecionar o código que está digitado nesta janela, se tiver algum, basta pressionar, ao mesmo tempo, as teclas **Ctrl+A**, e veja que o código foi selecionado, conforme vimos na **Figura 62**. Agora, pressione a tecla **Delete**, do teclado, e veja que nossa janela **Open SQL editor** vai ficar vazia novamente, no local onde o cursor do mouse está piscando, vamos digitar o código:

```
SELECT * FROM Produtos GROUP BY pro_nome HAVING AVG(pro_preco_unitario) > 2 ORDER BY
pro_preco_unitario
```

Veja como ficou, conforme **Figura 130**.

```
SELECT * FROM Produtos GROUP BY pro_nome HAVING AVG(pro_preco_unitario) > 2 ORDER BY
pro_preco_unitario
```

Figura 130

Grid view | Form view

Total rows loaded: 2

	pro_id	pro_nome	pro_preco_unitario
1	1	Alface Lisa	8
2	2	Alface Americana	9.5

Figura 131

Para executar a **Query**, vamos clicar no botão do triângulo azul **Execute query(F9) – Executar query(F9)**, ou pressionar a tecla **F9**, conforme vimos na **Figura 58**. Vejam que os dados solicitados vão aparecer na janela **Grid view**, que fica logo abaixo da janela **Open SQL editor**, conforme **Figura 131**.

Cláusula Joins no SQLite

Esta cláusula é usada para combinar registros de duas ou mais tabelas em um banco de dados. Um **JOIN** ou **junção** é um meio para combinar campos de duas tabelas usando valores comuns a cada um. O **SQL** define três tipos principais de junções:

- A CROSS JOIN.
- A INNER JOIN.
- A OUTER JOIN.

Antes de prosseguir, vamos usar como exemplo todas as tabelas que criamos.

Usando CROSS JOIN – Junção Cruzada

Corresponde a cada linha da primeira tabela com cada linha da segunda tabela. Se as tabelas de entrada tiverem colunas x e y, respectivamente, a tabela resultante terá colunas x + y. Como **CROSS JOINs** tem o potencial de gerar tabelas extremamente grandes, deve-se ter cuidado e usá-las somente quando apropriado. Veja a sintaxe abaixo:

```
SELECT ... FROM tabela1 CROSS JOIN tabela2 ...
```

Com base nas tabelas que criamos, vamos fazer uma junção cruzada com as tabelas **Destinos_Exportacao** e **Produtos**, para isto, vamos retornar à janela **Open SQL editor**, em seguida, vamos selecionar o código que está digitado nesta janela, se tiver algum, basta pressionar ao mesmo tempo as teclas **Ctrl+A**, e veja que o código foi selecionado, conforme vimos na **Figura 62**. Agora, pressione a tecla **Delete**, do teclado, e veja que nossa janela **Open SQL editor** vai ficar vazia novamente, no local onde o cursor do mouse está piscando, vamos digitar o código abaixo:

```
SELECT des_nome, pro_nome FROM Destinos_Exportacao CROSS JOIN Produtos
```

Veja como ficou, conforme **Figura 132**.

Figura 132

Para executar a **Query**, vamos clicar no botão do triângulo azul **Execute query(F9) – Executar query(F9)**, ou pressionar a tecla **F9**, conforme vimos na **Figura 58**. Vejam que os dados solicitados vão aparecer na janela **Grid view**, que fica logo abaixo da janela **Open SQL editor,** conforme **Figura 133**.

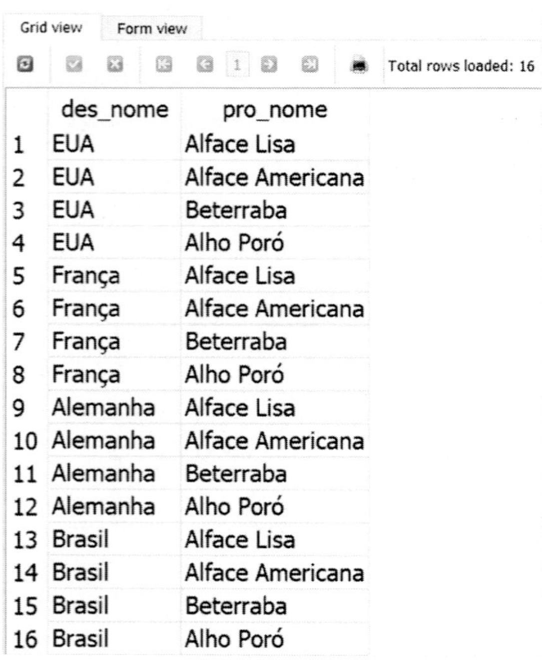

Grid view | Form view — Total rows loaded: 16

	des_nome	pro_nome
1	EUA	Alface Lisa
2	EUA	Alface Americana
3	EUA	Beterraba
4	EUA	Alho Poró
5	França	Alface Lisa
6	França	Alface Americana
7	França	Beterraba
8	França	Alho Poró
9	Alemanha	Alface Lisa
10	Alemanha	Alface Americana
11	Alemanha	Beterraba
12	Alemanha	Alho Poró
13	Brasil	Alface Lisa
14	Brasil	Alface Americana
15	Brasil	Beterraba
16	Brasil	Alho Poró

Figura 133

Usando INNER JOIN – Junção

Cria uma nova tabela de resultados, combinando valores de coluna de duas tabelas (**tabela1** e **tabela2**) com base no predicado de junção. A consulta compara cada linha da **tabela1** com cada linha da **tabela2** para encontrar todos os pares de linhas, que satisfazem o predicado de junção. Quando o predicado de junção é satisfeito, valores de coluna para cada par de linhas correspondentes de A e B são combinados em uma linha de resultado. Este é o tipo mais comum de associação e é o tipo padrão de junção. Podemos usar a palavra-chave **INNER** opcionalmente.

```
SELECT ... FROM tabela1 [INNER] JOIN tabela2 ON expressão_condicional...
```

Para evitar redundância e manter a expressão mais curta, as condições **INNER JOIN** podem ser declaradas com uma expressão **USING**. Esta expressão especifica uma lista de uma ou mais colunas.

```
SELECT ... FROM tabela1 JOIN tabela2 USING ( column1 ,... ) ...
```

Um **NATURAL JOIN** é similar a um **JOIN...USING**, a diferença básica é que ele automaticamente testa a igualdade entre os valores de cada coluna que existe em ambas as tabelas.

```
SELECT ... FROM tabela1 NATURAL JOIN tabela2...
```

Com base nas tabelas **Destinos_Exportacao** e **Produtos**, vamos fazer uma junção com estas tabelas, para isto, vamos retornar à janela **Open SQL editor**, em seguida, vamos selecionar o código que está digitado nesta janela, se tiver algum, basta pressionar, ao mesmo tempo, as teclas **Ctrl+A**, e veja que o código foi selecionado, conforme vimos na **Figura 62**. Agora, pressione a tecla **Delete**, do teclado, e veja que nossa janela **Open SQL editor** vai ficar vazia novamente, no local onde o cursor do mouse está piscando, vamos digitar o código:

```
SELECT des_nome, pro_nome FROM Destinos_Exportacao, Produtos INNER JOIN Vendas
ON Destinos_Exportacao.des_id = Vendas.des_id
```

Veja como ficou, conforme **Figura 134**.

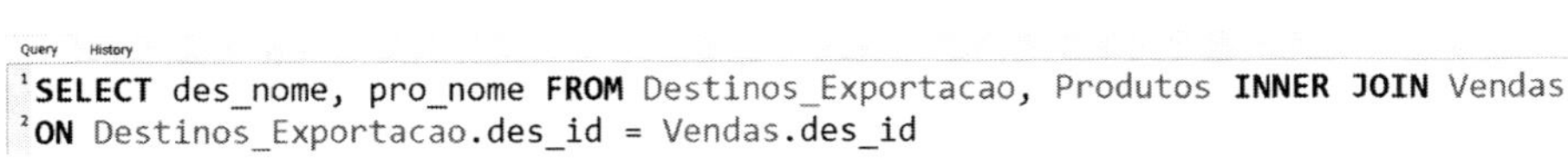

Figura 134

Grid view | Form view

Total rows loaded: 20

	des_nome	pro_nome
1	EUA	Alface Lisa
2	EUA	Alface Americana
3	EUA	Beterraba
4	EUA	Alho Poró
5	França	Alface Lisa
6	França	Alface Americana
7	França	Beterraba
8	França	Alho Poró
9	Alemanha	Alface Lisa
10	Alemanha	Alface Americana
11	Alemanha	Beterraba
12	Alemanha	Alho Poró
13	EUA	Alface Lisa
14	EUA	Alface Americana
15	EUA	Beterraba
16	EUA	Alho Poró
17	Alemanha	Alface Lisa
18	Alemanha	Alface Americana
19	Alemanha	Beterraba
20	Alemanha	Alho Poró

Figura 135

Para executar a **Query**, vamos clicar no botão do triângulo azul **Execute query(F9) – Executar query(F9)**, ou pressionar a tecla **F9**, conforme vimos na **Figura 58**. Vejam que os dados solicitados vão aparecer na janela **Grid view**, que fica logo abaixo da janela **Open SQL editor,** conforme **Figura 135**.

Com base em todas as tabelas que criamos, vamos fazer uma junção com estas tabelas, onde vamos buscar todos os produtos vendidos para a Alemanha, no dia 12/3, para isto, vamos retornar a janela **Open SQL editor**, em seguida, vamos selecionar o código que está digitado nesta janela, se tiver algum, basta pressionar, ao mesmo tempo, as teclas **Ctrl+A**, e veja que o código foi selecionado, conforme vimos na **Figura 62**. Agora, pressione a tecla **Delete**, do teclado, e veja que nossa janela **Open SQL editor** vai ficar vazia novamente, no local onde o cursor do mouse está piscando, vamos digitar o código abaixo:

```
SELECT Vendas.des_id, ven_data, des_nome, Detalhes_Vendas.pro_id, pro_nome, pro_preco_unitario, dev_qtd

FROM Vendas, Produtos, Destinos_Exportacao INNER JOIN Detalhes_Vendas

ON Destinos_Exportacao.des_id = Vendas.des_id
AND
Detalhes_Vendas.pro_id = Produtos.pro_id
AND
Destinos_Exportacao.des_id = 3
AND
Vendas.des_id = 3
AND
Vendas.ven_data = '12/3'
```

Outra forma de digitar o código:

```
SELECT Vendas.des_id, ven_data, des_nome, Detalhes_Vendas.pro_id, pro_nome, pro_preco_
unitario, dev_qtd

FROM Vendas, Produtos, Destinos_Exportacao, Detalhes_Vendas

WHERE Destinos_Exportacao.des_id = Vendas.des_id
AND
Detalhes_Vendas.pro_id = Produtos.pro_id
AND
Destinos_Exportacao.des_id = 3
AND
Vendas.des_id = 3
AND
Vendas.ven_data = '12/3'
```

Independente da forma como foi digitado, vai ter o mesmo resultado. Veja como ficou, conforme **Figura 136**.

Query History

```
SELECT Vendas.des_id, ven_data, des_nome, Detalhes_Vendas.pro_id, pro_nome,
pro_preco_unitario, dev_qtd

FROM Vendas, Produtos, Destinos_Exportacao INNER JOIN Detalhes_Vendas

ON Destinos_Exportacao.des_id = Vendas.des_id
    AND
    Detalhes_Vendas.pro_id = Produtos.pro_id
    AND
    Destinos_Exportacao.des_id = 3
    AND
    Vendas.des_id = 3
    AND
    Vendas.ven_data = '12/3'
```

Figura 136

Grid view Form view

Total rows loaded: 7

	des_id	ven_data	des_nome	pro_id	pro_nome	pro_preco_unitario	dev_qtd
1	3	12/3	Alemanha	1	Alface Lisa	8	1100
2	3	12/3	Alemanha	2	Alface Americana	9.5	300
3	3	12/3	Alemanha	3	Beterraba	1.2	1700
4	3	12/3	Alemanha	4	Alho Poró	1.05	500
5	3	12/3	Alemanha	1	Alface Lisa	8	2500
6	3	12/3	Alemanha	3	Beterraba	1.2	2000
7	3	12/3	Alemanha	4	Alho Poró	1.05	700

Figura 137

Para executar a **Query**, vamos clicar no botão do triângulo azul **Execute query(F9) – Executar query(F9)**, ou pressionar a tecla **F9**, conforme vimos na **Figura 58**. Vejam que os dados solicitados vão aparecer na janela **Grid view**, que fica logo abaixo da janela **Open SQL editor,** conforme **Figura 137**.

Disparadores ou Triggers no SQLite

Os disparadores ou **Triggers** no **SQLite** são funções de retorno de chamada de banco de dados, que são automaticamente executadas/chamadas quando ocorre um evento de banco de dados especificado. Vejamos os pontos importantes sobre triggers no **SQLite**:

- A Trigger pode ser especificada para disparar sempre que um comando **DELETE**, **INSERT** ou **UPDATE** de uma determinada tabela de banco de dados ocorre ou sempre que um **UPDATE** ocorre em uma ou mais colunas especificadas de uma tabela.
- Neste momento, o **SQLite** suporta apenas trigger para **FOR EACH ROW**, não para **FOR EACH STATEMENT**. Portanto, especificar explicitamente **FOR EACH ROW** é opcional.
- Tanto a cláusula **WHEN** como as ações de trigger podem acessar elementos da linha sendo inserida, excluída ou atualizada usando referências do formulário **NEW.column-name** e **OLD.column-name**, em que **column-name** é o nome de uma coluna da tabela que a Trigger está associada.
- Se uma cláusula **WHEN** for fornecida, as instruções **SQL** especificadas serão executadas somente para as linhas para as quais a cláusula **WHEN** seja verdadeira. Se nenhuma cláusula **WHEN** for fornecida, as instruções **SQL** serão executadas para todas as linhas.
- A palavra-chave **BEFORE** ou **AFTER** determina quando as ações de trigger serão executadas em relação à inserção, modificação ou remoção da linha associada.
- As Triggers são automaticamente eliminadas quando a tabela a qual está associada é eliminada.
- A tabela a ser modificada deve existir no mesmo banco de dados que a tabela ou exibição para a qual a trigger está anexada e deve usar apenas **tablename** não **database.tablename**, na sua sintaxe.
- Uma função SQL especial **RAISE()** pode ser usada dentro de um programa de trigger para gerar uma exceção.

Veja a sintaxe abaixo:

```
CREATE TRIGGER trigger_name [BEFORE|AFTER] event_name
ON nome_tabela
BEGIN
```

```
-- A lógica da Trigger vai aqui....
END
```

Onde **event_name** pode ser **INSERT**, **DELETE** e **UPDATE** operação do banco de dados na tabela mencionada **nome_tabela**. Podemos, opcionalmente, especificar **FOR EACH ROW** após o nome da tabela. Vejamos a sintaxe para criar uma trigger em uma operação **UPDATE** em uma ou mais colunas especificadas de uma tabela.

```
CREATE TRIGGER trigger_name [BEFORE|AFTER] UPDATE OF column_name
ON nome_tabela
BEGIN
-- A lógica da Trigger vai aqui....
END
```

Consideremos um caso em que queremos manter o teste de auditoria para cada registro que está sendo inserido na tabela **Produtos**. Para manter a auditoria, criaremos uma nova tabela denominada **Auditoria**, onde as mensagens de log serão inseridas sempre que houver uma entrada na tabela **Produtos** para um novo registro. Para isto, vamos retornar a janela **Open SQL editor**, em seguida, vamos selecionar o código que está digitado nesta janela, se tiver algum, basta pressionar, ao mesmo tempo, as teclas **Ctrl+A**, e veja que o código foi selecionado, conforme vimos na **Figura 62**. Agora, pressione a tecla **Delete**, do teclado, e veja que nossa janela **Open SQL editor** vai ficar vazia novamente, no local onde o cursor do mouse está piscando, vamos digitar o código abaixo:

```
CREATE TABLE Auditoria
(
pro_id INT NOT NULL,
data_entrada TEXT NOT NULL
)
```

Veja como ficou, conforme **Figura 138**.

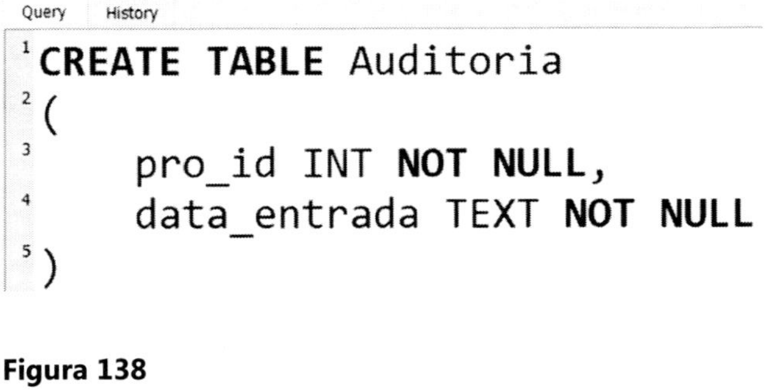

Figura 138

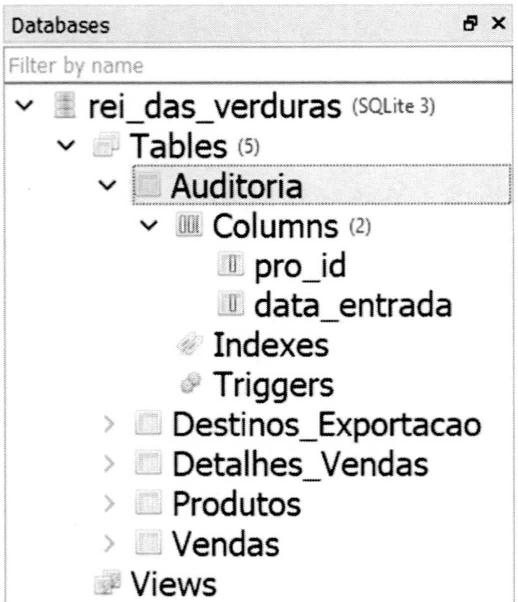

Figura 139

Para executar a **Query**, vamos clicar no botão do triângulo azul **Execute query(F9) – Executar query(F9)**, ou pressionar a tecla **F9**, conforme vimos na **Figura 58**. Vejam que na janela **Databases**, no item **Tables**, temos nossas tabelas, basta clicar na setinha do item **Tables,** conforme **Figura 139**.

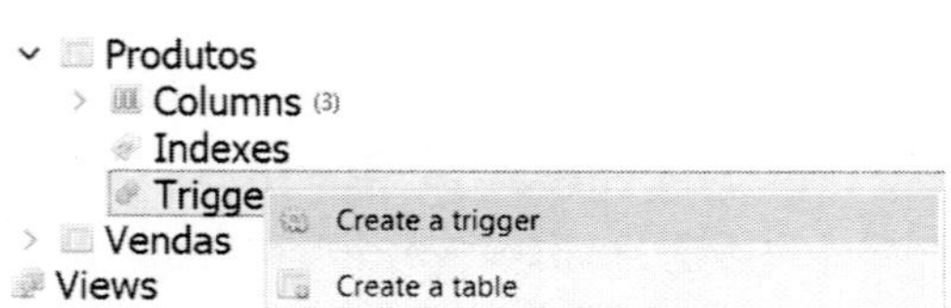

Figura 140

Nesta tabela, **pro_id** é o ID que virá da tabela **Produtos** e **data_entrada**, vai trazer a data do sistema e a hora que o evento ocorreu na tabela **Produtos**. Vamos criar um gatilho na tabela **Produtos**, para isto, vamos retornar a janela **Databases**, no item **Tables**, clique na setinha da tabela **Produtos** para expandi-la, em seguida, clique com o botão do mouse sobre o item **Triggers** e selecione o item **Create a trigger,** conforme **Figura 140**.

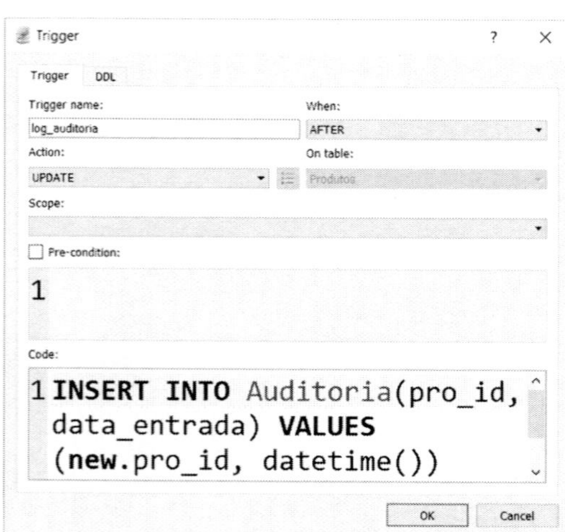

Figura 141

Vai abrir a janela **Trigger**, na caixa de texto **Trigger name:**, digite **log_auditoria**, na caixa de seleção **When:**, selecione **AFTER**, na caixa de seleção **Action:**, selecione **UPDATE**, e na caixa de texto **Code:**, digite **INSERT INTO Auditoria(pro_id, data_entrada) VALUES (new.pro_id, datetime())**, veja como ficou, conforme **Figura 141.**

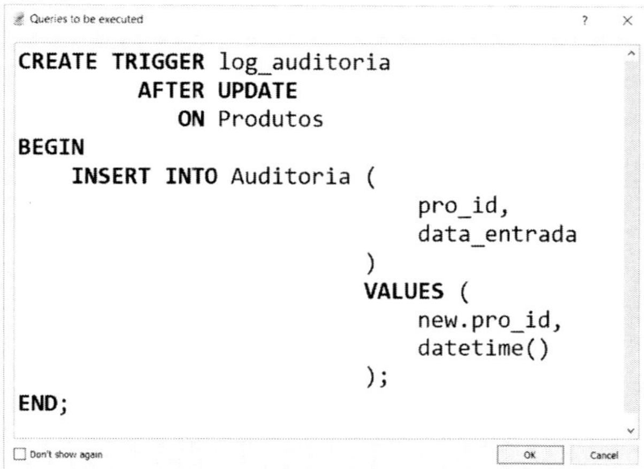

Figura 142

Clique no botão **OK**. Vai aparecer a janela **Queries to be executed,** conforme **Figura 142**.

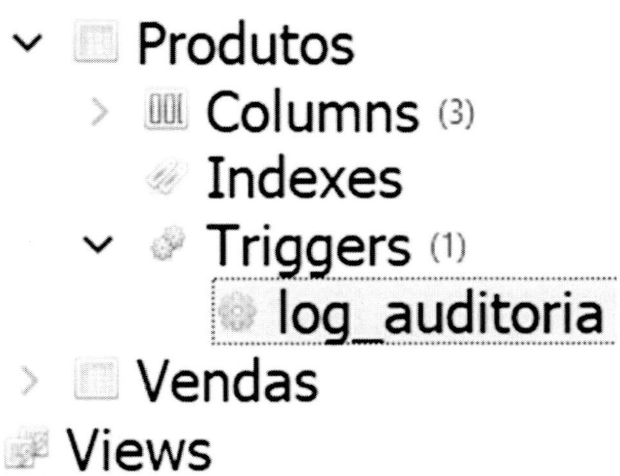

Figura 143

Clique no botão **OK**. Retorne ao item **Tables**, clique na setinha da tabela **Produtos** para expandi-la, em seguida, clique na setinha do item **Triggers**, e veja que nossa trigger **log_auditoria** foi criada, conforme **Figura 143**.

Agora, vamos fazer uma alteração na tabela **Produtos**, para isto, vamos retornar à janela **Open SQL editor**, em seguida, vamos selecionar o código que está digitado nesta janela, se tiver algum, basta pressionar, ao mesmo tempo, as teclas **Ctrl+A**, e veja que o código foi selecionado, conforme vimos na **Figura 62**. Agora pressione a tecla **Delete**, do teclado, e veja que nossa janela **Open SQL editor** vai ficar vazia novamente, no local onde o cursor do mouse está piscando, vamos digitar o código:

```
UPDATE Produtos SET pro_nome = 'Alho' WHERE pro_id = 4
```

Veja como ficou, conforme **Figura 144.**

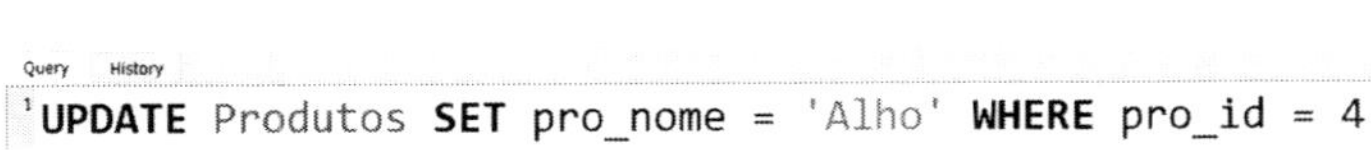

Figura 144

Para executar a **Query**, vamos clicar no botão do triângulo azul **Execute query(F9) – Executar query(F9)**, ou pressionar a tecla **F9**, conforme vimos na **Figura 58**. Agora, vamos executar um comando **SELECT** na tabela **Auditoria**, para isto, vamos retornar à janela **Open SQL editor**, em seguida, vamos selecionar o código que está digitado nesta janela, se tiver algum, basta pressionar, ao mesmo tempo, as teclas **Ctrl+A**, e veja que o código foi selecionado, conforme vimos na **Figura 62**. Agora pressione a tecla **Delete**, do teclado, e veja que nossa janela **Open SQL editor**, vai ficar vazia novamente, no local onde o cursor do mouse está piscando, vamos digitar o código:

```
SELECT * FROM Auditoria
```

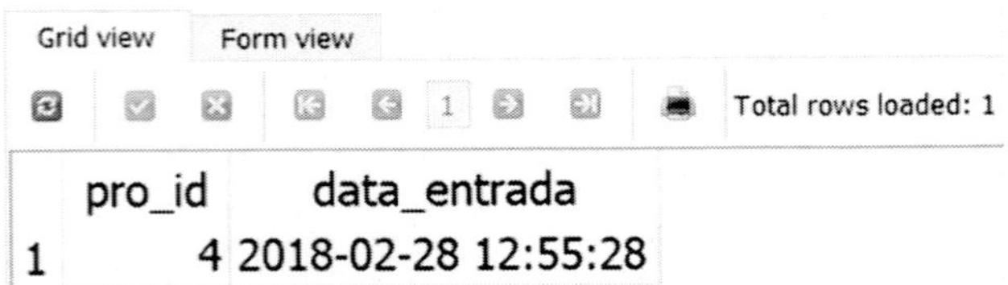

Figura 145

Veja como ficou, conforme vimos na **Figura 64**. Para executar a **Query**, vamos clicar no botão do triângulo azul **Execute query(F9) – Executar query(F9)**, ou pressionar a tecla **F9**, conforme vimos na **Figura 58**. Vejam que os dados solicitados vão aparecer na janela **Grid view**, que fica logo abaixo da janela **Open SQL editor,** conforme **Figura 145**.

Veja que temos a data e hora que foi feita a alteração no produto com o código de número 4. Vejam que isto é muito útil para sabermos o que está ocorrendo em nossas tabelas.

Listagem das TRIGGERS

Podemos listar todas as triggers da tabela **sqlite_master**, para isto, vamos retornar à janela **Open SQL editor**, em seguida, vamos selecionar o código que está digitado nesta janela, se tiver algum, basta pressionar, ao mesmo tempo, as teclas **Ctrl+A**, e veja que o código foi selecionado, conforme vimos na **Figura 62**. Agora pressione a tecla **Delete**, do teclado, e veja que nossa janela **Open SQL editor**, vai ficar vazia novamente, no local onde o cursor do mouse está piscando, vamos digitar o código abaixo:

```
SELECT name FROM sqlite_master WHERE type = ‘trigger’
```

Veja como ficou, conforme **Figura 146**.

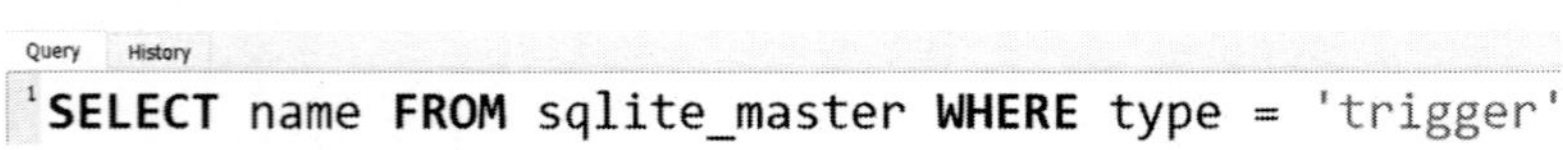

Figura 146

Figura 147

Para executar a **Query**, vamos clicar no botão do triângulo azul **Execute query(F9) – Executar query(F9)**, ou pressionar a tecla **F9**, conforme vimos na **Figura 58**. Vejam que os dados solicitados vão aparecer na janela **Grid view**, que fica logo abaixo da janela **Open SQL editor,** conforme **Figura 147**.

Se quisermos listar as triggers de uma tabela específica, devemos utilizar a cláusula **AND** com o nome da tabela, para isto, vamos retornar à janela **Open SQL editor**, em seguida, vamos selecionar o código que está digitado nesta janela, se tiver algum, basta pressionar, ao mesmo tempo, as teclas **Ctrl+A**, e veja que o código foi selecionado, conforme vimos na **Figura 62**. Agora pressione a tecla **Delete**, do teclado, e veja que nossa janela **Open SQL editor** vai ficar vazia novamente, no local onde o cursor do mouse está piscando, vamos digitar o código:

```
SELECT name FROM sqlite_master WHERE type = 'trigger' AND tbl_name = 'Produtos'
```

Veja como ficou, conforme **Figura 148**.

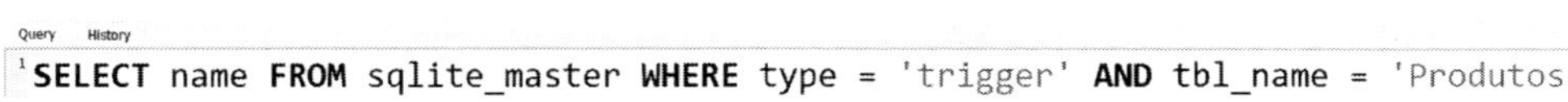

Figura 148

Para executar a **Query**, vamos clicar no botão do triângulo azul **Execute query(F9) – Executar query(F9)**, ou pressionar a tecla **F9**, conforme vimos na **Figura 58**. Vejam que os dados solicitados vão aparecer na janela **Grid view**, que fica logo abaixo da janela **Open SQL editor**, conforme vimos na **Figura 147**.

Deletando TRIGGERS

Podemos usar o comando **DROP**, para deletar uma trigger, para isto, vamos retornar à janela **Open SQL editor**, em seguida, vamos selecionar o código que está digitado nesta janela, se tiver algum, basta pressionar, ao mesmo tempo, as teclas **Ctrl+A**, e veja que o código foi selecionado, conforme vimos na **Figura 62**. Agora pressione a tecla **Delete**, do teclado, e veja que nossa janela **Open SQL editor** vai ficar vazia novamente, no local onde o cursor do mouse está piscando, vamos digitar o código:

DROP TRIGGER log_auditoria

Veja como ficou, conforme **Figura 149**.

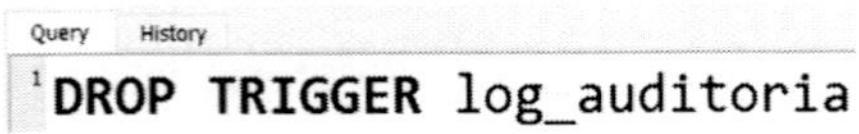

Figura 149

Figura 150

Para executar a **Query**, vamos clicar no botão do triângulo azul **Execute query(F9) – Executar query(F9)**, ou pressionar a tecla **F9**, conforme vimos na **Figura 58**. Vejam que os dados solicitados vão aparecer na janela **Grid view**, que fica logo abaixo da janela **Open SQL editor,** conforme **Figura 150**.

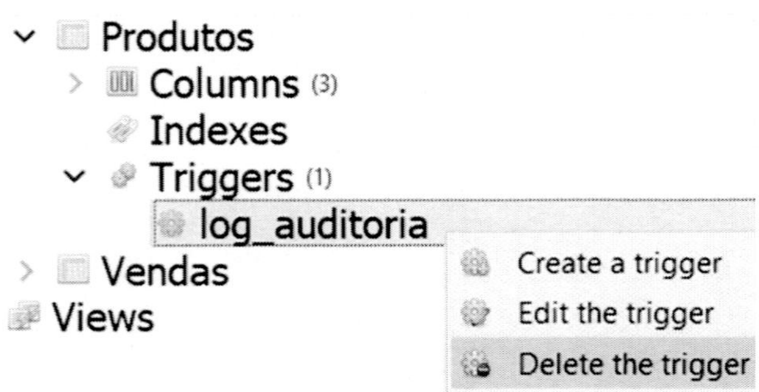

Figura 151

Outra forma de deletar triggers, é clicando sobre o nome da trigger que você quer deletar com o botão do mouse, em seguida selecione o item **Delete the trigger,** conforme **Figura 151**.

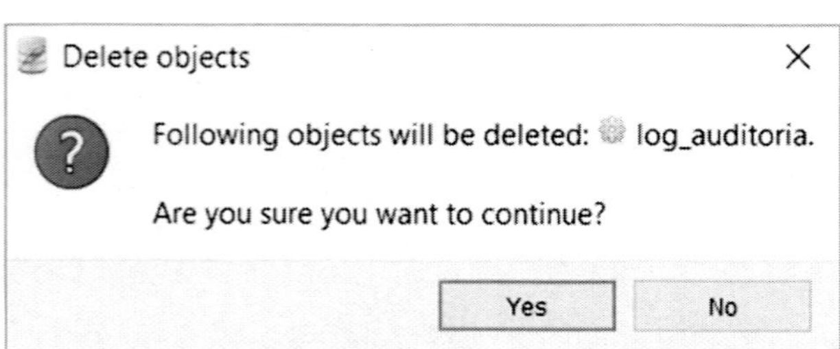

Figura 152

Em seguida, vai aparecer a janela **Delete objects,** conforme **Figura 152**.

Clique no botão **YES**. Este procedimento tem o mesmo efeito do comando **DROP**.

Comando ALTER TABLE no SQLite

Este comando modifica uma tabela existente sem executar um despejo completo e recarregar os dados. Podemos renomear uma tabela e acrescentar colunas adicionais usando a instrução **ALTER TABLE**. Não há nenhuma outra operação suportada pelo comando **ALTER TABLE** no **SQLite**, exceto renomear uma tabela e adicionar uma coluna na tabela existente. Veja a sintaxe abaixo:

```
ALTER TABLE database_name.nome_tabela RENAME TO nome_nova_tabela
```

Para adicionar uma nova coluna em uma tabela existente, usando o comando **ALTER TABLE**, veja a sintaxe abaixo:

```
ALTER TABLE database_name.nome_tabela ADD COLUMN nova_coluna...
```

Agora, vamos renomear a tabela **Produtos**, para isto, vamos retornar a janela **Open SQL editor**, em seguida, vamos selecionar o código que está digitado nesta janela, se tiver algum, basta pressionar, ao mesmo tempo, as teclas **Ctrl+A**, e veja que o código foi selecionado, conforme vimos na **Figura 62**. Agora pressione a tecla **Delete**, do teclado, e veja que nossa janela **Open SQL editor** vai ficar vazia novamente, no local onde o cursor do mouse está piscando, vamos digitar o código:

```
ALTER TABLE Produtos RENAME TO Produtos_Nova
```

Veja como ficou, conforme **Figura 153**.

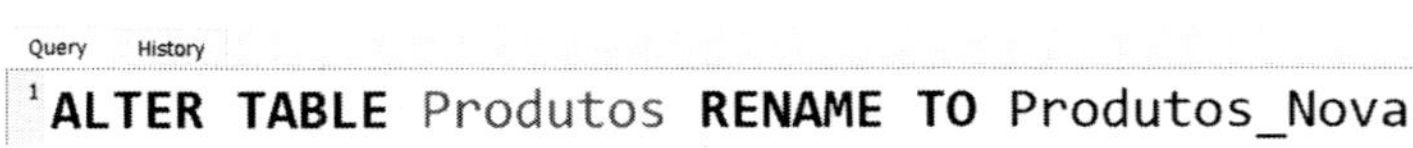

Figura 153

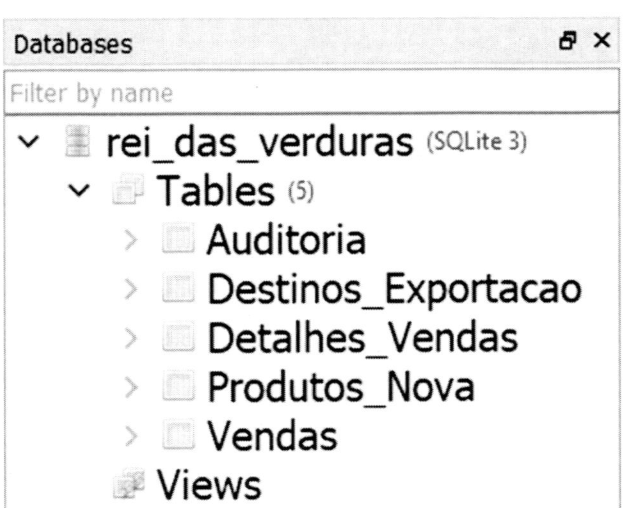

Figura 154

Para executar a **Query**, vamos clicar no botão do triângulo azul **Execute query(F9) – Executar query(F9)**, ou pressionar a tecla **F9**, conforme vimos na **Figura 58**. Veja na janela **Databases**, que a modificação foi feita, conforme **Figura 154**.

Agora, vamos listar todos os dados da tabela **Produtos_Nova**, para isto, vamos retornar à janela **Open SQL editor**, em seguida, vamos selecionar o código que está digitado nesta janela, se tiver algum, basta pressionar, ao mesmo tempo, as teclas **Ctrl+A**, e veja que o código foi selecionado, conforme vimos na **Figura 62**. Agora pressione a tecla **Delete**, do teclado e veja que nossa janela **Open SQL editor** vai ficar vazia novamente, no local onde o cursor do mouse está piscando, vamos digitar o código:

```
SELECT * FROM Produtos_Nova
```

Veja como ficou, conforme vimos na **Figura 64**. Para executar a **Query**, vamos clicar no botão do triângulo azul **Execute query(F9) – Executar query(F9)**, ou pressionar a tecla **F9**, conforme vimos na **Figura 58**. Vejam que os dados solicitados vão aparecer na janela **Grid view**, que fica logo abaixo da janela **Open SQL editor**, conforme vimos na **Figura 69**. Observem que os dados foram mantidos. Agora, vamos adicionar uma nova coluna, chamada **pro_qtd**, na tabela **Produtos_Nova**, para isto, vamos retornar a janela **Open SQL editor**, em seguida, vamos selecionar o código que está digitado nesta janela, se tiver algum, basta pressionar, ao mesmo tempo, as teclas **Ctrl+A**, e veja que o código foi selecionado, conforme vimos na **Figura 62**. Agora, pressione a tecla **Delete**, do teclado, e veja que nossa janela **Open SQL editor** vai ficar vazia novamente, no local onde o cursor do mouse está piscando, vamos digitar o código abaixo:

```
ALTER TABLE Produtos_Nova ADD COLUMN pro_qtd INT
```

Veja como ficou, conforme **Figura 155.**

Query | History

```
ALTER TABLE Produtos_Nova ADD COLUMN pro_qtd INT
```

Figura 155

Grid view | Form view

Total rows loaded: 4

	pro_id	pro_nome	pro_preco_unitario	pro_qtd
1	1	Alface Lisa	8	NULL
2	2	Alface Americana	9.5	NULL
3	3	Beterraba	1.2	NULL
4	4	Alho	1.05	NULL

Figura 156

Para executar a **Query**, vamos clicar no botão do triângulo azul **Execute query(F9) – Executar query(F9)**, ou pressionar a tecla **F9**, conforme vimos na **Figura 58**. Repita o comando **SELECT**, conforme vimos na **Figura 64** e vejam que os dados solicitados vão aparecer na janela **Grid view**, que fica logo abaixo da janela **Open SQL editor,** conforme **Figura 156**.

Vejam que a nova coluna foi acrescentada, e foi preenchida com valores **NULL**. Vamos alterar os valores desta coluna, para isto, vamos retornar à janela **Open SQL editor**, em seguida, vamos selecionar o código que está digitado nesta janela, se tiver algum, basta pressionar, ao mesmo tempo, as teclas

Ctrl+A, e veja que o código foi selecionado, conforme vimos na **Figura 62**. Agora, pressione a tecla **Delete**, do teclado, e veja que nossa janela **Open SQL editor** vai ficar vazia novamente, no local onde o cursor do mouse está piscando, vamos digitar o código:

```
UPDATE Produtos_Nova SET pro_qtd = 77 WHERE pro_id = 1
```

Veja como ficou, conforme **Figura 157**.

Figura 157

Para executar a **Query**, vamos clicar no botão do triângulo azul **Execute query(F9) – Executar query(F9)**, ou pressionar a tecla **F9**, conforme vimos na **Figura 58**. Repita o procedimento acima, um a um, para os outros códigos:

```
UPDATE Produtos_Nova SET pro_qtd = 57 WHERE pro_id = 2
UPDATE Produtos_Nova SET pro_qtd = 50 WHERE pro_id = 3
UPDATE Produtos_Nova SET pro_qtd = 53 WHERE pro_id = 4
```

	pro_id	pro_nome	pro_preco_unitario	pro_qtd
1	1	Alface Lisa	8	77
2	2	Alface Americana	9.5	57
3	3	Beterraba	1.2	50
4	4	Alho	1.05	53

Figura 158

Repita o comando **SELECT**, conforme vimos na **Figura 64** e vejam que os dados solicitados vão aparecer na janela **Grid view**, que fica logo abaixo da janela **Open SQL editor,** conforme **Figura 158**.

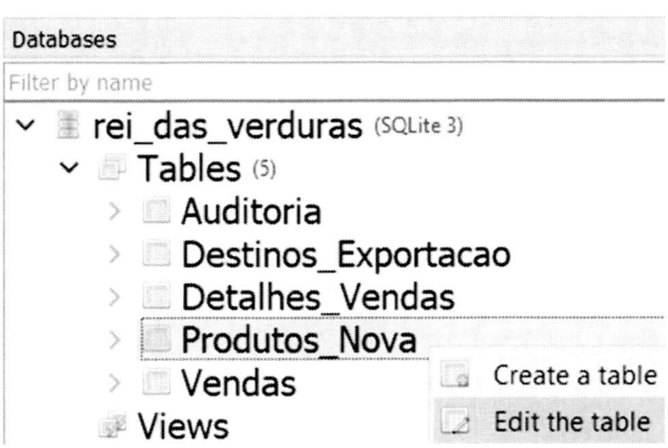

Figura 159

Outra forma de renomear tabelas é clicando com o botão do mouse sobre a tabela **Produtos_Nova**, na janela **Databases**, em seguida, selecione o item **Edit the table,** conforme **Figura 159**.

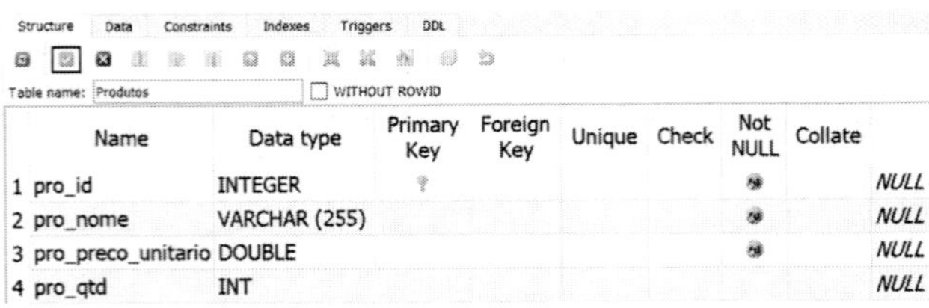

Figura 160

Na janela que abre, na aba **Structure**, na caixa de texto **Table name:**, substitua o nome **Produtos_Nova** por **Produtos**, em seguida, clique no botão verde **Commit structure changes,** conforme **Figura 160**.

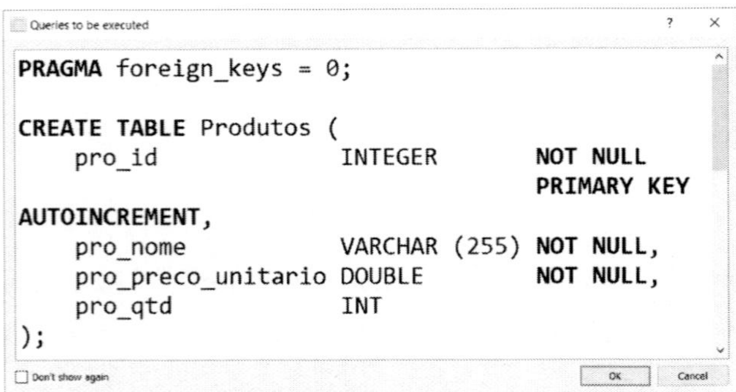

Figura 161

Vai abrir a janela **Queries to be executed**, pedindo a confirmação da alteração, conforme **Figura 161**.

Clique no botão **Ok**. Vejam na aba **Databases** que nossa tabela voltou ao nome anterior.

Deletando Colunas em Tabelas no SQLite

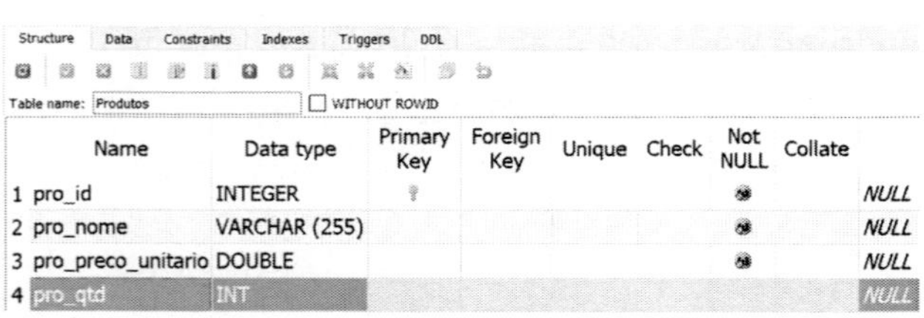

Figura 162

Como foi dito anteriormente, não há nenhuma outra operação suportada pelo comando **ALTER TABLE** no **SQLite**, exceto renomear uma tabela e adicionar uma coluna na tabela existente.

Para deletar uma coluna de uma tabela, temos que entrar no editor de tabelas. Agora, vamos remover a nova coluna que criamos, chamada **pro_qtd**, na tabela **Produtos**, para isto, vamos clicar com o botão do mouse sobre a tabela **Produtos**, na janela **Databases**, em seguida, selecione o item **Edit the table**, conforme vimos na **Figura 159**. Na janela que abre, na aba **Structure**, selecione a coluna **pro_qtd**, clicando sobre ela, conforme **Figura 162**.

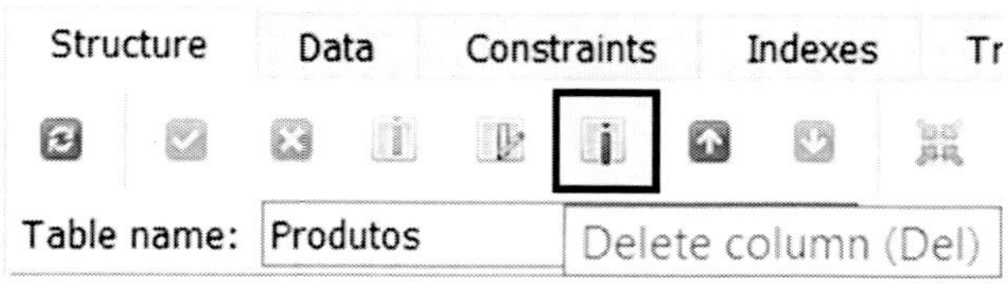

Figura 163

Em seguida, clique no botão **Delete column(Del),** conforme **Figura 163** ou pressione a tecla **Delete** do teclado.

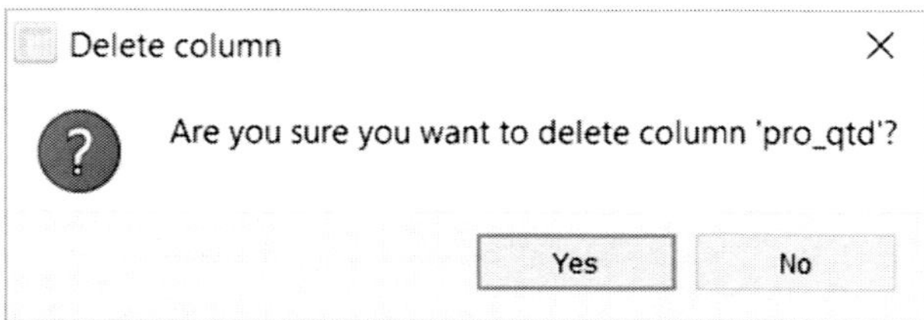

Figura 164

Vai abrir a janela **Delete column**, pedindo a confirmação da exclusão da coluna, conforme **Figura 164.**

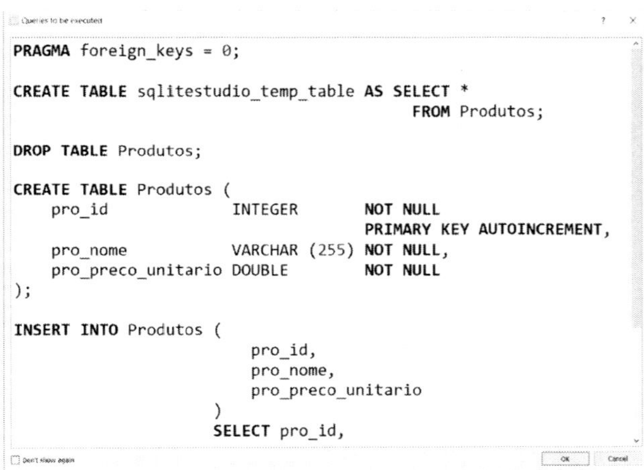

Figura 165

Clique no botão **Yes**. Em seguida, clique no botão verde **Commit structure changes**, conforme vimos na **Figura 160**. Vai abrir a janela **Queries to be executed**, pedindo a confirmação da alteração, conforme **Figura 165**.

Clique no botão **Ok**. Feche esta janela conforme vimos na **Figura 61**. Vamos retornar para a janela do **SQL editor 1**, vamos listar todos os dados da tabela **Produtos**, para isto, vamos retornar a janela **Open SQL editor**, em seguida, vamos selecionar o código que está digitado nesta janela, se tiver algum, basta pressionar, ao mesmo tempo, as teclas **Ctrl+A**, e veja que o código foi selecionado, conforme vimos na **Figura 62**. Agora pressione a tecla **Delete**, do teclado e veja que nossa janela **Open SQL editor** vai ficar vazia novamente, no local onde o cursor do mouse está piscando, vamos digitar o código:

```
SELECT * FROM Produtos
```

Veja como ficou, conforme vimos na **Figura 64**. Muito cuidado ao deletar uma coluna, principalmente se a mesma contiver dados, pois todos eles serão eliminados junto com a coluna.

Visualizações ou Views no SQLite

Uma **view** nada mais é do que uma instrução **SQLite** que é armazenada no banco de dados com um nome associado. Uma visualização é, na verdade, uma composição de uma tabela na forma de uma consulta **SQLite** predefinida. Uma visualização pode conter todas as linhas de uma tabela ou linhas selecionadas de uma ou mais tabelas. Uma **view** pode ser criada a partir de uma ou várias tabelas que dependem da consulta **SQLite** escrita para criar a **view**. As visualizações são um tipo de tabela virtual que permitem aos usuários fazer o seguinte:

- Estruturar os dados de uma forma que os usuários ou classes de usuários achem natural ou intuitiva.
- Restrinja o acesso aos dados de forma que somente um usuário possa ver dados limitados em vez de uma tabela completa.
- Resumir dados de várias tabelas que podem ser usadas para gerar relatórios.

As visualizações no **SQLite** são somente leitura e, portanto, não podemos executar uma instrução **DELETE**, **INSERT** ou **UPDATE** em uma **view**. Mas podemos criar uma trigger em uma **view** que ao usarmos os comandos **DELETE**, **INSERT** ou **UPDATE**, vai acionar uma **view** e fazer o que precisamos no corpo da trigger.

Criando Visualizações – Views

As **views** no **SQLite** são criadas usando a instrução **CREATE VIEW**, podem ser criadas a partir de uma única tabela, várias tabelas ou outra **view**. Veja a sintaxe abaixo:

```
CREATE [TEMP | TEMPORARY] VIEW nome_view AS
SELECT coluna1, coluna2.....
FROM nome_tabela
WHERE [condição]
```

Você pode incluir várias tabelas em sua instrução **SELECT** de maneira muito semelhante àquelas usadas na consulta **SQL SELECT** normal. Se a palavra-chave opcional **TEMP** ou **TEMPORARY** estiver presente, a **view** será criada e uma base de dados temporária. Vamos criar uma **view** na tabela **Produtos** chamada **View_Produtos**, usando apenas as colunas **pro_id** e **pro_nome**, para isto, vamos retornar a janela **Open SQL editor**, em seguida, vamos selecionar o código que está digitado nesta janela, se tiver algum, basta pressionar, ao mesmo tempo, as teclas **Ctrl+A**, e veja que o código foi selecionado, conforme vimos na **Figura 62**. Agora pressione a tecla **Delete**, do teclado e veja que nossa janela **Open SQL editor** vai ficar vazia novamente, no local onde o cursor do mouse está piscando, vamos digitar o código:

```
CREATE VIEW View_Produtos AS
SELECT pro_id, pro_nome
FROM Produtos
```

Veja como ficou, conforme **Figura 166**.

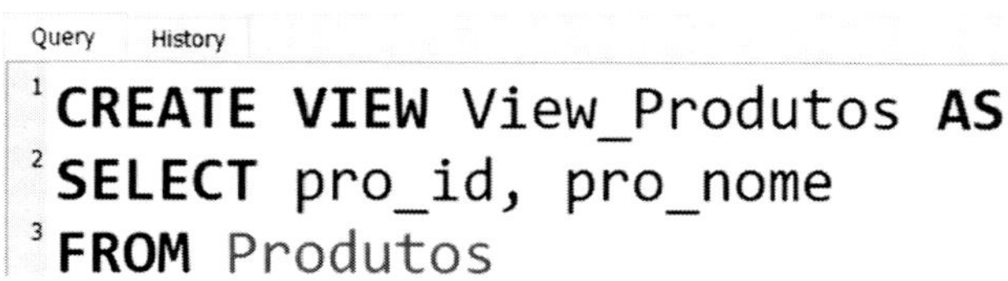

Figura 166

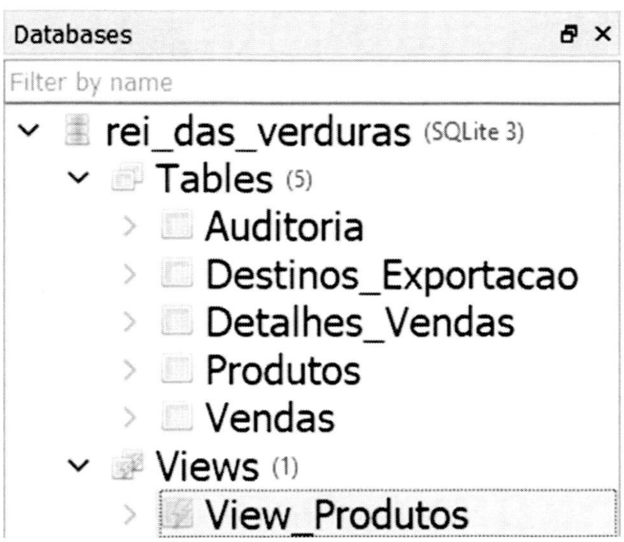

Figura 167

Para executar a **Query**, vamos clicar no botão do triângulo azul **Execute query(F9) – Executar query(F9)**, ou pressionar a tecla **F9**, conforme vimos na **Figura 58**. Veja que a nossa **view** foi criada na janela **Databases**, clique na setinha do item **Views,** conforme **Figura 167**.

Vamos criar um comando **SELECT** para a **view View_Produtos**, que acabamos de criar, para isto, vamos retornar a janela **Open SQL editor**, em seguida, vamos selecionar o código que está digitado nesta janela, se tiver algum, basta pressionar, ao mesmo tempo, as teclas **Ctrl+A**, e veja que o código foi selecionado, conforme vimos na **Figura 62**. Agora pressione a tecla **Delete**, do teclado e veja que nossa janela **Open SQL editor**, vai ficar vazia novamente, no local onde o cursor do mouse está piscando, vamos digitar o código:

```
SELECT * FROM View_Produtos
```

Veja como ficou, conforme **Figura 168**.

Figura 168

Figura 169

Para executar a **Query**, vamos clicar no botão do triângulo azul **Execute query(F9) – Executar query(F9)**, ou pressionar a tecla **F9**, conforme vimos na **Figura 58**. Vejam que os dados solicitados vão aparecer na janela **Grid view**, que fica logo abaixo da janela **Open SQL editor,** conforme **Figura 169**.

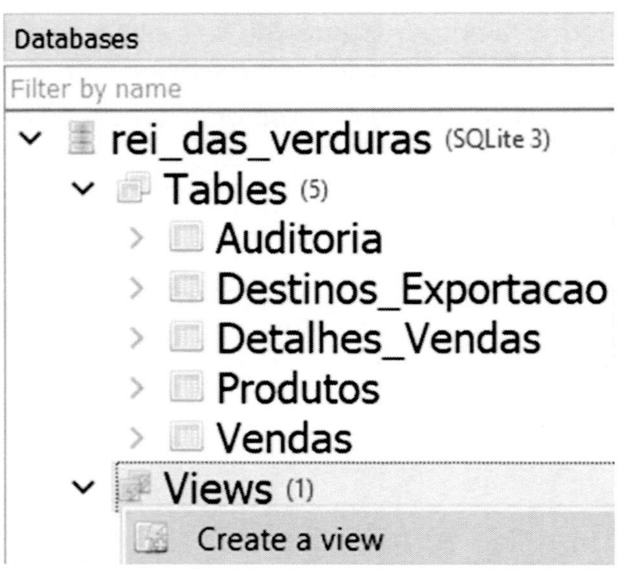

Figura 170

Outra maneira de criar uma **view**, é utilizando o ambiente gráfico, para isto, vamos retornar a janela **Databases**, clique com o botão do mouse sobre o item **Views** e selecione o item **Create a view,** conforme **Figura 170**.

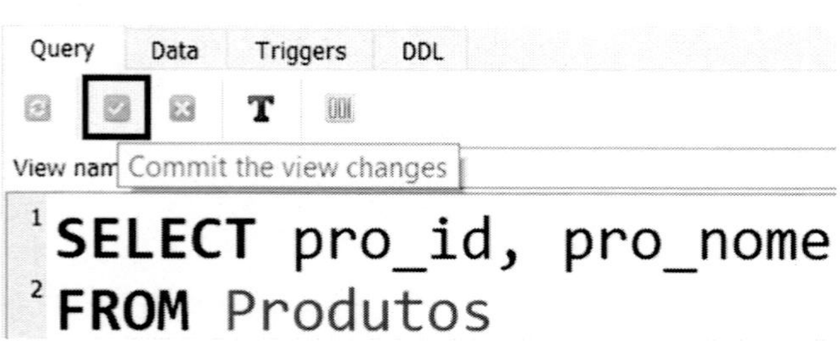

Figura 171

Vai abrir a janela **Query**, na caixa de texto **View name:**, digite **View_Produtos**, na caixa de texto onde temos a numeração, digite **SELECT** pro_id, pro_nome

`FROM Produtos.`

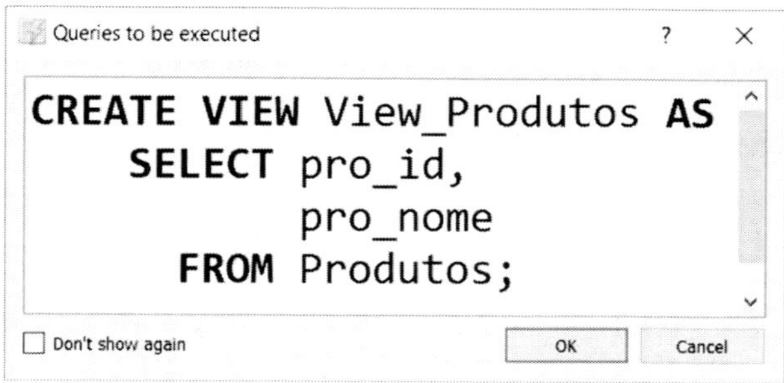

Figura 172

Em seguida, clique no botão verde **Commit the view changes**, conforme **Figura 171,** e vai aparecer a janela **Queries to be executed,** conforme **Figura 172**.

Clique no botão **OK**. Retorne a janela **Databases**, em seguida, clique na setinha do item **Views**, e veja que nossa visão **View_Produtos** foi criada, conforme vimos na **Figura 167**. Vamos fechar a janela que usamos para criar a nossa **view**, para isto, clique com o botão do mouse sobre a aba que fica no canto inferior esquerdo, **View_Produtos (rei_das_verduras)**, e selecione o item **Close selected window**, ou pressione ao mesmo tempo as teclas **Ctrl+F4**, conforme vimos na **Figura 61**. Repita o procedimento para o comando **SELECT** abaixo:

```
SELECT * FROM View_Produtos
```

Conforme vimos nas **Figuras 168** e **169**

Deletando Views

Para deletar uma view, basta usar a instrução **DROP VIEW** com o nome da **view**. Veja a sintaxe abaixo:

```
DROP VIEW nome_view
```

Agora vamos deletar a **View_Produtos** que criamos no item anterior, para isto, vamos retornar à janela **Open SQL editor**, em seguida, vamos selecionar o código que está digitado nesta janela, se tiver algum, basta pressionar, ao mesmo tempo, as teclas **Ctrl+A**, e veja que o código foi selecionado, conforme vimos na **Figura 62**. Agora pressione a tecla **Delete**, do teclado, e veja que nossa janela **Open SQL editor** vai ficar vazia novamente, no local onde o cursor do mouse está piscando, vamos digitar o código:

```
DROP VIEW View_Produtos
```

Veja como ficou, conforme **Figura 173.**

Figura 173

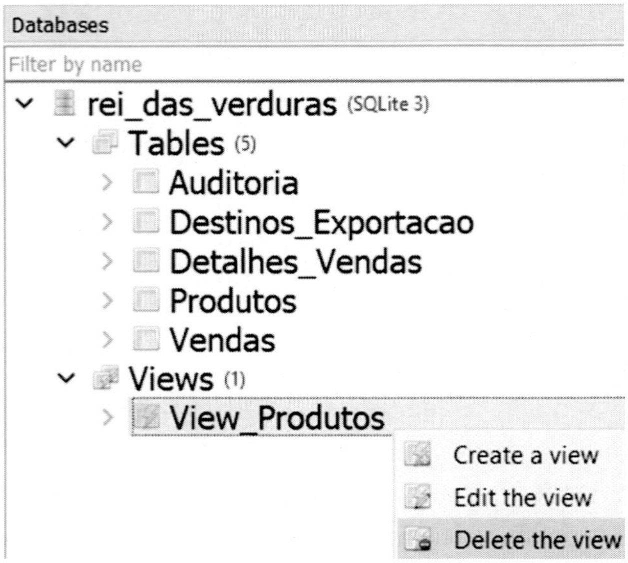

Para executar a **Query**, vamos clicar no botão do triângulo azul **Execute query(F9) – Executar query(F9)**, ou pressionar a tecla **F9**, conforme vimos na **Figura 58**. Vejam que na janela **Databases**, no item **Views,** que a **view** foi deletada. Outra forma de deletar uma **view**, é clicando sobre o nome da mesma, a janela **Databases**. Vamos retornar à janela **Databases**, clique com o botão do mouse sobre o item **Views e,** em seguida, selecione o item **Delete the view,** conforme **Figura 174**.

Figura 174

Em seguida, vai aparecer a janela **Delete object,** conforme **Figura 175**.

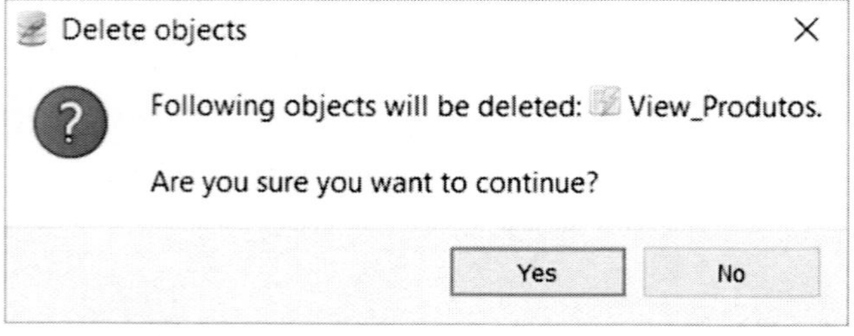

Figura 175

Clique no botão **YES**. Este procedimento tem o mesmo efeito do comando **DROP**.

Transações ou Transactions No SQLite

Transações são unidades ou sequências de trabalho realizadas em uma ordem lógica, seja manualmente por um usuário ou automaticamente por algum tipo de programa de banco de dados. Uma transação é a propagação de uma ou mais alterações no banco de dados. Por exemplo, se estivermos criando um registro, ou atualizando um registro ou excluindo um registro da tabela, então estaremos executando transação na tabela. É importante controlar as transações para garantir a integridade dos dados e para lidar com erros de banco de dados. Praticamente, iremos reunir muitas consultas **SQLite** em um grupo e vamos executar todas elas juntas como parte de uma transação.

Propriedades das Transações

As transações têm quatro propriedades padrão, geralmente referidas pelo acrônimo **ACID**, conforme abaixo:

- **Atomicidade – Atomicity:** garante que todas as operações dentro da unidade de trabalho sejam concluídas com êxito; Caso contrário, a transação é abortada no ponto de falha e as operações anteriores são revertidas para seu estado anterior.
- **Consistência – Consistency:** garante que o banco de dados altera adequadamente os estados após uma transação com êxito.
- **Isolamento – Isolation:** permite que as transações operem de forma independente e transparente entre si.
- **Durabilidade – Durability:** garante que o resultado ou efeito de uma transação comprometida persista em caso de falha do sistema.

Controle de Transações

Os comandos usados para controlar as transações, no **SQLite**, são os seguintes:

- **BEGIN TRANSACTION:** para iniciar uma transação.
- **COMMIT:** para salvar as alterações, você também pode usar o comando **END TRANSACTION**.
- **ROLLBACK:** para reverter as alterações.

Comandos de controle transacionais são usados somente com os comandos **DML: INSERT**, **UPDATE** e **DELETE**. Eles não podem ser usados ao criar tabelas ou descartá-los porque essas operações são automaticamente confirmadas no banco de dados.

O Comando BEGIN TRANSACTION

As transações podem ser iniciadas usando o comando **BEGIN TRANSACTION** ou simplesmente **BEGIN**. Essas transações normalmente persistem até o próximo comando **COMMIT** ou **ROLLBACK** encontrado. Mas, uma transação **ROLLBACK** também pode ser usada ao fechar o banco de dados ou se ocorrer um erro. Veja a sintaxe do comando abaixo:

BEGIN

ou

BEGIN TRANSACTION

O Comando COMMIT

É o comando transacional usado para salvar as alterações invocadas por uma transação para o banco de dados. Este comando também salva todas as transações para o banco de dados desde o último comando **COMMIT**. Veja a sintaxe do comando abaixo:

COMMIT

ou

END TRANSACTION

Uma observação a ser feita é que após o comando **COMMIT** não é possível fazer **ROLLBACK** nos dados, pois este comando confirma as alterações solicitadas. A menos que tenhamos um backup da base de dados, portanto, muito cuidado ao usar este comando.

O Comando SAVEPOINT

Este comando tem uma função parecida com a função **Ponto de Restauração** do **Windows**. Com ele você pode criar um ponto de referência e caso você queira desfazer uma ação com **ROLLBACK**, a ação retorna a até o **SAVEPOINT** criado. Veja a sintaxe do comando abaixo:

SAVEPOINT um

Deve obrigatoriamente ser criado antes do uso do comando **ROLLBACK**.

O Comando ROLLBACK

É o comando transacional usado para desfazer transações que ainda não foram salvas no banco de dados. Este comando só pode ser usado para desfazer transações desde o último comando **SAVEPOINT**. Veja a sintaxe do comando abaixo:

ROLLBACK

ou

ROLLBACK TO SAVEPOINT um

Como exemplo, vamos iniciar uma transação para excluir todos os registros da tabela **Produtos**, onde o preço unitário seja menor ou igual a R$ 1.20, em seguida, usaremos o comando **ROLLBACK** para desfazer todas as alterações, para isto, vamos retornar à janela **Open SQL editor**, em seguida, vamos selecionar o código que está digitado nesta janela, se tiver algum, basta pressionar, ao mesmo tempo, as teclas **Ctrl+A**, e veja que o código foi selecionado, conforme vimos na **Figura 62**. Agora, pressione a tecla **Delete**, do teclado e veja que nossa janela **Open SQL editor**, vai ficar vazia novamente, no local onde o cursor do mouse está piscando, vamos digitar o código:

SAVEPOINT um

Veja como ficou, conforme **Figura 176**.

Figura 176

Para executar a **Query**, vamos clicar no botão do triângulo azul **Execute query(F9) – Executar query(F9)**, ou pressionar a tecla **F9**, conforme vimos na **Figura 58**. Vejam que os dados solicitados não vão aparecer na janela **Grid view**, pois estamos usando uma transação. Vamos retornar a janela **Open SQL editor**, em seguida, vamos selecionar o código que está digitado nesta janela, se tiver algum, basta pressionar, ao mesmo tempo, as teclas **Ctrl+A**, e veja que o código foi selecionado, conforme vimos na **Figura 62**. Agora, pressione a tecla **Delete**, do teclado e veja que nossa janela **Open SQL editor** vai ficar vazia novamente, no local onde o cursor do mouse está piscando, vamos digitar o código abaixo:

```
DELETE FROM Produtos WHERE pro_preco_unitario <= 1.2
```

Veja como ficou, conforme **Figura 177**.

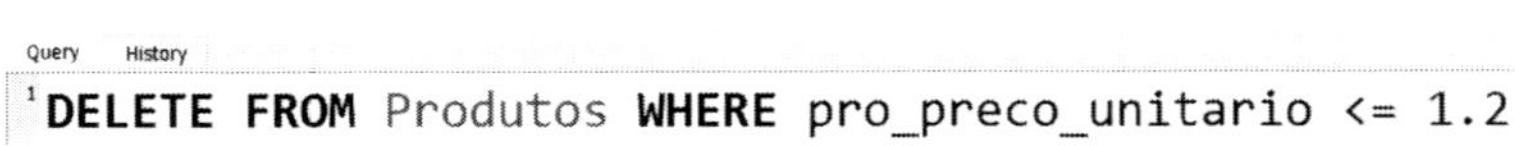

Figura 177

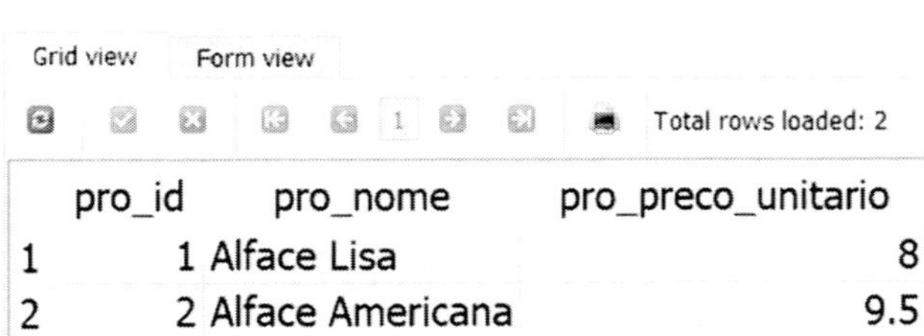

Figura 178

Para executar a **Query**, vamos clicar no botão do triângulo azul **Execute query(F9) – Executar query(F9)**, ou pressionar a tecla **F9**, conforme vimos na **Figura 58**. Para ver se os dados foram afetados ou não, vamos usar o comando **SELECT** para listar os dados, conforme vimos na **Figura 64**. Os mesmos vão aparecer na janela **Grid view**, que fica logo abaixo da janela **Open SQL editor,** conforme **Figura 178**.

Vamos listar todos os dados da tabela **Produtos**, para isto, vamos retornar a janela **Open SQL editor**, em seguida, vamos selecionar o código que está digitado nesta janela, se tiver algum, basta pressionar, ao mesmo tempo, as teclas **Ctrl+A**, e veja que o código foi selecionado, conforme vimos na **Figura 62**. Agora pressione a tecla **Delete**, do teclado e veja que nossa janela **Open SQL editor** vai ficar vazia novamente, no local onde o cursor do mouse está piscando, vamos digitar o código:

SELECT * FROM Produtos

Veja como ficou, conforme vimos na **Figura 64**. Vejam que os dados foram deletados, mas não era isso que queríamos fazer, vamos retornar a janela **Open SQL editor**, em seguida, vamos selecionar o código que está digitado nesta janela, se tiver algum, basta pressionar, ao mesmo tempo, as teclas **Ctrl+A**, e veja que o código foi selecionado, conforme vimos na **Figura 62**. Agora pressione a tecla **Delete**, do teclado e veja que nossa janela **Open SQL editor** vai ficar vazia novamente, no local onde o cursor do mouse está piscando, vamos digitar o código, conforme **Figura 179**.

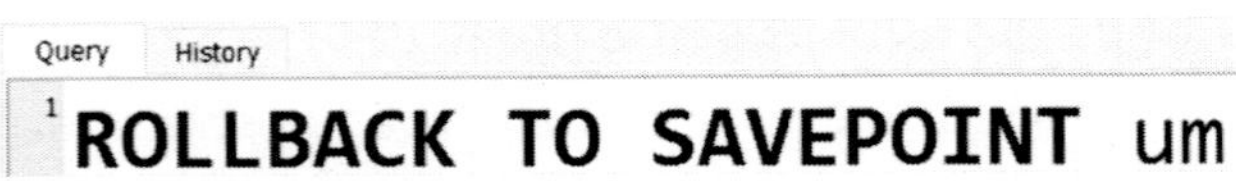

Figura 179

Para executar a **Query**, vamos clicar no botão do triângulo azul **Execute query(F9) – Executar query(F9)**, ou pressionar a tecla **F9**, conforme vimos na **Figura 58**. Para ver se os dados foram afetados ou não, vamos usar o comando **SELECT** para listar os dados, conforme vimos na **Figura 64**. Os mesmos vão aparecer na janela **Grid view**, que fica logo abaixo da janela **Open SQL editor**, conforme vimos na **Figura 169**.

Vejam que os dados foram restaurados. Uma observação: só podemos restaurar os dados quando usamos **SAVEPOINT** e **ROLLBACK**. Para fazermos a mesma transação para excluir registros da tabela **Produtos**, onde o preço unitário seja menor ou igual a R$ 1.20, usando o comando **COMMIT**, temos que fazer o mesmo procedimento, ou seja, criar um **SAVEPOINT**, como fizemos no tópico anterior. Toda vez que usarmos o comando **SAVEPOINT**, temos que utilizar o comando **ROLLBACK**, para desfazer as alterações, ou o comando **COMMIT**, para confirmar as alterações. Uma vez usado o comando **COMMIT**, não podemos usar mais o comando **ROLLBACK**. Quando fazemos uma alteração na tabela sem usar o comando **SAVEPOINT**, automaticamente é feito um **COMMIT**, desta forma não podemos usar o comando **ROLLBACK**.

Funções de Data e Hora no SQLite

O **SQLite** suporta cinco funções de data e hora, conforme tabela abaixo:

Formas	Função	Exemplo
1	**date(timestring, modifiers.)**	Vai retornar a data no seguinte formato: **YYYY-MM-DD**.
2	**time(timestring, modifiers...)**	Vai retornar a hora no seguinte formato: **HH:MM:SS**.
3	**datetime(timestring, modifiers...)**	Vai retornar a data e a hora no seguinte formato: **YYYY-MM-DD HH:MM:SS**.
4	**julianday(timestring, modifiers...)**	Vai retornar o número de dias desde o meio-dia no meridiano de **Greenwich**, no seguinte formato **November 24, 4714 B.C.**
5	**strftime(timestring, modifiers...)**	Vai retornar a data formatada de acordo com a sequência de caracteres com o formato especificado como o primeiro argumento formatado, conforme formatadores que veremos abaixo.

Todas as cinco funções de data e hora acima levam uma string de tempo como um argumento. A sequência de tempo é seguida por zero ou mais modificadores. A função **strftime()** também toma uma string de formato como seu primeiro argumento. No próximo tópico veremos mais detalhes sobre os diferentes tipos de strings: tempo e modificadores.

Strings de Tempo – TIME

Formas	Função	Exemplo
1	**YYYY-MM-DD**	**2017-01-13**
2	**YYYY-MM-DD HH:MM**	**2017-01-13 19:45**
3	**YYYY-MM-DD HH:MM:SS.SSS**	**2017-01-13 19:45:04.100**
4	**MM-DD-YYYY HH:MM**	**13-01-2017 19:45**
5	**HH:MM**	**19:45**
6	**YYYY-MM-DDTHH:MM**	**2017-01-13 19:45**
7	**HH:MM:SS**	**19:45:01**
8	**YYYYMMDD HHMMSS**	**20170113 194501**
9	**Now**	**2017-01-13**

Podemos usar o **T** como um caractere literal separando a data e a hora.

Modificadores – MODIFIERS

A sequência de tempo pode ser seguida por zero ou mais modificadores que alterarão data e hora retornadas por qualquer uma das cinco funções que vimos no tópico anterior. Os modificadores são aplicados da esquerda para a direita e os seguintes modificadores estão disponíveis no **SQLite**, conforme listados abaixo:

- NNN days;
- NNN hours;
- NNN minutes;
- NNN.NNNN seconds;
- NNN months;
- NNN years;
- start of month;
- start of year;
- start of day;
- weekday N;
- unixepoch;
- localtime;
- utc.

Formatadores – FORMATTERS

A função **strftime()** é muito útil para formatar qualquer data e hora. Podemos usar as seguintes substituições para formatar data e hora, conforme tabela a seguir:

Substituição	Descrição
%d	Dia do mês, 01-31
%f	Segundos fracionários, SS.SSS
%H	Hora, 00-23
%j	Dia do ano, 001-366
%J	Número do dia juliano, DDDD.DDDD
%m	Mês, 00-01
%M	Minutos, 00-59
%s	Segundos depois, 1970-01-01
%S	Segundos, 00-59
%w	Dia da semana, 0-6 (0 é domingo)
%W	Semana do ano, 01-53
%Y	Ano, YYYY
%%	Símbolo %

Vamos criar vários exemplos, usando funções e modificadores de data e hora. Vamos calcular a data atual, para isto, vamos retornar à janela **Open SQL editor**, em seguida, vamos selecionar o código que está digitado nesta janela, se tiver algum, basta pressionar, ao mesmo tempo, as teclas **Ctrl+A**, e veja que o código foi selecionado, conforme vimos na **Figura 62**. Agora pressione a tecla **Delete** do teclado e veja que nossa janela **Open SQL editor** vai ficar vazia novamente, no local onde o cursor do mouse está piscando, vamos digitar o código:

```
SELECT date(‘now’)
```

Veja como ficou, conforme **Figura 180**.

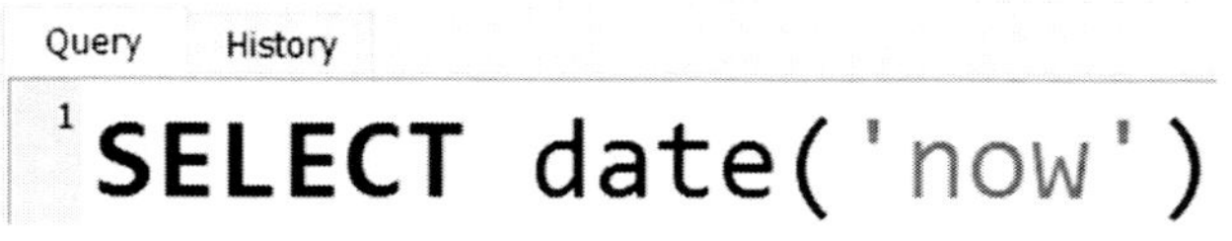

Figura 180

Figura 181

Para executar a **Query**, vamos clicar no botão do triângulo azul **Execute query(F9) – Executar query(F9)**, ou pressionar a tecla **F9**, conforme vimos na **Figura 58**. Veja que os dados vão aparecer na janela **Grid view**, que fica logo abaixo da janela **Open SQL editor,** conforme **Figura 181**.

Vamos calcular o último dia do mês atual, para isto, vamos retornar à janela **Open SQL editor**, em seguida, vamos selecionar o código que está digitado nesta janela, se tiver algum, basta pressionar, ao mesmo tempo, as teclas **Ctrl+A** e veja que o código foi selecionado, conforme vimos na **Figura 62**. Agora pressione a tecla **Delete** do teclado e veja que nossa janela **Open SQL editor** vai ficar vazia novamente, no local onde o cursor do mouse está piscando, vamos digitar o código:

```
SELECT date(‘now’,’start of month’,’+1 month’,’-1 day’)
```

Veja como ficou, conforme **Figura 182**.

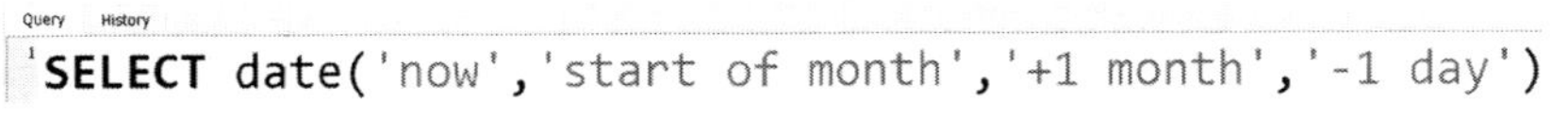

Figura 182

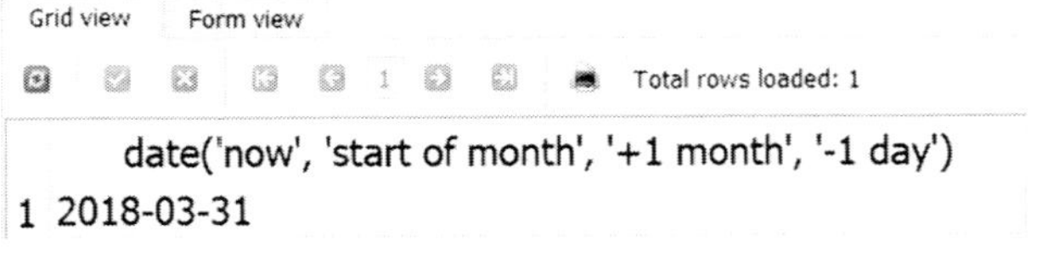

Figura 183

Para executar a **Query**, vamos clicar no botão do triângulo azul **Execute query(F9) – Executar query(F9)**, ou pressionar a tecla **F9**, conforme vimos na **Figura 58**. Veja que os dados vão aparecer na janela **Grid view**, que fica logo abaixo da janela **Open SQL editor,** conforme **Figura 183**.

Vamos calcular a data e a hora de acordo com o código 1092941466 do **UNIX**, para isto vamos retornar à janela **Open SQL editor**, em seguida vamos selecionar o código que está digitado nesta janela, se tiver algum, basta pressionar ao mesmo tempo as teclas **Ctrl+A**, e veja que o código foi selecionado, conforme vimos na **Figura 62**. Agora pressione a tecla **Delete** do teclado e veja que nossa janela **Open SQL editor**, vai ficar vazia novamente, no local onde o cursor do mouse está piscando, vamos digitar o código:

```
SELECT datetime(1092941466, ‘unixepoch’)
```

Veja como ficou, conforme **Figura 184**.

Figura 184

Para executar a **Query**, vamos clicar no botão do triângulo azul **Execute query(F9) – Executar query(F9)**, ou pressionar a tecla **F9**, conforme vimos na **Figura 58**. Veja que os dados vão aparecer na janela **Grid view**, que fica logo abaixo da janela **Open SQL editor**, conforme **Figura 185**.

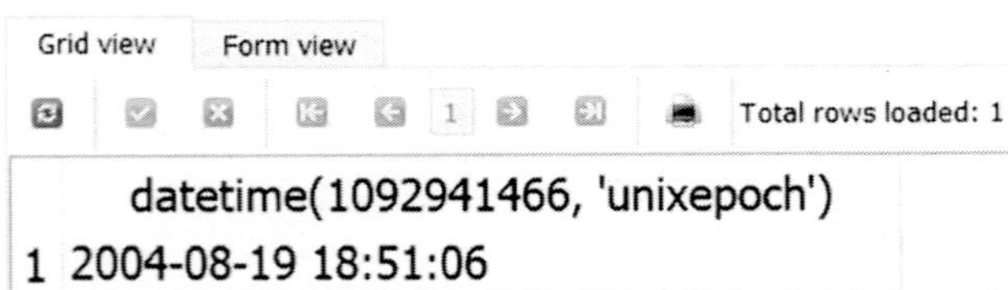

Figura 185

Vamos calcular a data e a hora de acordo com o código 1092941466 do **UNIX**, e compensar o seu fuso horário local, para isto, vamos retornar à janela **Open SQL editor**, em seguida, vamos selecionar o código que está digitado nesta janela, se tiver algum, basta pressionar, ao mesmo tempo, as teclas **Ctrl+A**, e veja que o código foi selecionado, conforme vimos na **Figura 62**. Agora, pressione a tecla **Delete** do teclado e veja que nossa janela **Open SQL editor** vai ficar vazia novamente, no local onde o cursor do mouse está piscando, vamos digitar o código:

```
SELECT datetime(1092941466, ‘unixepoch’, ‘localtime’)
```

Veja como ficou, conforme **Figura 186**.

Figura 186

Figura 187

Para executar a **Query**, vamos clicar no botão do triângulo azul **Execute query(F9) – Executar query(F9)**, ou pressionar a tecla **F9**, conforme vimos na **Figura 58**. Veja que os dados vão aparecer na janela **Grid view**, que fica logo abaixo da janela **Open SQL editor,** conforme **Figura 187**.

Vamos calcular o número de dias desde a Independência do Brasil, para isto, vamos retornar à janela **Open SQL editor** e em seguida, vamos selecionar o código que está digitado nesta janela, se tiver algum, basta pressionar, ao mesmo tempo, as teclas **Ctrl+A**, e veja que o código foi selecionado, conforme vimos na **Figura 62**. Agora pressione a tecla **Delete** do teclado e veja que nossa janela **Open SQL editor** vai ficar vazia novamente, no local onde o cursor do mouse está piscando, vamos digitar o código:

```
SELECT julianday('now') - julianday('1822-09-07')
```

Veja como ficou, conforme **Figura 188**.

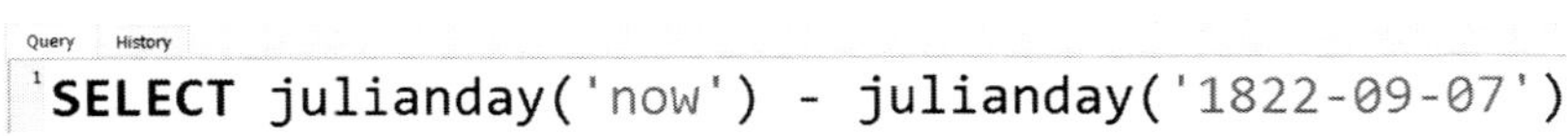

Figura 188

Figura 189

Para executar a **Query**, vamos clicar no botão do triângulo azul **Execute query(F9) – Executar query(F9)**, ou pressionar a tecla **F9**, conforme vimos na **Figura 58**. Veja que os dados vão aparecer na janela **Grid view**, que fica logo abaixo da janela **Open SQL editor,** conforme **Figura 189**.

Vamos calcular o número de segundos desde 19/12/1992, para isto, vamos retornar à janela **Open SQL editor**, em seguida, vamos selecionar o código que está digitado nesta janela, se tiver algum, basta pressionar, ao mesmo tempo, as teclas **Ctrl+A** e veja que o código foi selecionado, conforme vimos na **Figura 62**. Agora pressione a tecla **Delete** do teclado e veja que nossa janela **Open SQL editor** vai ficar vazia novamente, no local onde o cursor do mouse está piscando, vamos digitar o código:

```
SELECT strftime('%s','now') - strftime('%s','1992-12-19 09:33:50')
```

Veja como ficou, conforme **Figura 190**.

Figura 190

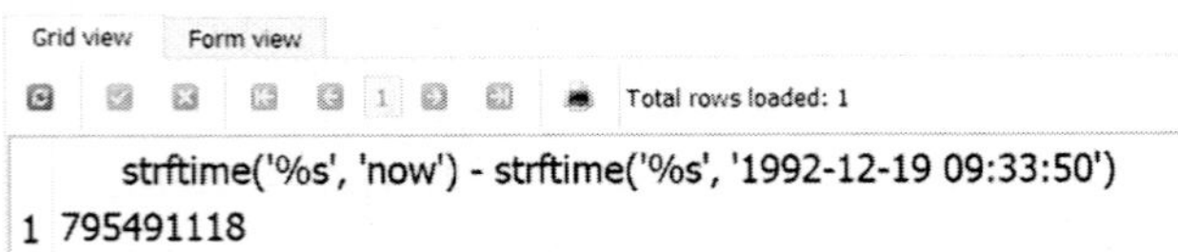

Figura 191

Para executar a **Query**, vamos clicar no botão do triângulo azul **Execute query(F9) – Executar query(F9)**, ou pressionar a tecla **F9**, conforme vimos na **Figura 58**. Veja que os dados vão aparecer na janela **Grid view**, que fica logo abaixo da janela **Open SQL editor,** conforme **Figura 191**.

Vamos calcular a data da primeira terça-feira de outubro de 2019, para isto, vamos retornar à janela **Open SQL editor** e em seguida vamos selecionar o código que está digitado nesta janela, se tiver algum, basta pressionar, ao mesmo tempo, as teclas **Ctrl+A** e veja que o código foi selecionado, conforme vimos na **Figura 62**. Agora pressione a tecla **Delete** do teclado e veja que nossa janela **Open SQL editor** vai ficar vazia novamente, no local onde o cursor do mouse está piscando, vamos digitar o código:

```
SELECT date('now','start of year','+9 months','weekday 2')
```

Veja como ficou, conforme **Figura 192**.

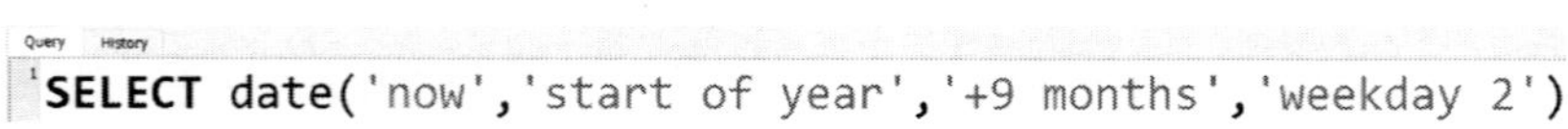

Figura 192

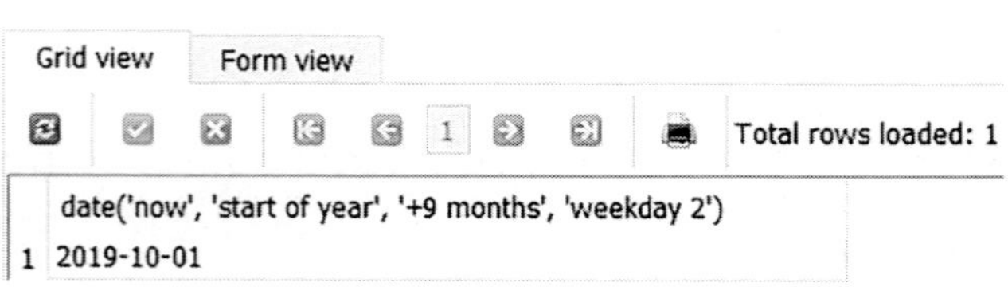

Figura 193

Para executar a **Query**, vamos clicar no botão do triângulo azul **Execute query(F9) – Executar query(F9)**, ou pressionar a tecla **F9**, conforme vimos na **Figura 58**. Veja que os dados vão aparecer na janela **Grid view**, que fica logo abaixo da janela **Open SQL editor,** conforme **Figura 193**.

Para converter entre **UTC** e valores de hora local ao formatar uma data, vamos usar os modificadores **utc** ou **localtime**, conforme códigos abaixo:

```
SELECT time('12:00', 'localtime');
```

ou

```
SELECT time('12:00', 'utc');
```

Funções Úteis no SQLite

O **SQLite** tem muitas funções internas para executar processamento em sequência ou dados numéricos, conforme vimos no tópico **Expressões no SQLite**, no capítulo 05. Veja, abaixo, a tabela com algumas funções do **SQLite** incorporadas e as mesmas não são case sensitive, ou seja, sensíveis a maiúsculas e minúsculas, o que significa que você pode usar essas funções em minúsculas ou em maiúsculas ou em forma mista. Para obter mais detalhes, podemos verificar a documentação oficial do **SQLite**. Veja na tabela abaixo as principais funções do **SQLite**:

	Function	Description
1	COUNT	A função de agregação SQLite COUNT é usada para contar o número de linhas em uma tabela de banco de dados. Conforme vimos no tópico Expressão Numérica.
2	MAX	A função de agregação SQLite MAX nos permite selecionar o valor mais alto (máximo) para uma determinada coluna.
3	MIN	A função de agregação SQLite MIN nos permite selecionar o valor mais baixo (mínimo) para uma determinada coluna.
4	AVG	A função de agregação SQLite AVG seleciona o valor médio para determinada coluna da tabela. Conforme vimos no tópico Expressão Numérica.
5	SUM	A função de agregação SQLite SUM permite selecionar o total de uma coluna numérica. Conforme vimos no tópico Expressão Numérica.
6	RANDOM	A função SQLite RANDOM retorna um número inteiro pseudo-aleatório entre -9223372036854775808 e +9223372036854775807.
7	ABS	A função SQLite ABS retorna o valor absoluto do argumento numérico.
	UPPER	A função SQLite UPPER converte uma sequência em letras maiúsculas.
9	LOWER	A função SQLite LOWER converte uma seqüência em letras minúsculas.
	LENGTH	A função SQLite LENGTH retorna o comprimento de uma sequência de caracteres.
11	sqlite_version	A função SQLite sqlite_version retorna a versão da biblioteca SQLite.

Vamos usar para nossos exemplos a tabela **Produtos**.

Função SQLite COUNT

Conforme vimos no tópico **Expressão Numérica**, no capítulo 05, **Figura 105**.

Função MAX do SQLite

Usando esta função, vamos buscar o maior preço da coluna **pro_preco_unitario**, da tabela **Produtos**, para isto, vamos retornar à janela **Open SQL editor** e em seguida vamos selecionar o código que está digitado nesta janela, se tiver algum, basta pressionar, ao mesmo tempo, as teclas **Ctrl+A** e veja que o código foi selecionado, conforme vimos na **Figura 62**. Agora pressione a tecla **Delete** do teclado e veja que nossa janela **Open SQL editor** vai ficar vazia novamente, no local onde o cursor do mouse está piscando, vamos digitar o código:

```
SELECT mAx(pro_preco_unitario) FROM Produtos
```

Veja como ficou, conforme **Figura 194**.

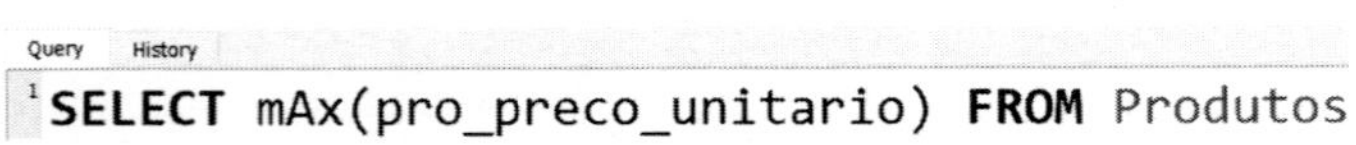

Figura 194

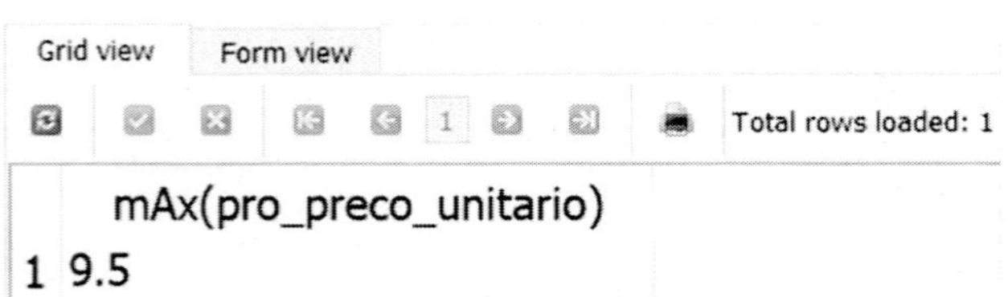

Figura 195

Para executar a **Query**, vamos clicar no botão do triângulo azul **Execute query(F9) – Executar query(F9)**, ou pressionar a tecla **F9**, conforme vimos na **Figura 58**. Veja que os dados vão aparecer na janela **Grid view**, que fica logo abaixo da janela **Open SQL editor**, conforme **Figura 195**.

Observem que escrevemos a função com a letra A maiúscula, o que não faz diferença nenhuma, conforme foi dito no início do tópico.

Função MIN do SQLite

Usando esta função, vamos buscar o menor preço da coluna **pro_preco_unitario**, da tabela **Produtos**, para isto, vamos retornar à janela **Open SQL editor** e em seguida vamos selecionar o código que está digitado nesta janela, se tiver algum, basta pressionar, ao mesmo tempo, as teclas **Ctrl+A** e veja que o código foi selecionado, conforme vimos na **Figura 62**. Agora pressione a tecla **Delete** do teclado e veja que nossa janela **Open SQL editor** vai ficar vazia novamente, no local onde o cursor do mouse está piscando, vamos digitar o código:

```
SELECT Min(pro_preco_unitario) FROM Produtos
```

Veja como ficou, conforme **Figura 196**.

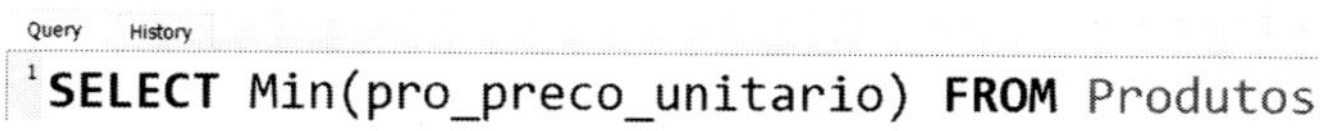

Figura 196

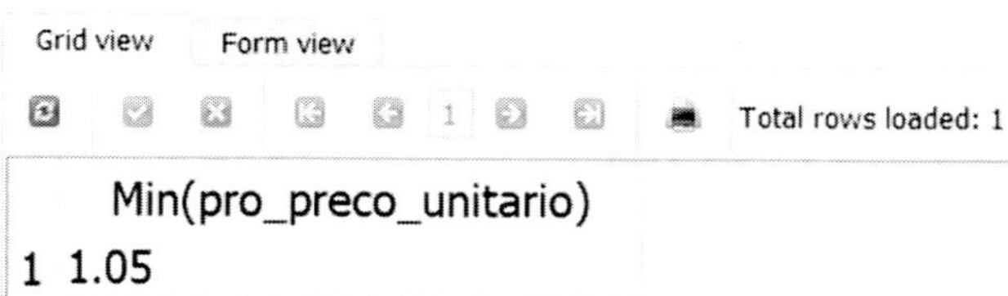

Figura 197

Para executar a **Query**, vamos clicar no botão do triângulo azul **Execute query(F9) – Executar query(F9)**, ou pressionar a tecla **F9**, conforme vimos na **Figura 58**. Veja que os dados vão aparecer na janela **Grid view**, que fica logo abaixo da janela **Open SQL editor,** conforme **Figura 197**.

Observem que escrevemos a função iniciando com letra maiúscula, o que não faz diferença nenhuma, conforme foi dito no início do tópico.

Função AVG do SQLite

Conforme vimos no tópico **Expressão Numérica**, no capítulo 05, **Figura 109**.

Função SUM do SQLite

Conforme vimos no tópico **Expressão Numérica**, no capítulo 05, **Figura 107**.

Função ABS do SQLite

Usando esta função, vamos buscar valores absolutos do argumento numérico, para isto, vamos retornar à janela **Open SQL editor** e em seguida vamos selecionar o código que está digitado nesta janela, se tiver algum, basta pressionar, ao mesmo tempo, as teclas **Ctrl+A** e veja que o código foi selecionado, conforme vimos na **Figura 62**. Agora pressione a tecla **Delete** do teclado e veja que nossa janela **Open SQL editor** vai ficar vazia novamente, no local onde o cursor do mouse está piscando, vamos digitar o código:

```
SELECT abs(-7), abs(-33), abs(NULL), abs(0), ABS("ALHO")
```

Veja como ficou, conforme **Figura 198**.

```
SELECT abs(-7), abs(-33), abs(NULL), abs(0), ABS("ALHO")
```

Figura 198

Grid view | Form view — Total rows loaded: 1

	abs(- 7)	abs(- 33)	abs(NULL)	abs(0)	ABS("ALHO")
1	7	33	NULL	0	0

Figura 199

Para executar a **Query**, vamos clicar no botão do triângulo azul **Execute query(F9) – Executar query(F9)**, ou pressionar a tecla **F9**, conforme vimos na **Figura 58**. Veja que os dados vão aparecer na janela **Grid view**, que fica logo abaixo da janela **Open SQL editor,** conforme **Figura 199**.

Função UPPER do SQLite

Usando esta função, vamos trazer todos os nomes da coluna **pro_nome**, da tabela **Produtos**, em maiúsculas, para isto, vamos retornar à janela **Open SQL editor** e em seguida vamos selecionar o código que está digitado nesta janela, se tiver algum, basta pressionar, ao mesmo tempo, as teclas **Ctrl+A** e veja que o código foi selecionado, conforme vimos na **Figura 62**. Agora pressione a tecla **Delete** do teclado e veja que nossa janela **Open SQL editor** vai ficar vazia novamente, no local onde o cursor do mouse está piscando, vamos digitar o código:

```
SELECT uPPer(pro_nome) FROM Produtos
```

Veja como ficou, conforme **Figura 200**.

```
SELECT uPPer(pro_nome) FROM Produtos
```

Figura 200

Grid view | Form view — Total rows loaded: 4

	uPPer(pro_nome)
1	ALFACE LISA
2	ALFACE AMERICANA
3	BETERRABA
4	ALHO

Figura 201

Para executar a **Query**, vamos clicar no botão do triângulo azul **Execute query(F9) – Executar query(F9)**, ou pressionar a tecla **F9**, conforme vimos na **Figura 58**. Veja que os dados vão aparecer na janela **Grid view**, que fica logo abaixo da janela **Open SQL editor,** conforme **Figura 201**.

Função LOWER do SQLite

Usando esta função, vamos trazer todos os nomes da coluna **pro_nome**, da tabela **Produtos**, em minúsculas, para isto, vamos retornar à janela **Open SQL editor** e em seguida vamos selecionar o código que está digitado nesta janela, se tiver algum, basta pressionar, ao mesmo tempo, as teclas **Ctrl+A** e veja que o código foi selecionado, conforme vimos na **Figura 62**. Agora pressione a tecla **Delete** do teclado e veja que nossa janela **Open SQL editor** vai ficar vazia novamente, no local onde o cursor do mouse está piscando, vamos digitar o código:

```
SELECT lOWER(pro_nome) FROM Produtos
```

Veja como ficou, conforme **Figura 202**.

Figura 202

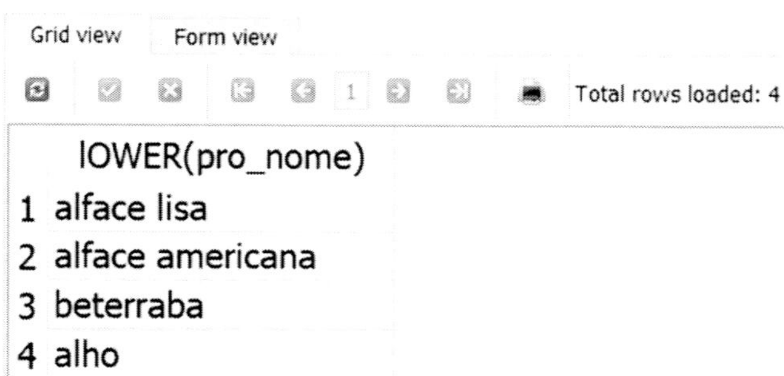

Figura 203

Para executar a **Query**, vamos clicar no botão do triângulo azul **Execute query(F9) – Executar query(F9)**, ou pressionar a tecla **F9**, conforme vimos na **Figura 58**. Veja que os dados vão aparecer na janela **Grid view**, que fica logo abaixo da janela **Open SQL editor,** conforme **Figura 203**.

Função LENGTH do SQLite

Usando esta função, vamos trazer a quantidade de caracteres de todos os nomes da coluna **pro_nome**, da tabela **Produtos**, para isto, vamos retornar à janela **Open SQL editor** e em seguida, vamos selecionar o código que está digitado nesta janela, se tiver algum, basta pressionar, ao mesmo tempo, as teclas **Ctrl+A** e veja que o código foi selecionado, conforme vimos na **Figura 62**. Agora pressione a tecla **Delete**, do teclado, e veja que nossa janela **Open SQL editor** vai ficar vazia novamente, no local onde o cursor do mouse está piscando, vamos digitar o código:

```
SELECT pro_nome, length(pro_nome) FROM Produtos
```

Veja como ficou, conforme **Figura 204**.

```
SELECT pro_nome, length(pro_nome) FROM Produtos
```

Figura 204

Figura 205

Para executar a **Query**, vamos clicar no botão do triângulo azul **Execute query(F9) – Executar query(F9)**, ou pressionar a tecla **F9**, conforme vimos na **Figura 58**. Veja que os dados vão aparecer na janela **Grid view**, que fica logo abaixo da janela **Open SQL editor,** conforme **Figura 205**.

Função sqlite_version do SQLite

Usando esta função, vamos verificar a versão atual do **SQLite**, para isto, vamos retornar à janela **Open SQL editor** e em seguida vamos selecionar o código que está digitado nesta janela, se tiver algum, basta pressionar, ao mesmo tempo, as teclas **Ctrl+A** e veja que o código foi selecionado, conforme vimos na **Figura 62**. Agora pressione a tecla **Delete** do teclado e veja que nossa janela **Open SQL editor** vai ficar vazia novamente, no local onde o cursor do mouse está piscando, vamos digitar o código:

```
SELECT sqlite_version() AS ‘Versão do SQLite’
```

Veja como ficou, conforme **Figura 206**.

```
SELECT sqlite_version() AS 'Versão do SQLite'
```

Figura 206

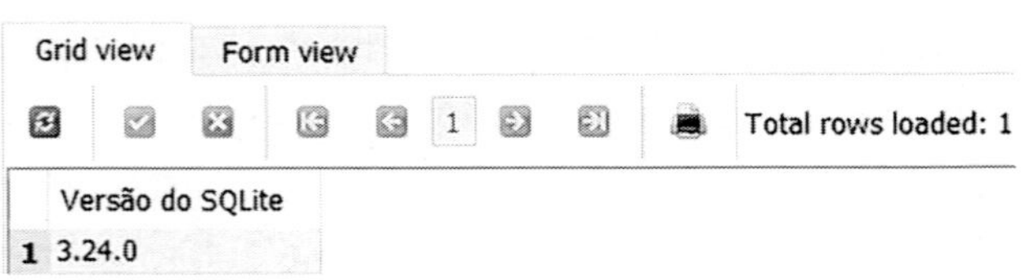

Figura 207

Para executar a **Query**, vamos clicar no botão do triângulo azul **Execute query(F9) – Executar query(F9)**, ou pressionar a tecla **F9**, conforme vimos na **Figura 58**. Veja que os dados vão aparecer na janela **Grid view**, que fica logo abaixo da janela **Open SQL editor,** conforme **Figura 207**.

Agora que já aprendemos como o **SQLite** funciona, vamos criar uma aplicação funcional, utilizando o **Android**.

Capítulo 6

Construindo uma Aplicação Usando o Banco de Dados SQLite e o Android

Veja como instalar o aplicativo de desenvolvimento do **Microsoft Visual Studio Community 2019**, no **Anexo I**. Não vou entrar em detalhes sobre o funcionamento do **Android**, pois não é o foco deste livro.

Abrindo o Microsoft Visual Studio Community 2019

Vamos fazer o primeiro acesso ao **Visual Studio 2019 Community**, para isto, digite na barra de pesquisa **Visual Studio 2019**, conforme abaixo:

Figura 208

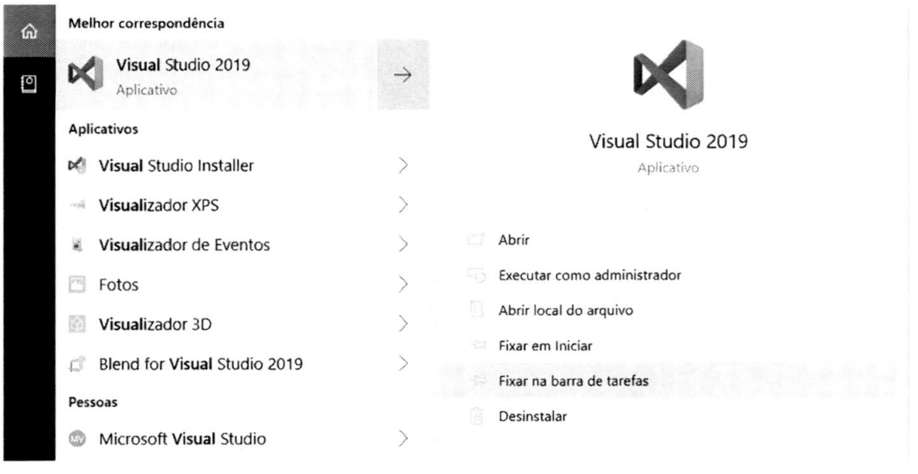

Figura 209

Veja que que no topo vai abrir o aplicativo **Visual Studio 2019**, na janela do lado esquerdo, selecione o item **Fixar na barra de tarefas**, conforme **Figura 209**.

Figura 210

Isto fará com que o nosso programa fique sempre acessível, uma vez que vamos utilizá-lo bastante. Veja que o mesmo está fixo na barra de tarefas, conforme **Figura 210**.

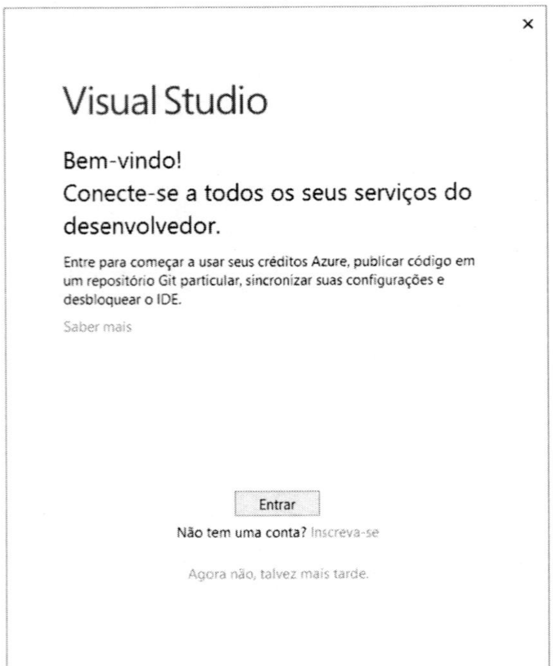

Figura 211

Para abri-lo, basta clicar sobre o ícone do programa, faça isto e veja que vai abrir a tela de configurações do **Visual Studio 2019 Community,** conforme **Figura 211**. Clique no botão **Entrar**.

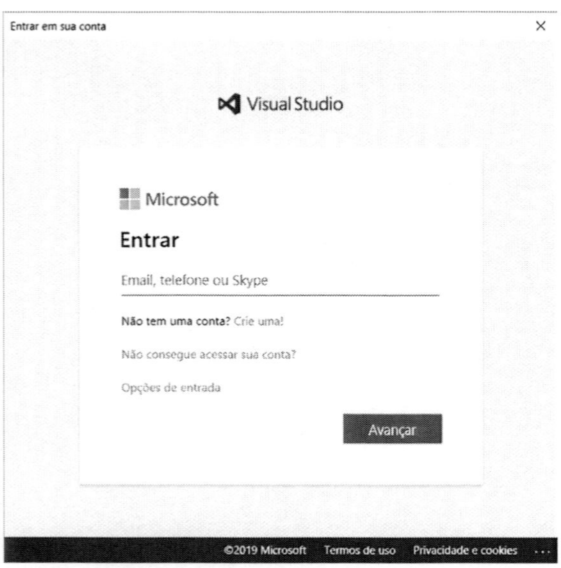

Figura 212

Vai aparecer a janela **Entrar em sua conta**, conforme **Figura 212**, é muito importante nos conectarmos com o **Visual Studio 2019 Community**, isto facilita e muito as várias configurações do sistema. Para isto, você precisa ter um e-mail da **Microsoft**, que pode ser **Hotmail**, **Life**, **Outlook**. Digite seu email no campo **Email**, em seguida clique no botão **Avançar**.

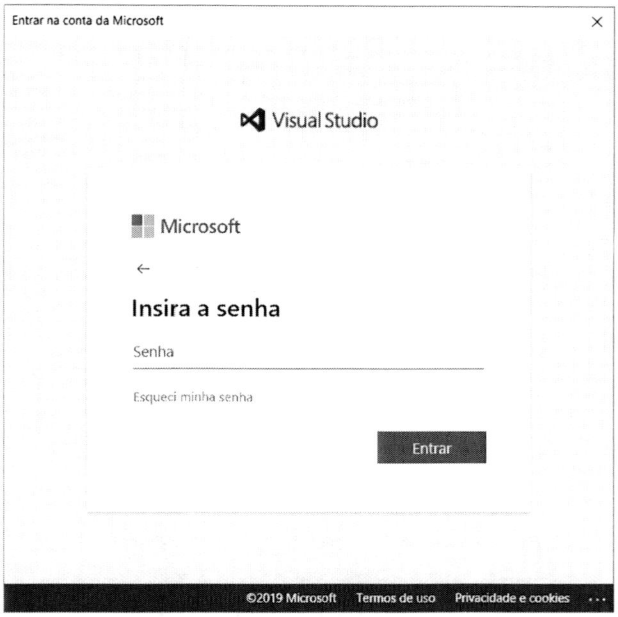

Figura 213

Na próxima janela, conforme **Figura 213**, digite sua senha e clique no botão **Entrar**.

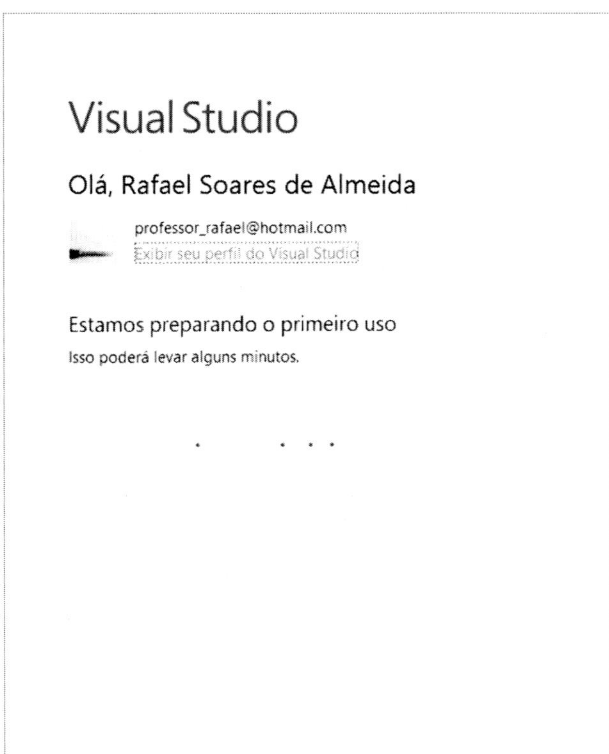

Figura 214

Na próxima janela vão aparecer os dados do usuário que foi logado, conforme **Figura 214.**

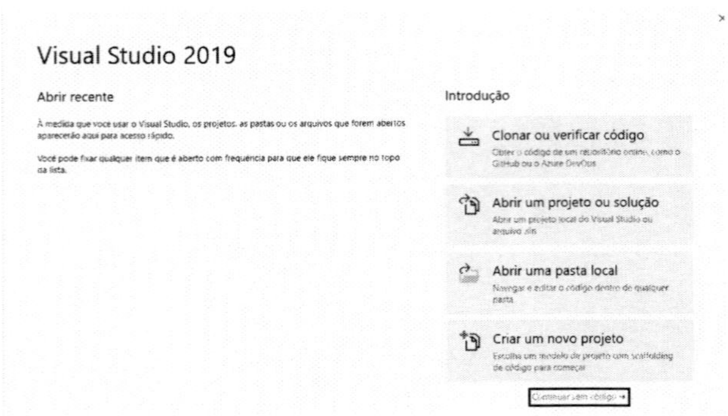

Figura 215

Aguarde e vai abrir a janela de itens recentes, conforme **Figura 215**.

Figura 216

Clique no link **Continuar sem código (Continue without code)**, da **Figura 215**, e aguarde a abertura da área do **IDE – Ambiente de Desenvolvimento Integrado do Visual Studio 2019 Community**, observe que do lado superior direito da **IDE**, tem o nome do usuário que está logado neste momento, neste caso, meu nome, conforme **Figura 216**.

É nesta **IDE** que vamos desenvolver os códigos dos nossos aplicativos. O **Visual Studio 2019** é hoje a mais moderna **IDE** existente, sendo uma enorme vantagem à plataforma **Windows Mobile**, **Android**, **IOS,** dentre outras, poderem contar com esse poderoso ambiente de desenvolvimento.

1 – Menu de Opções: a maioria dos comandos devem ser acessados por aqui, tais como abrir um novo projeto, salvar um novo projeto, adicionar classes, formulários, compilar o projeto, configurar o ambiente de acordo com o seu modo de trabalho, entre outros, conforme **Figura 217**.

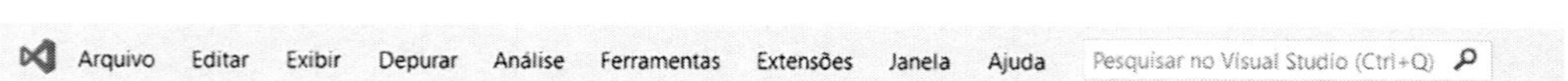

Figura 217

2 – Barra de Ferramentas: atalho para a maioria dos comandos que encontramos no menu de opções, como **Salvar** projeto, **Abrir** projeto, entre outros, conforme **Figura 218**.

Figura 218

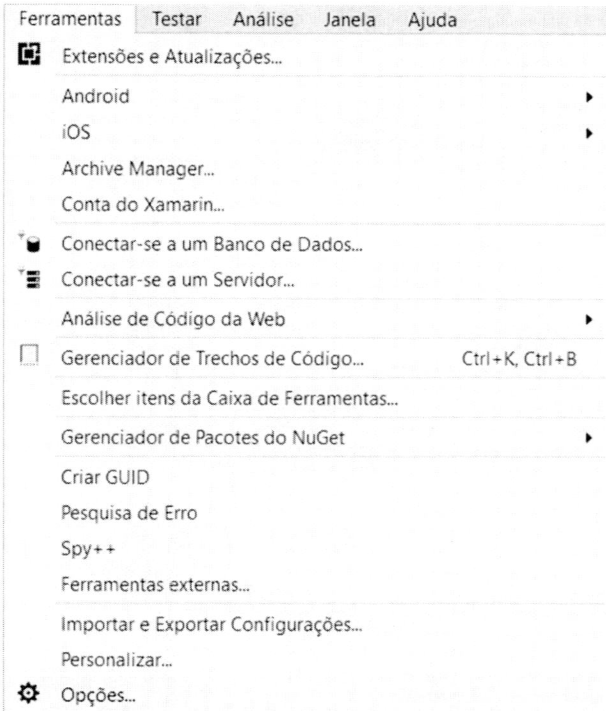

Figura 219

Antes de começarmos, vamos fazer algumas configurações no que diz respeito aos nomes dos comandos, que estão em português, pois devemos trabalhar com os comandos em inglês, visto que não existe nenhuma linguagem de programação escrita na língua portuguesa. Além do mais, vamos praticar o inglês técnico, para isto, vá até o menu **Ferramentas**, e selecione o item de menu **Opções,** conforme **Figura 219**.

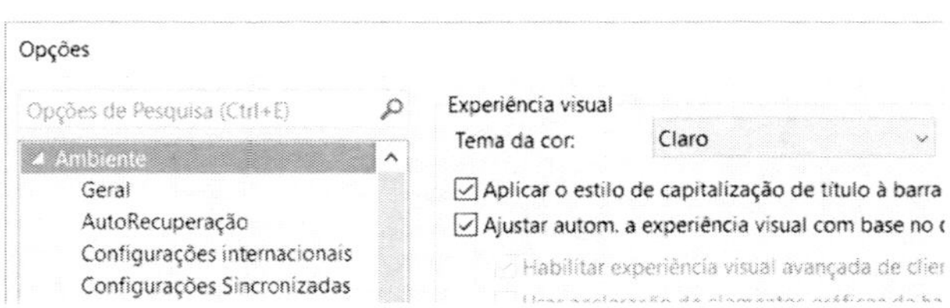

Figura 220

Vai abrir a janela **Opções**, selecione o item **Ambiente**, clicando na setinha que tem ao lado do nome deste item, em seguida, no item do lado direito, **Experiência visual**, na caixa **combobox**, selecione **Claro,** conforme **Figura 220**.

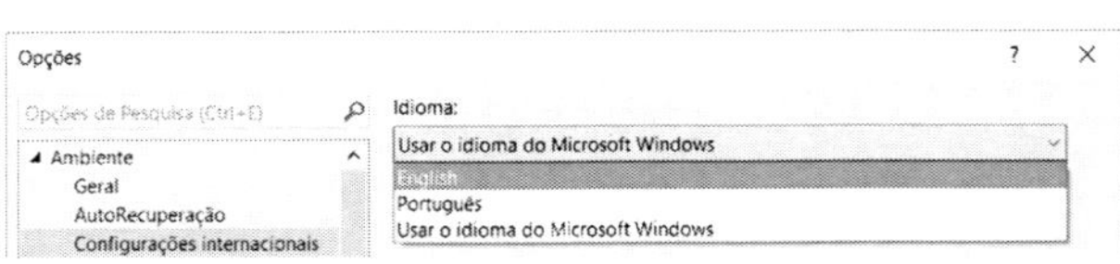

Figura 221

Retorne ao item **Ambiente**, que fica do lado esquerdo e selecione o item **Configurações internacionais**, em seguida, no item do lado direito, **Idioma**, na caixa **combobox**, selecione **English,** conforme **Figura 221**.

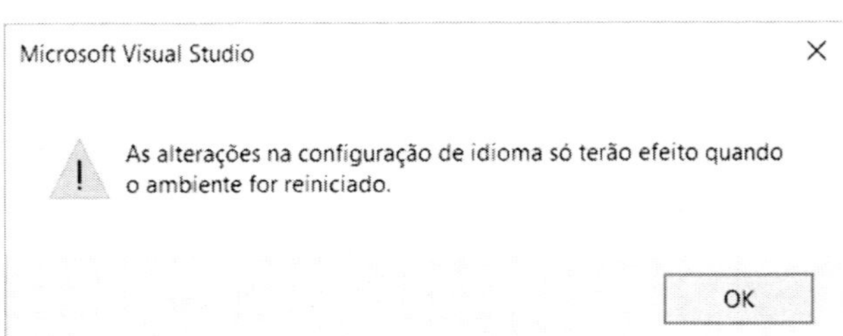

Figura 222

Clique no botão **Ok**, que fica no canto inferior direito da tela e vai aparecer uma janela dizendo que a troca de idioma só terá efeito após fechar e abrir novamente a **IDE,** conforme **Figura 222**.

Figura 223

Clique no botão **OK**. Vamos fechar o **Visual Studio 2019**, para isto, clique no botão do **X**, que fica no canto superior direito da janela, conforme **Figura 223**.

Para abrir novamente, basta clicar sobre o ícone do programa que se encontra na barra de tarefas, conforme vimos na **Figura 210**.

O Que é o Padrão de Arquitetura MVVM

Nada mais que uma especialização do padrão de projeto **Presentation Model (PM)** que foi apresentado em 2004 por Martin Fowler e tem como um dos seus objetivos principais, separar e abstrair a **View** – também conhecida como interface visual do usuário (**UI**) – da lógica de apresentação para fazer com que a interface do usuário seja amigável. Além do que, nós desenvolvedores, poderemos criar uma lógica de apresentação reutilizável para interfaces diferentes e diferentes tecnologias de interface do usuário, desta forma, iremos reduzir o acoplamento entre a interface do usuário e outros códigos, assim sendo, será permitido que os designers de interface possam trabalhar de forma mais independente. Estruturalmente, uma aplicação que usa o padrão **MVVM** consiste basicamente em três componentes principais: **o Modelo(Model), a Visão(View) e a ViewModel.**

Model

Vai representar os objetos de negócios que encapsulam os dados e o comportamento do domínio da aplicação. É a classe que contém os dados da nossa aplicação, ou seja, as tabelas de nosso banco de dados.

View

É a visão e a interação do usuário com o aplicativo, neste caso, no **Xamarin.Forms** é a página(**Page**) e não executa nenhuma operação no sistema, somente apresenta informações ao usuário e reponde a esta interação de forma visual, botões, caixas de texto, menus, caixas de diálogo, etc. O **Data Binding** é o meio de comunicação entre uma **View** e a **ViewModel**.

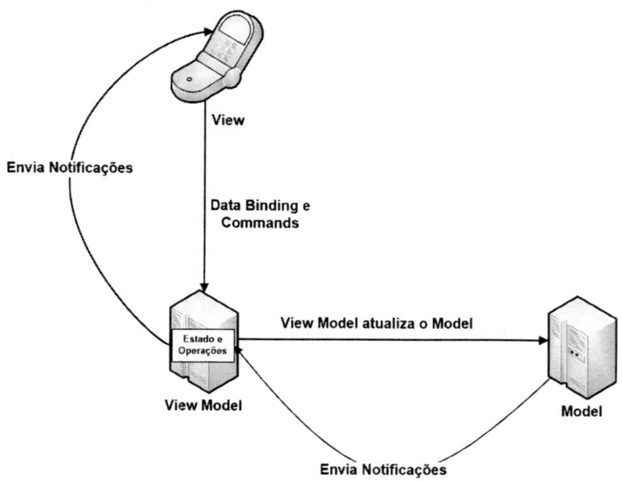

Figura 224

ViewModel

É um **Model** projetado especificamente para a **View**, contendo **propriedades** que vão representar o estado da **View** e **métodos** que implementaram a lógica por trás da **View**. Não tem nenhuma ligação com a **View**, nenhuma referência, apenas fornece os dados e executa ações que a **View** necessita. Se conectando diretamente com o **Model**, desta forma, tem acesso às propriedades e funcionalidades que estiverem disponíveis no **Model**. Ainda pode implementar algumas interfaces, tais como: **INotifyPropertyChanged**, **INotifyCollectionChanged**, **ICommand**, etc. Veja como é esta interação, conforme **Figura 224**.

Vamos criar um projeto para exemplificar estes conceitos.

Criando um Novo Projeto

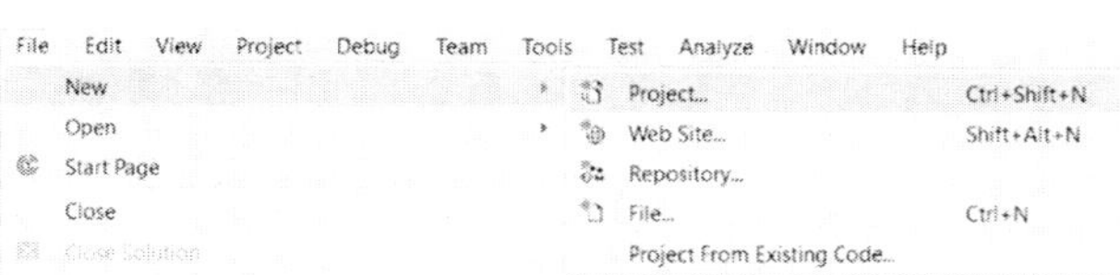

Figura 225

De volta a nossa **IDE**, vamos criar um novo projeto, para isto, temos três opções: usar o menu **File** e em seguida selecionar **New Project...**, ou pressionar, ao mesmo tempo, as teclas **Ctrl+Shift+N,** conforme **Figura 225**.

Figura 226

Vai abrir a janela **Create a new Project (Criar um novo projeto)**, no item **Platform (Plataforma)**, clique na setinha para baixo e selecione **Android**, em seguida, na lista **Filtering by: Android (Filtrado por: Android)**, selecione o item **Mobile App(Xamarin.Forms) (Aplicativo Móvel(Xamarin.Forms))**, clique no botão **Next (Próximo)**, conforme **Figura 226.**

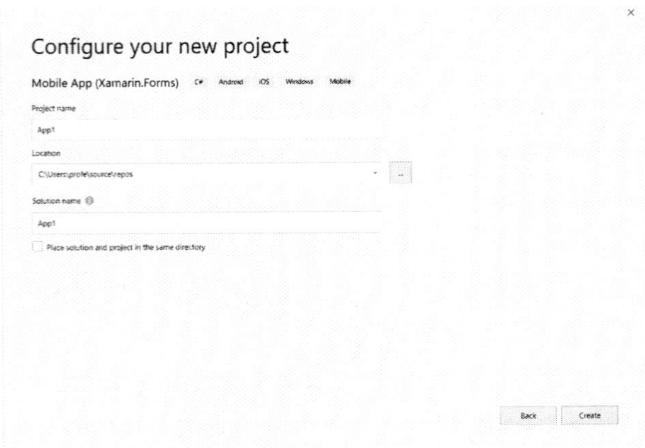

Figura 227

Vai abrir a janela **Configure your new project,** conforme **Figura 227**.

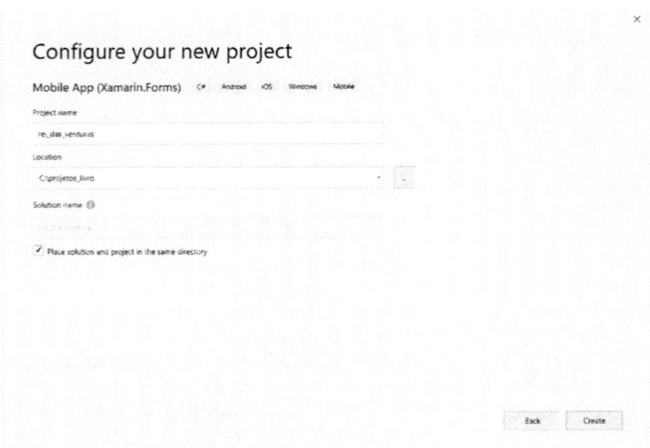

Figura 228

Com a janela **Configure your new Project** aberta, no item **Project name:**, digite **rei_das_verduras**, no item **Location**, clique no botão com três pontinhos, se quiser pode salvar seu projeto em outro local, por exemplo, em um pendrive. No meu caso, estou direcionando para uma pasta que chamei de **projetos_livro** no meu **C:**, deixe marcado o item **Place solution and project in the same directory**, suas informações devem ficar conforme **Figura 228.**

Clique no botão Browse, se quiser pode salvar seu projeto em outro local, por exemplo, em um pendrive. No meu caso, estou direcionando para uma pasta que chamei de **projetos_livro** no meu **C:**, deixe marcado o item **Create directory for solution**, veja na figura a acima como deve ficar suas informações.

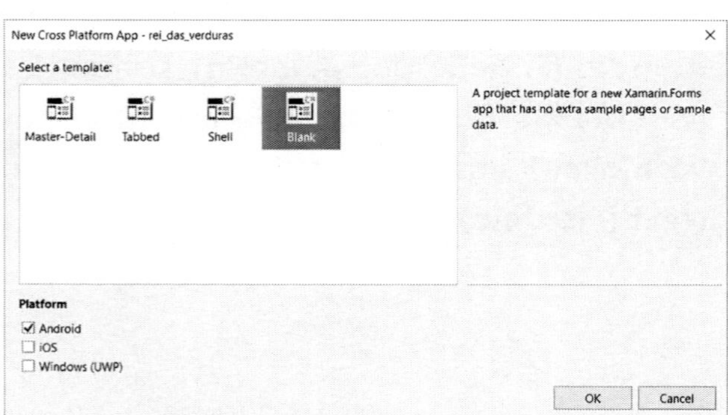

Figura 229

Em seguida, Clique no botão **Create**. Vai abrir a janela **New Cross Platform App – rei_das_verduras**, no item **Select a template:**, selecione o item **Blank**, no item **Platform**, deixe somente a caixa de seleção do **Android** marcada, conforme **Figura 229**.

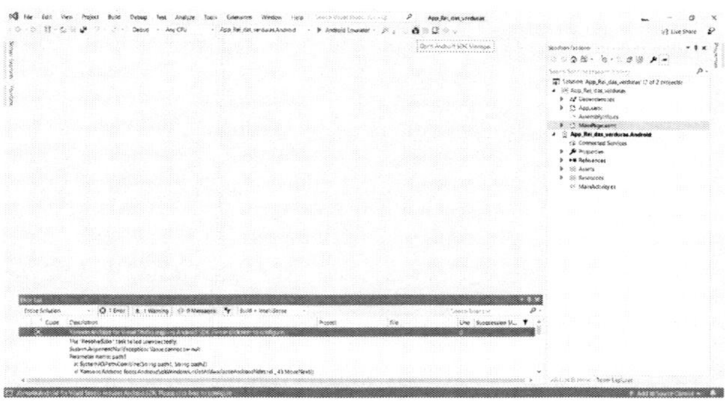

Figura 230

Clique no botão **OK**. Vejam que vai aparecer a nossa **IDE** ou área de desenvolvimento, pode ser que apareça um erro, conforme janela **Error list**, bem provável que o **SDK** do **Android** não foi instalado, para instalar o **SDK** vá até o **Anexo V**. Veja como ficou, conforme **Figura 230**.

Figura 231

Se correu tudo bem com a instalação do **SDK** do **Android**, vamos perceber que temos algumas janelas escondidas no lado direito e no lado esquerdo da área central de desenvolvimento, veremos mais adiante as janelas mais importantes. O nome deste projeto e as imagens utilizadas são fictícios e são usados apenas para fins didáticos.

Componentes da Solução

Na seção anterior, criamos um projeto **Android**. Ao fazê-lo, o **Xamarin.Forms** gerou uma variedade de elementos para nós. Vamos dar uma olhada no que ele criou. Clique na janela **Solution Explorer** ou pressione, ao mesmo tempo, as teclas **Ctrl+Alt+L** e deve abrir a janela, conforme **Figura 231**.

Observem que temos uma estrutura definida para nosso aplicativo. Vamos entender cada um destes elementos, conforme tabela abaixo:

Item	
Properties	Contém o arquivo AndroidManifest.xml que descreve todos os requisitos para a aplicação Xamarin.Android, incluindo nome, versão e permissões. Esta pasta também hospeda o assembly .NET AssemblyInfo.cs , que contém metadados cujo preenchimento é recomendado.
References	Esta pasta contém os assemblies requeridos para construir e executar a aplicação.
Assets	Contém os arquivos que a aplicação precisa para executar, incluindo fontes, arquivos de dados locais e arquivos de textos.
Resources	Contém pastas para a maioria dos recursos utilizados em uma aplicação Android, tais como, imagens, layout e strings. Dentro dessa pasta, existem ainda as pastas drawable, layout e values.
Resources **drawable, drawable-hdpi , drawable-xhdpi, drawable-xxhdpi e drawable-xxxhdpi**	Estes diretórios armazenam recursos como imagens e bitmaps. No template criado, ele traz o arquivo do ícone da aplicação, chamado Icon.png. Cada pasta representa uma resolução da imagem.
Resources **layout**	Esta pasta contém arquivos de desenho do Android que definem a interface de usuário para cada janela ou Activity. Se você for implementar uma aplicação puramente Android, são nestes arquivos que desenhará a interface com o usuário.
Resources **values**	Esta pasta hospeda arquivos que armazenam valores simples, como strings, inteiros e cores.
Resource.Designer.cs	Também conhecido como a classe Resource . Este arquivo é um partial class que armazena os IDs únicos atribuídos para cada recurso. Ele é automaticamente criado pelas ferramentas Xamarin.Android e é regerado sempre que necessário. Não mexa neste arquivo, pois qualquer mudança que fizer será sobrescrita.
MainActivity.cs	Implementa a classe MainActivity, que é responsável por carregar a primeira View ou tela do sistema.

Trabalhando com Imagem de Fundo e Ícone

Para que nossa aplicação fique mais profissional, vamos alterar o ícone e a imagem de fundo do aplicativo. Primeiro temos que achar as imagens que correspondam ao aplicativo que estamos desenvolvendo, basta procurar na internet que existem vários sites de imagem gratuita. Para mais informações acesse o seguinte endereço: **http://marketingdeconteudo.com/melhores-bancos-de-imagens-gratuitos**. Para ícones, visite o seguinte endereço: **https://icons8.com.br/**.

Figura 232

Antes de usar qualquer imagem em nosso aplicativo, devemos nos certificar se a imagem é licenciada, ou seja, se temos o direito de usá-la. Muitas imagens necessitam que nós paguemos o direito de usa-la e outras oferecem licenças livres de código aberto ou **Creative Commons (creativecommons.org)**.

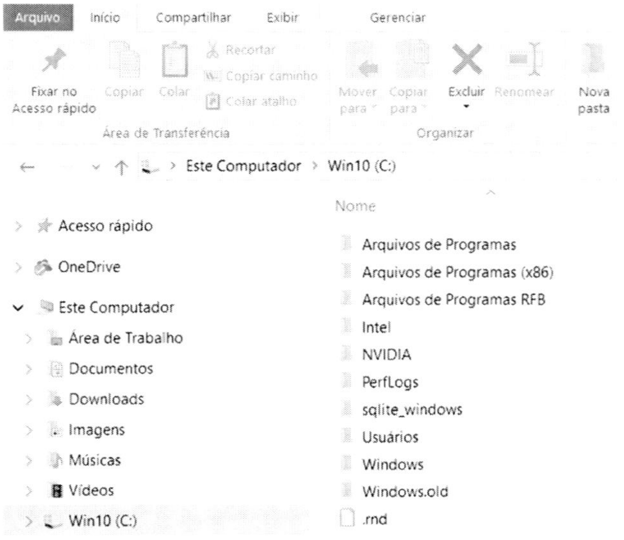

Figura 233

Além disso, vamos padronizar os nomes das imagens todas digitadas em minúsculo e sem acentuação e do tipo **png**. Vamos criar uma pasta no nosso computador para usar as imagens, para isto, clique no item **Explorador de Arquivo**, que se encontra na **barra de tarefas,** conforme **Figura 232**.

Vai abrir a janela **Explorador de Arquivo,** conforme **Figura 233**.

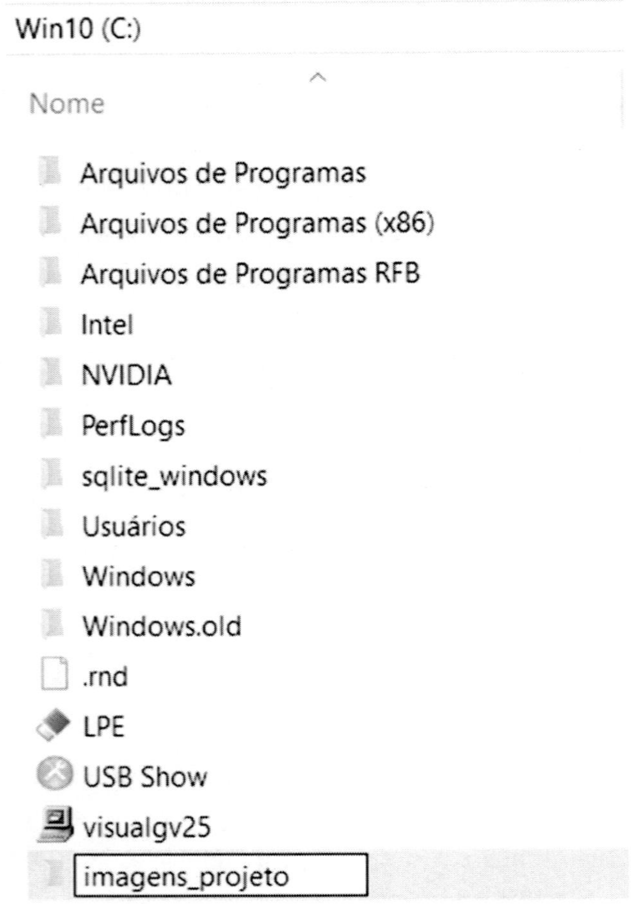

Figura 234

Em seguida, clique com o mouse na unidade de sua preferência, no meu caso estou usando **Win10(C:)**, clique no item **Nova pasta**, no menu de ferramentas, em seguida digite **imagens_projeto,** conforme **Figura 234**.

Pressione a tecla **Enter**. Pronto, acabamos de criar nossa pasta. Antes de baixar qualquer imagem, vamos entender um pouco sobre a resolução das imagens.

Resolução de Imagens

Os dispositivos **Android** têm vários tamanhos de tela, resoluções e densidades de pixels (ou seja, pontos por polegada ou DPI), então, normalmente, para imagens de fundo, vamos baixar imagens do tipo png e com alta resolução, pois o sistema operacional **Android** escolhe com base na densidade de pixels de um dispositivo.

Densidade	**Descrição**
drawable-ldpi	Baixa densidade - aproximadamente 120 pontos por polegada.
drawable-mdpi	Densidade média - aproximadamente 160 pontos por polegada.
drawable-hdpi	Alta densidade - aproximadamente 240 pontos por polegada.
drawable-xhdpi	Densidade extra alta - aproximadamente 320 pontos por polegada.
drawable-xxhdpi	Densidade Extra-Extra-alta densidade - aproximadamente 480 pontos por polegada.
drawable-xxxhdpi	Densidade Extra-Extra-Extra-alta densidade - aproximadamente 640 pontos por polegada.

Baixe os arquivos, que tenham como referência verduras, tanto para a imagem de fundo, quanto para o ícone. Após baixar os arquivos, vá até a pasta **imagens_projeto**, que está na unidade **Win10(C:)**, no meu caso, conforme vimos na **Figura 234**, e vamos abrir o arquivo **2003.png**, para isto, clique com o botão do mouse sobre o arquivo e selecione o item **Abrir com**, em seguida selecione **Paint**, conforme **Figura 235**.

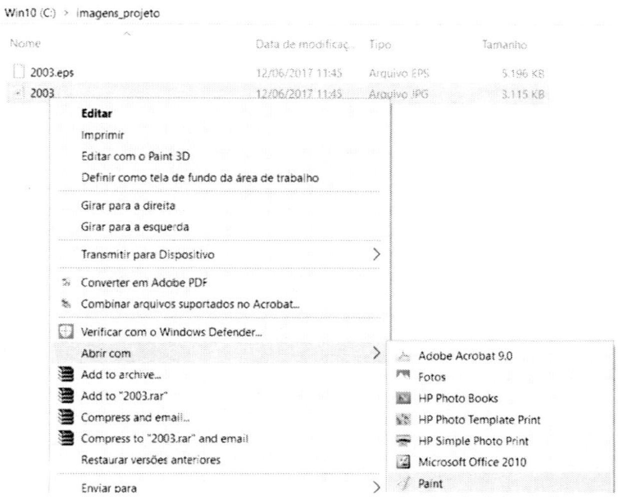

Figura 235

Você pode utilizar outro editor de imagem. Vai abrir o programa, conforme **Figura 236**.

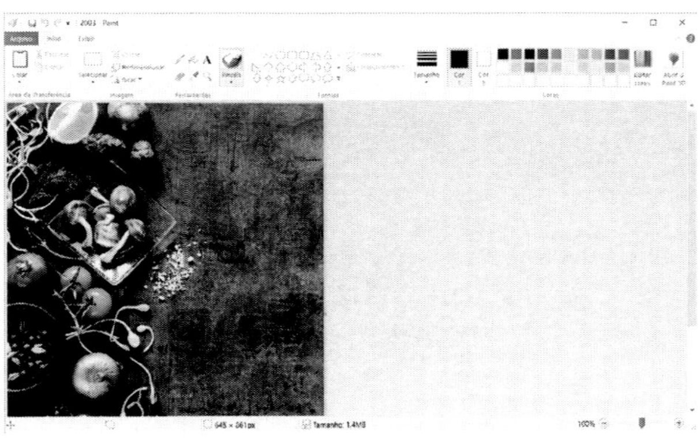

Figura 236

Caso a imagem não seja do tipo **png**, basta ir ao menu **Arquivo** e selecione o item **Salvar como** e em seguida, selecione o item **Imagem PNG,** conforme **Figura 237**.

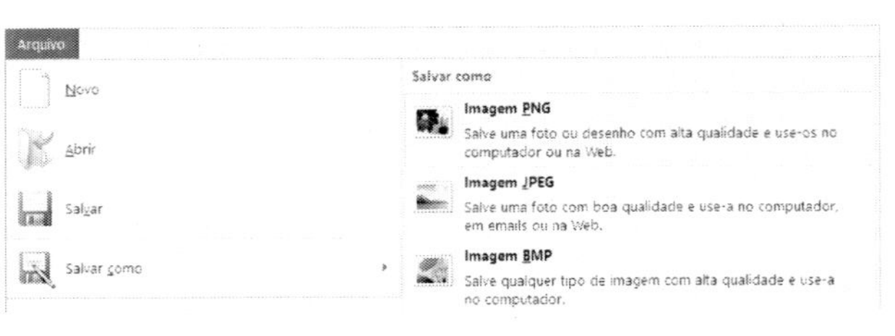

Figura 237

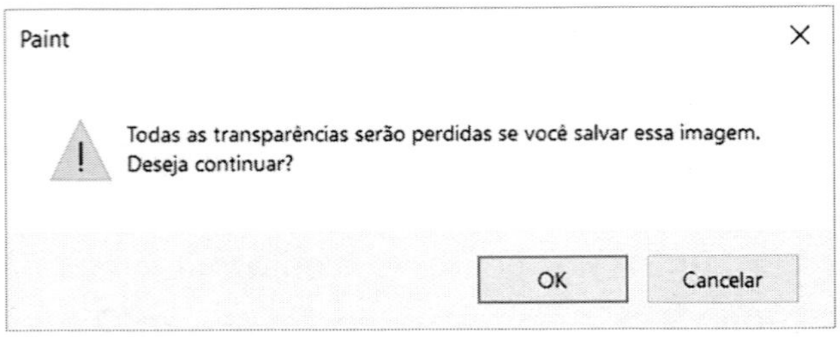

Figura 238

Vai abrir a janela **Salvar como**, selecione a unidade **Win10(C:)**, em seguida, clique na pasta **imagens_projeto**, conforme vimos na **Figura 234**. No item **Nome:**, digite **fundo**. Em seguida, clique no botão **Salvar**. Deve aparecer uma janela com a seguinte pergunta: **Todas as transparências serão perdidas se você salvar essa imagem. Deseja continuar?**, conforme **Figura 238.**

Clique no botão **OK**. Veja como ficou:

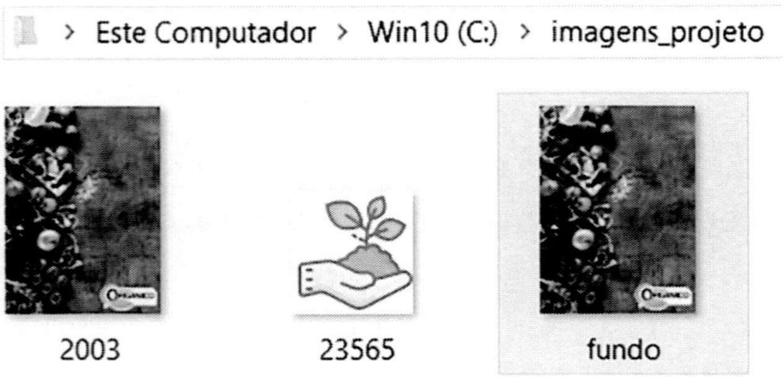

Figura 239

Após baixar as imagens vamos retornar à unidade **Win10(C:)**, no meu caso, e clicar na pasta **imagens_projeto**, conforme vimos na **Figura 234**. Dentro desta pasta vamos abrir o arquivo do ícone, para isto, clique com o botão direito do mouse sobre o arquivo **23565.png** e selecione o item **Abrir com** e em seguida selecione **Paint**, conforme vimos na **Figura 235**. Você pode utilizar outro editor de imagem de sua preferência. Vai abrir o programa, conforme vimos na **Figura 236**. Clique no menu **Redimensionar,** conforme **Figura 240**.

Figura 240

Vai abrir a janela **Alongar e distorcer**. Selecione o item **Pixels**, e na caixinha de texto **Horizontal**, digite **72,** conforme **Figura 241**.

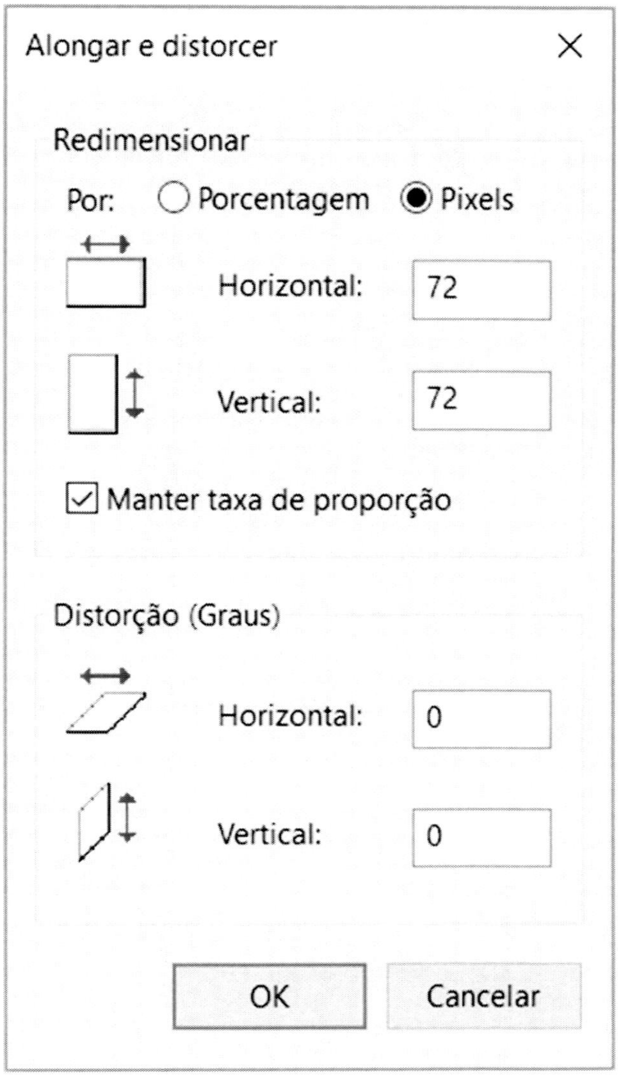

Figura 241

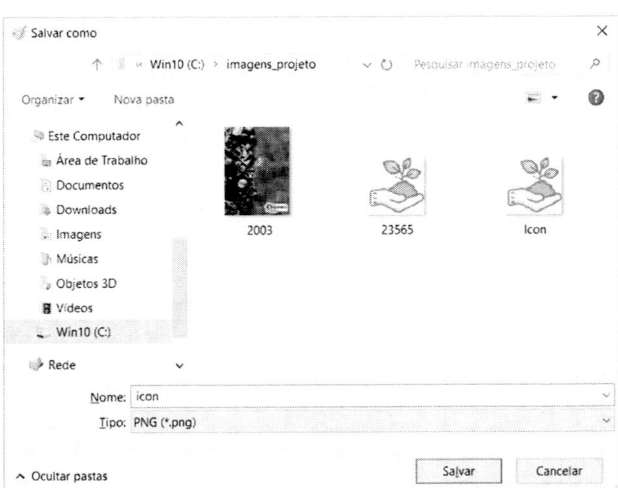

Figura 242

Clique no botão **OK**. Em seguida, vamos salvar o arquivo. Basta ir ao menu **Arquivo** e selecione o item **Salvar como**, em seguida selecione o item **Imagem PNG**, conforme vimos na **Figura 237**. Vai abrir a janela **Salvar como**, no item **Nome:**, digite **icon**.

Este é o nome padrão para o ícone principal de uma aplicação **Android**, em seguida clique no botão **Salvar**. Deve aparecer uma janela com a seguinte pergunta: **Todas as transparências serão perdidas se você salvar essa imagem. Deseja continuar?**, conforme vimos na **Figura 238**. Clique no botão **OK**. Repita o procedimento acima para criar o segundo ícone, para isto, clique com o botão direito do mouse sobre o arquivo **23565.png** e selecione o item **Abrir com**, em seguida, selecione **Paint**, conforme vimos na **Figura 235**. Você pode utilizar outro editor de imagem de sua preferência. Vai abrir o programa, conforme vimos na **Figura 236.**

Clique no menu **Redimensionar**, conforme vimos na **Figura 240**. Vai abrir a janela **Alongar e distorcer**, selecione o item **Pixels**, e na caixinha de texto **Horizontal**, digite **48**, conforme vimos na **Figura 241**.

Clique no botão **OK**. Em seguida, vamos salvar o arquivo. Basta ir ao menu **Arquivo** e selecione o item **Salvar como**, em seguida selecione o item **Imagem PNG**, conforme vimos na **Figura 237**. Vai abrir a janela **Salvar como**, no item **Nome:**, digite **icon_48x48_HDPI**, conforme vimos na **Figura 242**, em seguida clique no botão **Salvar**. Deve aparecer uma janela com a seguinte pergunta: **Todas as transparências serão perdidas se você salvar essa imagem. Deseja continuar?**, conforme vimos na **Figura 238**. Clique no botão **OK**.

Repita o procedimento acima para criar o terceiro ícone, para isto clique com o botão direito do mouse sobre o arquivo **23565.png** e selecione o item **Abrir com**, em seguida selecione **Paint**, conforme vimos na **Figura 235**. Você pode utilizar outro editor de imagem de sua preferência. Vai abrir o programa, conforme vimos na **Figura 236**. Clique no menu **Redimensionar**, conforme vimos na **Figura 240**. Vai abrir a janela **Alongar e distorcer**, selecione o item **Pixels**, e na caixinha de texto **Horizontal**, digite **72**, conforme vimos na **Figura 241**. Clique no botão **OK**. Em seguida vamos salvar o arquivo. Basta ir ao menu **Arquivo** e selecione o item **Salvar como**, em seguida selecione o item **Imagem PNG**, conforme vimos na **Figura 237**. Vai abrir a janela **Salvar como**, no item **Nome:**, digite **icon_72x72_XHDPI**, conforme vimos na **Figura 242**, em seguida clique no botão **Salvar**. Deve aparecer uma janela com a seguinte pergunta: **Todas as transparências serão perdidas se você salvar essa imagem. Deseja continuar?**, conforme vimos na **Figura 238**. Clique no botão **OK**.

Repita o procedimento acima para criar o quarto ícone, para isto, clique com o botão direito do mouse sobre o arquivo **23565.png** e selecione o item **Abrir com**, em seguida selecione **Paint**, conforme vimos na **Figura 235**. Você pode utilizar outro editor de imagem de sua preferência. Vai abrir o programa, conforme vimos na **Figura 236**. Clique no menu **Redimensionar**, conforme vimos na **Figura 240**. Vai abrir a janela **Alongar e distorcer**, selecione o item **Pixels**, e na caixinha de texto **Horizontal**, digite **96**, conforme vimos na **Figura 241**. Clique no botão **OK**. Em seguida, vamos salvar o arquivo. Basta ir ao menu **Arquivo** e selecione o item **Salvar como**, logo após selecione o item **Imagem PNG**, conforme vimos na **Figura 237**. Vai abrir a janela **Salvar como**, no item **Nome:**, digite **icon_96x96_XXHDPI**, conforme vimos na **Figura 242**, então clique no botão **Salvar**. Deve aparecer uma janela com a seguinte pergunta: **Todas as transparências serão perdidas se você salvar essa imagem. Deseja continuar?**, conforme vimos na **Figura 238**. Clique no botão **OK**.

Repita o procedimento acima para criar o quinto ícone, para isto, clique com o botão direito do mouse sobre o arquivo **23565.png** e selecione o item **Abrir com**, em seguida selecione **Paint**, conforme vimos na **Figura 235**. Você pode utilizar outro editor de imagem de sua preferência. Vai abrir o programa, conforme vimos na **Figura 236**. Clique no menu **Redimensionar**, conforme vimos na **Figura 240**. Vai abrir a janela **Alongar e distorcer**, selecione o item **Pixels**, e na caixinha de texto **Horizontal**, digite **120**, conforme vimos na **Figura 241**. Clique no botão **OK**. Em seguida vamos salvar o arquivo. Basta ir ao menu **Arquivo** e selecione o item **Salvar como**, em seguida selecione o item **Imagem PNG**, conforme vimos na **Figura 237**. Vai abrir a janela **Salvar como**, no item **Nome:**, digite **icon_120x120_XXXHDPI**, conforme vimos na **Figura 242**, em seguida clique no botão **Salvar**. Deve aparecer uma janela com a seguinte pergunta: **Todas as transparências serão perdidas se você salvar essa imagem. Deseja continuar?**, conforme vimos na **Figura 238**. Clique no botão **OK**. Repita o procedimento acima, e crie uma imagem chamada **logo**, do tipo png e com as seguintes dimensões: **Horizontal 398** e **Vertical 265**.

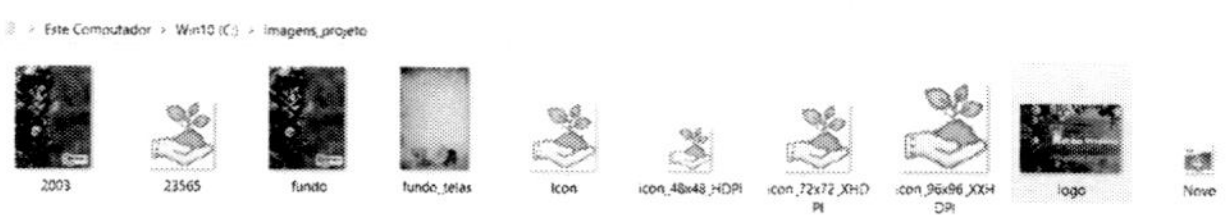

Figura 243

Em seguida repita o procedimento acima e crie uma tela chamada **fundo_telas**, para usarmos nas telas internas, com as mesmas dimensões da tela principal. Repita o procedimento acima, e crie uma imagem chamada **novo**, do tipo png e com as seguintes dimensões: **Horizontal 32** e **Vertical 32**, para o botão Incluir. Feche o **Paint**. Agora vamos copiar as imagens para a pasta **drawable**, que fica no nosso projeto **Android**, dentro da pasta **Resources**, dentro da janela **Solution Explorer**. Selecione as imagens que vamos utilizar, para isto, segure a tecla **Ctrl** e vá clicando nas imagens com o mouse, de forma que fique conforme **Figura 244**.

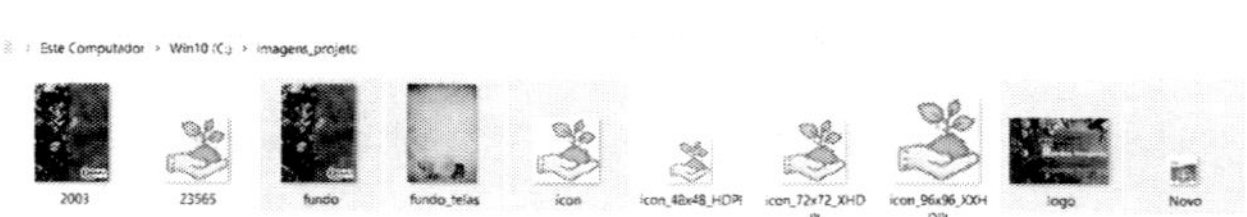

Figura 244

Com as imagens selecionadas, pressione as teclas **Ctrl+C**, ou clique com o botão esquerdo do mouse sobre as imagens selecionadas e selecione o item **Copiar** do menu, conforme **Figura 245**.

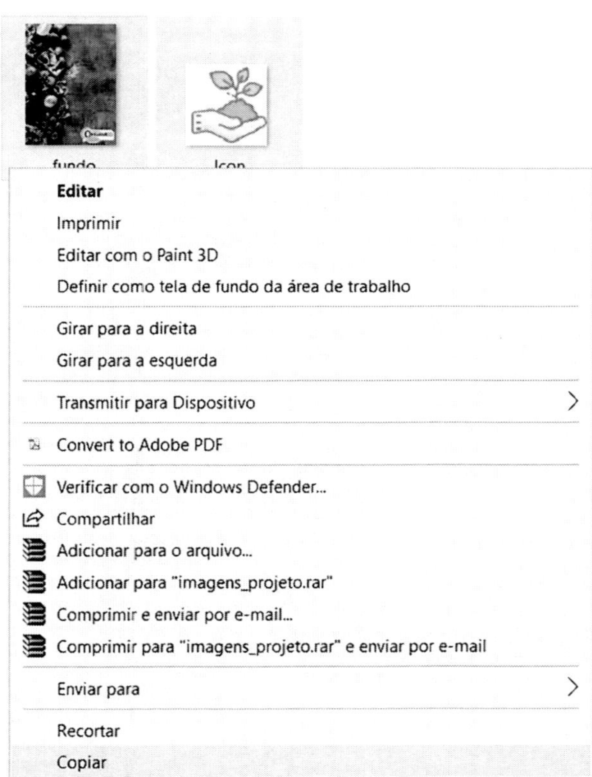

Figura 245

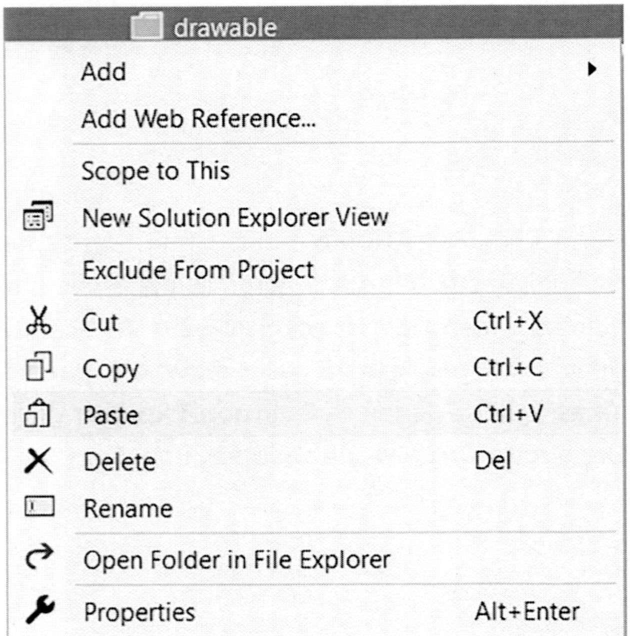

Figura 246

Em seguida, retorne para o nosso projeto **rei_das_verduras**, abra a janela **Solution Explorer**, clique na setinha que tem ao lado da pasta **Resources**, em seguida clique com o botão do mouse sobre a pasta **drawable** e selecione o item **Paste** do menu, ou pressione, ao mesmo tempo, as teclas **Ctrl+V.** conforme **Figura 246**. Se aparecer a seguinte mensagem de erro: **The operation could not be completed. O sistema não pode encontrar o caminho especificado.**, delete a pasta **drawable** e crie ela novamante, conforme vimos na **Figura 257** e repita o procedimento de cópia das imagens. Talvez você tenha que repetir o processo de deletar e criar as pastas para todas as pastas **drawable--xxx**

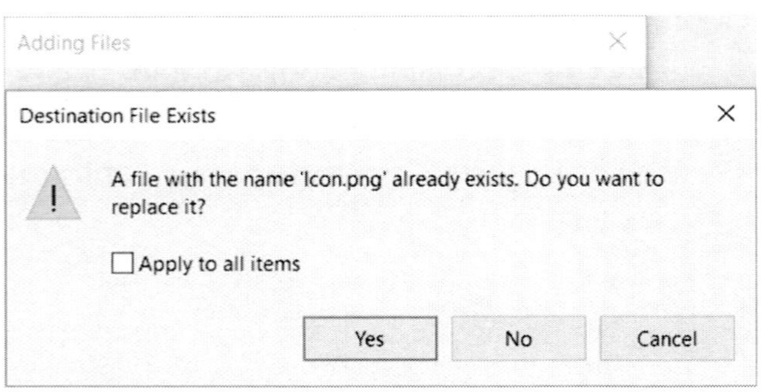

Figura 247

Pode ser que apareça uma tela pedindo para trocar a imagem que já existe por aquela que está sendo copiada, conforme **Figura 247**.

Selecione o quadradinho em frente ao item **Apply to al items** e clique no botão **Yes**. Repita o procedimento acima e copie a imagem **icon_48x48_HDPI.png**, para a pasta **drawable-hdpi**, que fica no nosso projeto **Android**, dentro da pasta **Resources**, dentro da janela **Solution Explorer**. Selecione a imagem **icon_48x48_HDPI.png**, para isto, segure a tecla **Ctrl** e clique na imagem com o mouse:

Figura 248

Com as imagens selecionadas, pressione as teclas **Ctrl+C**, ou clique com o botão esquerdo do mouse sobre as imagens selecionadas e selecione o item **Copiar** do menu, conforme vimos na **Figura 245**. Em seguida, retorne para o nosso projeto **rei_das_verduras**, abra a janela **Solution Explorer**, clique na setinha que tem ao lado da pasta **Resources**, em seguida clique com o botão do mouse sobre a pasta **drawable-hdpi** e selecione o item **Paste** do menu, ou pressione ao mesmo tempo as teclas **Ctrl+V**, conforme vimos na **Figura 246**. Em seguida renomeie a imagem para **ico.png**. Repita o procedimento acima e copie a imagem **icon_72x72_XHDPI.png** para a pasta **drawable-xhdpi**, que fica no nosso projeto **Android**, dentro da pasta **Resources**, dentro da janela **Solution Explorer**. Selecione a imagem **icon_72x72_XHDPI.png**, para isto, segure a tecla **Ctrl** e clique na imagem com o mouse, de forma que fique conforme vimos na **Figura 248**. Com as imagens selecionadas, pressione as teclas **Ctrl+C**, ou clique com o botão esquerdo do mouse sobre as imagens selecionadas e selecione o item **Copiar** do menu, conforme vimos na **Figura 245**. Em seguida, retorne para o nosso projeto **rei_das_verduras**, abra a janela **Solution Explorer**, clique na setinha que tem ao lado da pasta **Resources**, em seguida clique com o botão do mouse sobre a pasta **drawable-xhdpi** e selecione o item **Paste** do menu, ou pressione ao mesmo tempo as teclas **Ctrl+V**, conforme vimos na **Figura 246**. Em seguida renomeie a imagem para **ico.png**. Repita o procedimento acima e copie a imagem **icon_96x96_XXHDPI.png** para a pasta **drawable-xxhdpi**, que fica no nosso projeto **Android**, dentro da pasta **Resources**, dentro da janela **Solution Explorer**. Selecione a imagem **icon_96x96_XXHDPI.png**, para isto, segure a tecla **Ctrl** e clique na imagem com o mouse, de forma que fique conforme vimos na **Figura 248**. Com as imagens selecionadas, pressione as teclas **Ctrl+C**, ou clique com o botão esquerdo do mouse sobre as imagens selecionadas e selecione o item **Copiar** do menu, conforme vimos na **Figura 245**. Em seguida, retorne para o nosso projeto **rei_das_verduras**, abra a janela **Solution Explorer**, clique na setinha que tem ao lado da pasta **Resources**, em seguida clique com o botão do mouse sobre a pasta **drawable-xxhdpi** e selecione o item **Paste** do menu, ou pressione, ao mesmo tempo, as teclas **Ctrl+V**, conforme vimos na **Figura 246**. Em seguida renomeie a imagem para **ico.png**.

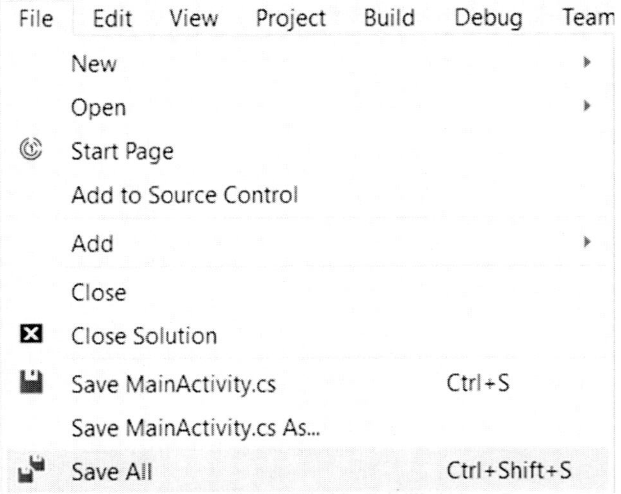

Figura 249

Repita o procedimento acima e copie a imagem **icon_120x120_XXXHDPI.png** para a pasta **drawable-xxxhdpi**, que fica no nosso projeto **Android**, dentro da pasta **Resources**, dentro da janela **Solution Explorer**. Selecione a imagem **icon_120x120_XXHDPI.png**, para isto, segure a tecla **Ctrl** e clique na imagem com o mouse, de forma que fique conforme vimos na **Figura 248**.

Com as imagens selecionadas, pressione as teclas **Ctrl+C**, ou clique com o botão esquerdo do mouse sobre as imagens selecionadas e selecione o item **Copiar** do menu, conforme vimos na **Figura 245**. Em seguida, retorne para o nosso projeto **rei_das_verduras**, abra a janela **Solution Explorer**, clique na setinha que tem ao lado da pasta **Resources**, em seguida clique com o botão do mouse sobre a pasta **drawable-xxxhdpi** e selecione o item **Paste** do menu, ou pressione ao mesmo tempo as teclas **Ctrl+V**, conforme vimos na **Figura 246**.

Figura 250

Em seguida renomeie as imagens, em todas as pastas, para **icon.png**. Salve seu projeto, para isto vá até o menu **File**, e selecione o item **Save All**, ou pressione, ao mesmo tempo, as teclas **Ctrl+Shift+S,** conforme **Figura 249**.

Ou clique na barra de ferramentas no ícone dos disquetes duplos, conforme **Figura 250**.

Fica aqui a dica: sempre que fizer alguma alteração no seu projeto, salve-o imediatamente. Como saber se as imagens foram copiadas? Basta passar o mouse sobre o nome das imagens que vai ser mostrado um **preview** da mesma, conforme **Figura 251**.

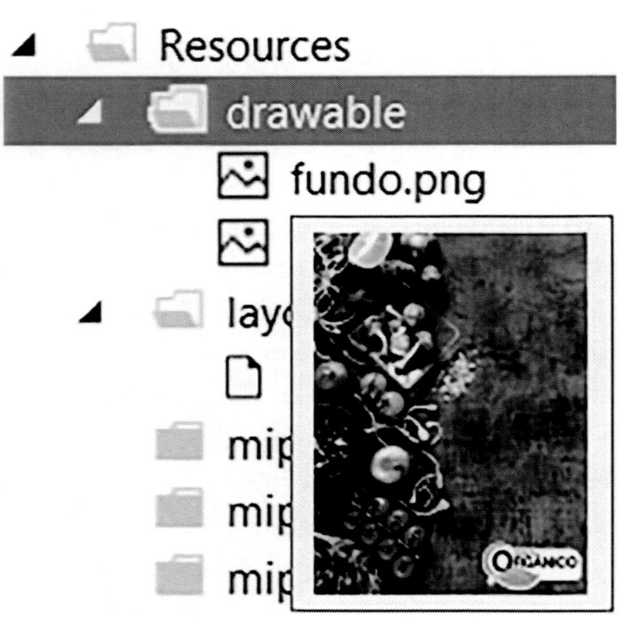

Figura 251

O ícone vai ser inserido automaticamente após a compilação, a imagem de fundo vamos ter que inserir manualmente, mais adiante.

Referenciando o SQLite no Projeto via Nuget

Agora vamos fazer a referência do **SQLite** no nosso projeto, para isto vá até o menu de opções, vamos até o menu **Tools**, em seguida clique no submenu **Nuget Package Manager** e depois clique no submenu **Manage Nuget Packages for Solution...**, conforme **Figura 252.**

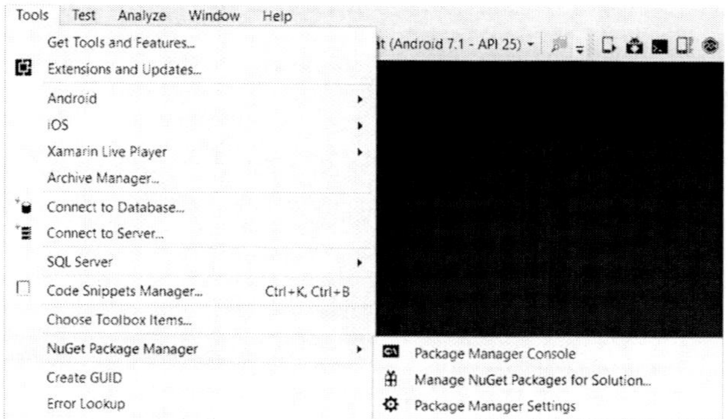

Figura 252

Na janela **Manage Nuget Packages for Solution**, clique no item **Browse**, na caixa de pesquisa, digite **sqlite-net-pcl 1.5.231**, aguarde a pesquisa e selecione o item **sqlite-net-pcl by Frank A. Krueger v1.5.231**, na janela do lado direito, no item **Version(s) – 0**, selecione o quadradinho **Project,** conforme **Figura 253**.

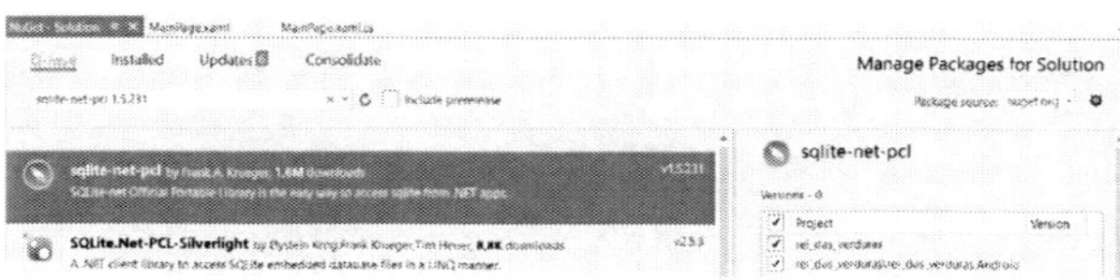

Figura 253

Na janela do lado direito, no item **Version:**, clique no botão **Install**, vai abrir a janela **Preview Changes,** conforme **Figura 254**.

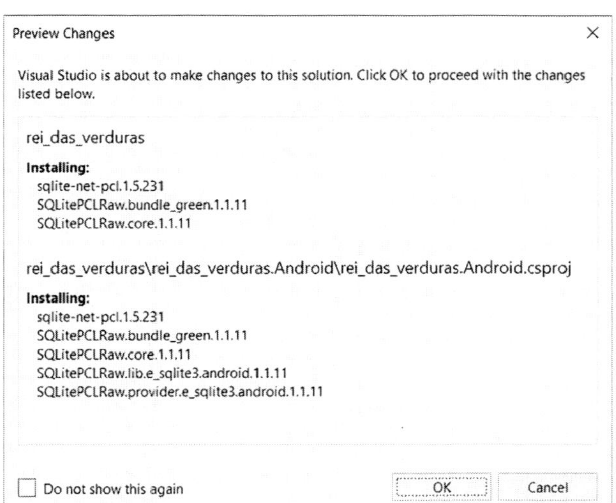

Figura 254

Clique no botão **OK**, e aguarde o término da instalação, conforme **Figura 255**.

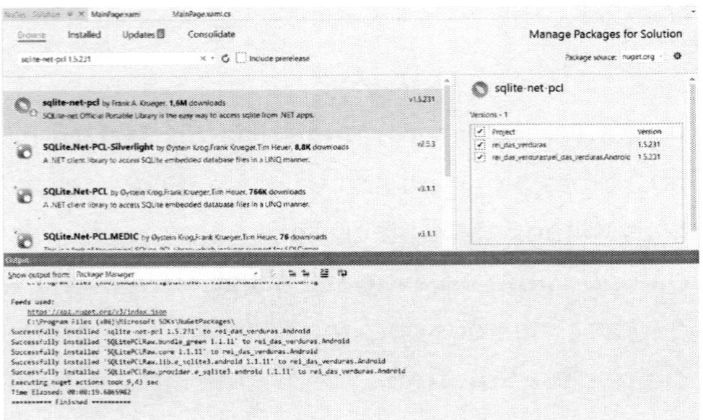

Figura 255

Observe que no item instalado aparece uma setinha verde. Salve seu projeto, conforme vimos nas **Figuras 249** e **250**. Repita o procedimento acima, e instale o plugin **Refractored. MvvmHelpers**, na janela **Manage Nuget Packages for Solution**, clique no item **Browse**, na caixa de pesquisa, digite **Refractored. MvvmHelpers**, aguarde a pesquisa e selecione o item **Refractored.MvvmHelpers by James Montenegro v1.3.0**, na janela do lado direito **Version(s) - 0**, selecione o item **Project**, conforme vimos na **Figura 253**.

Figura 256

Clique no botão **Install**, vai abrir a janela **Preview Changes**, conforme vimos na **Figura 254**. Clique no botão **OK**, e aguarde o término da instalação, conforme vimos na **Figura 255**. Feche a janela **NuGet – Solution**, clicando no **X** da janela, conforme **Figura 256**.

Após o termino das instalações, o projeto está pronto para utilizar os recursos do **SQLite**.

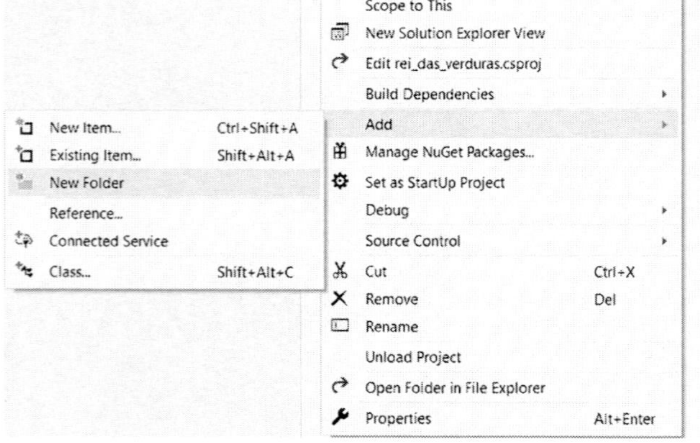

Figura 257

Definindo o Modelo de Domínio: Criação das Classes

Abra a janela **Solution Explorer** ou pressione, ao mesmo tempo, as teclas **Ctrl+Alt+L** e deverá abrir a janela **Solution Explorer** conforme vimos na **Figura 231**, e clique com o botão do mouse sobre o projeto **rei_das_verduras**, em seguida clique no item **Add**, logo após clique no subitem **New Folder,** conforme **Figura 257**.

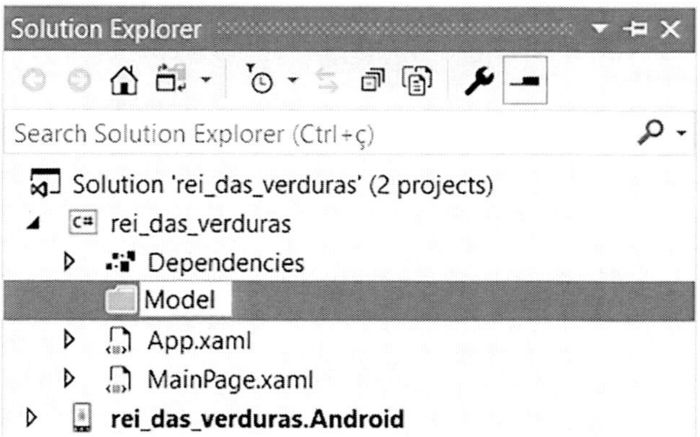

Figura 258

No nome da pasta digite **Model,** conforme **Figura 258**.

Pressione a tecla **Enter** do teclado. Salve seu projeto, conforme vimos nas **Figuras 249 e 250**. Nesta pasta vamos criar todas as nossas classes, que nada mais são do que as tabelas do nosso banco de dados que criamos no tópico **Criar Tabelas no SQLite**, no **capítulo 05**, e seus respectivos atributos. Só para lembrar, as tabelas são **Produtos**, **Destinos_Exportacao**, **Vendas** e **Detalhes_Vendas**. Também conhecido como Modelo de Domínio.

Repita o procedimento acima e vamos criar outra pasta chamada de **Views**, para isto, abra a janela **Solution Explorer** ou pressione, ao mesmo tempo, as teclas **Ctrl+Alt+L**, e deverá abrir a janela **Solution Explorer** conforme vimos na **Figura 231**, e clique com o botão do mouse sobre o projeto **rei_das_verduras**, em seguida clique no item **Add**, logo após clique no subitem **New Folder**, conforme vimos na **Figura 257**. No nome da pasta digite **Views**, conforme vimos na **Figura 258**. Pressione a tecla **Enter** do teclado. Salve seu projeto, conforme vimos nas **Figuras 249 e 250**. Nesta pasta vamos criar todas as telas da nossa aplicação.

Repita o procedimento acima e vamos criar outra pasta chamada de **ViewModel**, para isto, abra a janela **Solution Explorer** ou pressione ao mesmo tempo as teclas **Ctrl+Alt+L**, e deve abrir a janela **Solution Explorer** conforme vimos na **Figura 231**, e clique com o botão do mouse sobre o projeto **rei_das_verduras**, em seguida clique no item **Add**, em seguida clique no subitem **New Folder**, conforme vimos na **Figura 257**. No nome da pasta digite **ViewModel**, conforme vimos na **Figura 258**. Pressione a tecla **Enter** do teclado. Salve seu projeto, conforme vimos nas **Figuras 249 e 250**. Nesta pasta vamos criar todos os **ViewModels**.

Repita o procedimento acima e vamos criar outra pasta chamada de **Infra**, para isto, abra a janela **Solution Explorer** ou pressione, ao mesmo tempo, as teclas **Ctrl+Alt+L**, e deverá abrir a janela **Solution Explorer** conforme vimos na **Figura 231**, e clique com o botão do mouse sobre o projeto **rei_das_verduras**, em seguida clique no item **Add**, e logo após clique no subitem **New Folder**, conforme vimos na **Figura 257**. No nome da pasta digite **Infra**, conforme vimos na **Figura 258**. Pressione a tecla **Enter** do teclado. Salve seu projeto, conforme vimos nas **Figuras 249 e 250**. Nesta pasta vamos criar a interface que vai conectar nossa aplicação com o **SQLite** e fazer as implementações no **Android**, **IOS** e **Windows Universal**.

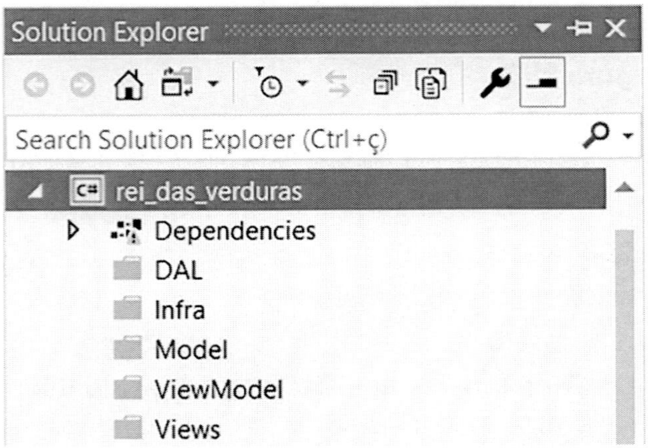

Figura 259

Repita o procedimento acima e vamos criar outra pasta chamada de **DAL**, para isto, abra a janela **Solution Explorer** ou pressione, ao mesmo tempo, as teclas **Ctrl+Alt+L**, e deverá abrir a janela **Solution Explorer** conforme vimos na **Figura 231**, e clique com o botão do mouse sobre o projeto **rei_das_verduras**, em seguida clique no item **Add**, e logo após clique no subitem **New Folder**, conforme vimos na **Figura 257**.

Para entendermos melhor esta estrutura.

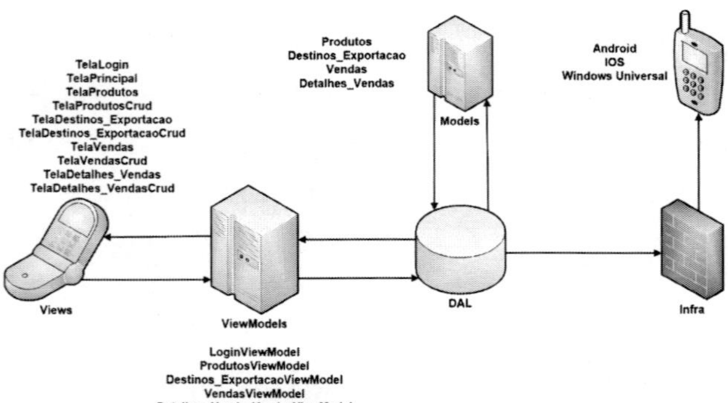

Figura 260

No nome da pasta digite **DAL**, conforme vimos na **Figura 258**. Pressione a tecla **Enter** do teclado. Salve seu projeto, conforme vimos nas **Figuras 249 e 250**. Nesta pasta vamos criar nossa camada de acesso a dados, que vai acessar o **SQLite** para fazer as operações de **Incluir**, **Alterar**, **Excluir** e **Pesquisar**, ou seja, nosso **CRUD**. Salve seu projeto, conforme vimos nas **Figuras 249 e 250**. No final, a estrutura de pastas deve ficar conforme **Figura 259**.

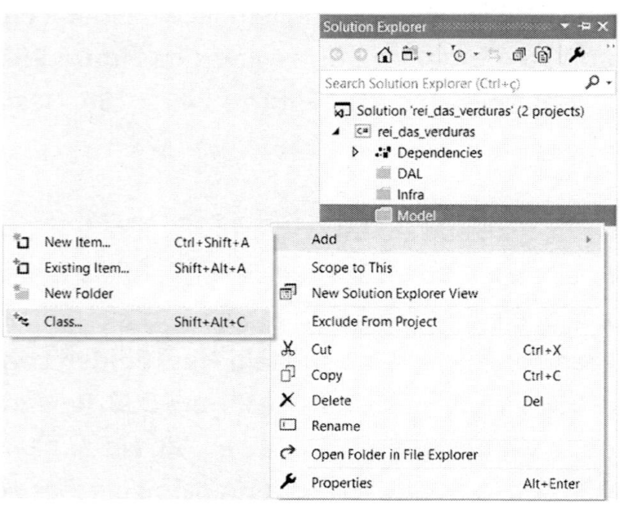

Figura 261

A **View** se comunica com a **ViewModel**, a **ViewModel** vai fazer o acesso a camada **DAL**, para levar os dados para a **View**, pois esta não pode acessar diretamente a camada **DAL**. A camada **DAL**, por sua vez, vai acessar nosso Modelo de Domínio o **Model**, e vai acessar a infraestrutura para se comunicar com a arquitetura do **Android**, **IOS** e **Windows Universal,** conforme **Figura 260**. Agora vamos criar nossa **Classe Produtos** dentro da pasta **Model**, para isto selecione com o mouse a pasta **Model**, que está dentro do projeto principal, dentro da janela **Solution Explorer**, em seguida selecione o item **Add**, e logo após selecione o item **Class...**, conforme **Figura 261.**

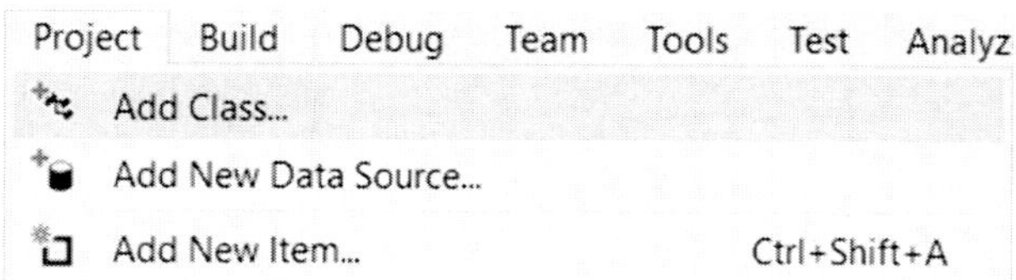

Figura 262

Ou vá até o menu **Project** e selecione o item **Add Class...**, conforme **Figura 262.**

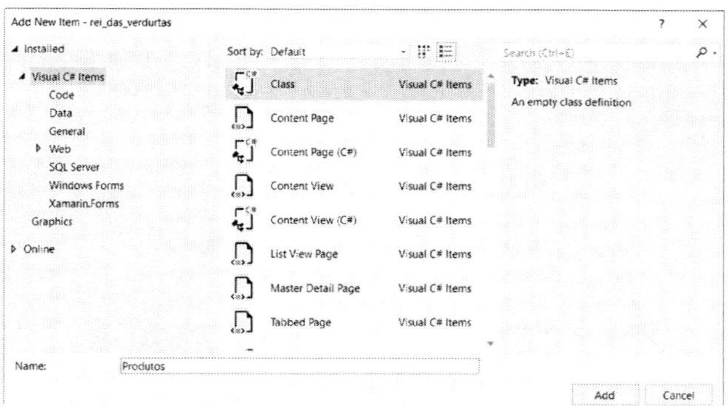

Figura 263

Independentemente da forma escolhida para inserir a classe, vai abrir a janela **Add New Item – rei_das_verduras**, o tipo **Class** estará selecionado, no item **Name:**, digite **Produtos,** conforme **Figura 263**.

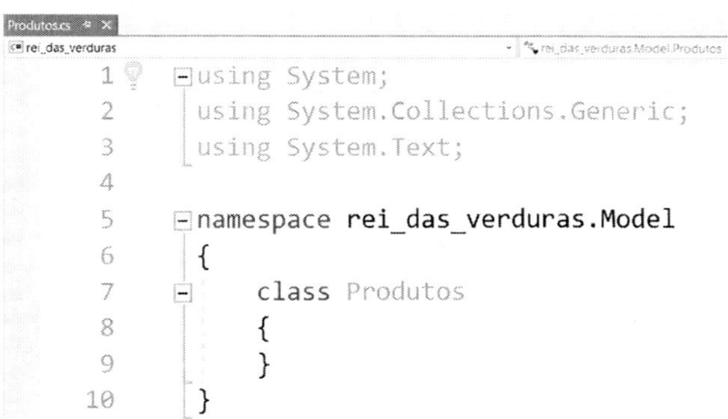

Figura 264

Clique no botão **Add**, vai aparecer a área de código da classe **Produtos,** conforme **Figura 264.**

Agora vamos criar nossa **Classe Destinos_Exportacao** dentro da pasta **Model**, para isto selecione com o mouse a pasta **Model**, que está dentro do projeto principal, dentro da janela **Solution Explorer**, em seguida selecione o item **Add**, e logo após selecione o item **Class...,** conforme vimos na **Figura 261**.

Figura 265

Ou vá até o menu **Project** e selecione o item **Add Class...**, conforme vimos na **Figura 262**. Independentemente da forma escolhida para inserir a classe, vai abrir a janela **Add New Item – rei_das_verduras**, o tipo **Class** estará selecionado, no item **Name:** digite **Destinos_Exportacao**, conforme vimos na **Figura 263**. Clique no botão **Add**, vai aparecer a área de código da classe **Destinos_Exportacao,** conforme **Figura 265**.

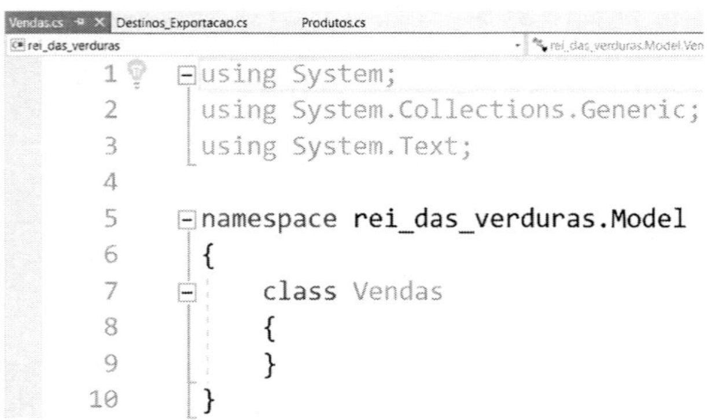

Figura 266

Agora vamos criar nossa **Classe Vendas** dentro da pasta **Model**, para isto, selecione com o mouse a pasta **Model** que está dentro da pasta **Resources**, dentro da janela **Solution Explorer**, em seguida selecione o item **Add**, e logo após selecione o item **Class...,** conforme vimos na **Figura 261**. Ou vá até o menu **Project** e selecione o item **Add Class...**, conforme vimos na **Figura 262**.

Independentemente da forma escolhida para inserir a classe, vai abrir a janela **Add New Item – rei_das_verduras**, o tipo **Class** estará selecionado, no item **Name:** digite **Vendas**, conforme vimos na **Figura 263**. Clique no botão **Add**, vai aparecer a área de código da classe **Vendas,** conforme **Figura 266**.

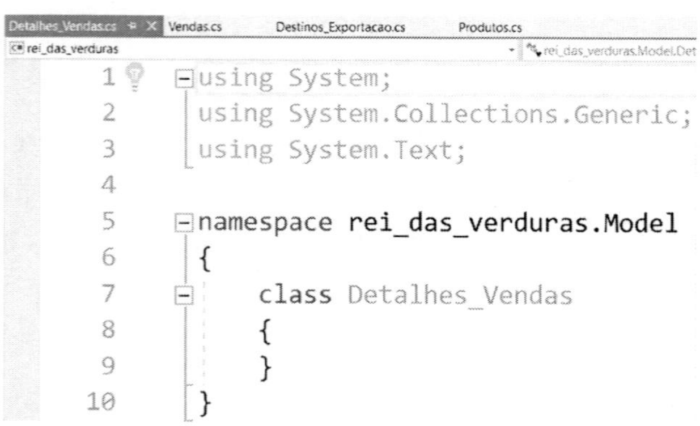

Figura 267

Agora vamos criar nossa **Classe Detalhes_Vendas** dentro da pasta **Model**, para isto selecione com o mouse a pasta **Model** que está dentro da pasta **Resources**, dentro da janela **Solution Explorer**, em seguida selecione o item **Add**, e logo após selecione o item **Class...,** conforme vimos na **Figura 261**.

Ou vá até o menu **Project** e selecione o item **Add Class...**, conforme vimos na **Figura 262**. Independentemente da forma escolhida para inserir a classe, vai abrir a janela **Add New Item – rei_das_verduras**, o tipo **Class** estará selecionado, no item **Name:** digite **Detalhes_Vendas**, conforme vimos na **Figura 263**. Clique no botão **Add**, vai aparecer a área de código da classe **Detalhes_Vendas,** conforme **Figura 267**.

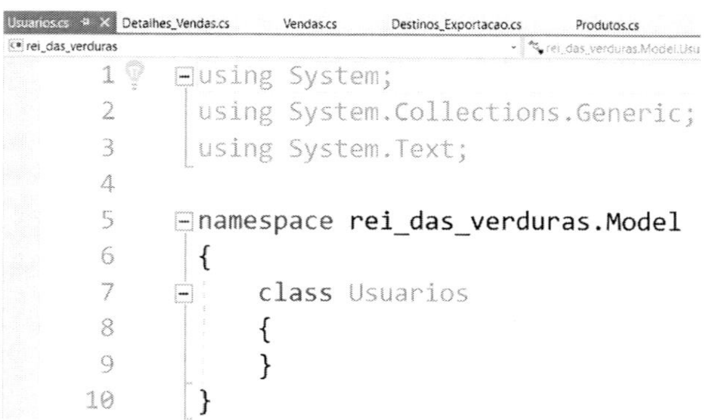

Figura 268

Agora vamos criar nossa **Classe Usuarios** dentro da pasta **Model**, para isto selecione com o mouse a pasta **Model** que está dentro do nosso projeto principal, dentro da janela **Solution Explorer**, em seguida selecione o item **Add**, em seguida selecione o item **Class...,** conforme vimos na **Figura 261**. Ou vá até o menu **Project** e selecione o item **Add Class...**, conforme vimos na **Figura 262**.

Independentemente da forma escolhida para inserir a classe, vai abrir a janela **Add New Item – rei_das_verduras**, o tipo **Class** vai estar selecionado, no item **Name:**, digite **Usuarios**, conforme vimos na **Figura 263**. Clique no botão **Add**, vai aparecer a área de código da classe **Usuarios,** conforme **Figura 268**.

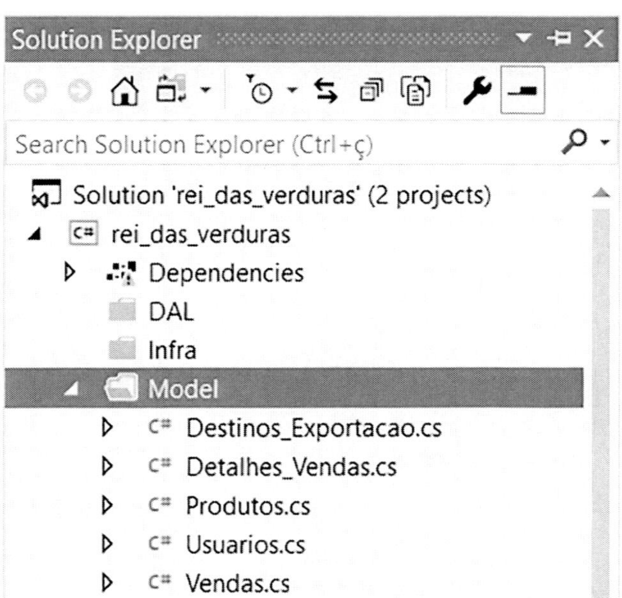

Figura 269

Vejam que as nossas classes foram criadas dentro do nosso projeto principal, na pasta **Model**, na janela **Solution Explorer,** conforme **Figura 269**.

```
using System;
using System.Collections.Generic;
using System.Text;

namespace rei_das_verduras.DAL
{
    class ProdutosDAL
    {
    }
}
```

Figura 270

Agora vamos criar nossa **Classe ProdutosDAL** dentro da pasta **DAL**, para isto selecione com o mouse a pasta **DAL** que está dentro do nosso projeto principal, dentro da janela **Solution Explorer**, em seguida selecione o item **Add**, e logo após selecione o item **Class...**, conforme vimos na **Figura 261**. Ou vá até o menu **Project** e selecione o item **Add Class...**, conforme vimos na **Figura 262**.

Independentemente da forma escolhida para inserir a classe, vai abrir a janela **Add New Item – rei_das_verduras**, o tipo **Class** estará selecionado, no item **Name:**, digite **ProdutosDAL**, conforme vimos na **Figura 263**. Clique no botão **Add**, vai aparecer a área de código da classe **ProdutosDAL,** conforme **Figura 270**.

```
using System;
using System.Collections.Generic;
using System.Text;

namespace rei_das_verduras.DAL
{
    class DestinosExportacaoDAL
    {
    }
}
```

Figura 271

Agora vamos criar nossa **Classe DestinosExportacaoDAL** dentro da pasta **DAL**, para isto selecione com o mouse a pasta **DAL** que está dentro do nosso projeto principal, dentro da janela **Solution Explorer**, em seguida selecione o item **Add**, em seguida selecione o item **Class...**, conforme vimos na **Figura 261**. Ou vá até o menu **Project** e selecione o item **Add Class...**, conforme vimos na **Figura 262**.

Independentemente da forma escolhida para inserir a classe, vai abrir a janela **Add New Item – rei_das_verduras**, o tipo **Class** estará selecionado, no item **Name:**, digite **DestinosExportacaoDAL**, conforme vimos na **Figura 263**. Clique no botão **Add**, vai aparecer a área de código da classe **DestinosExportacaoDAL,** conforme **Figura 271**.

```
using System;
using System.Collections.Generic;
using System.Text;

namespace rei_das_verduras.DAL
{
    class VendasDAL
    {
    }
}
```

Figura 272

Agora vamos criar nossa **Classe VendasDAL** dentro da pasta **DAL**, para isto selecione com o mouse a pasta **DAL** que está dentro do nosso projeto principal, dentro da janela **Solution Explorer**, em seguida selecione o item **Add**, e logo após selecione o item **Class...**, conforme vimos na **Figura 261**.

Ou vá até o menu **Project** e selecione o item **Add Class...**, conforme vimos na **Figura 262**. Independentemente da forma escolhida para inserir a classe, vai abrir a janela **Add New Item – rei_das_verduras**, o tipo **Class** estará selecionado, no item **Name:**, digite **VendasDAL**, conforme vimos na **Figura 263**. Clique no botão **Add**, vai aparecer a área de código da classe **VendasDAL,** conforme **Figura 272**.

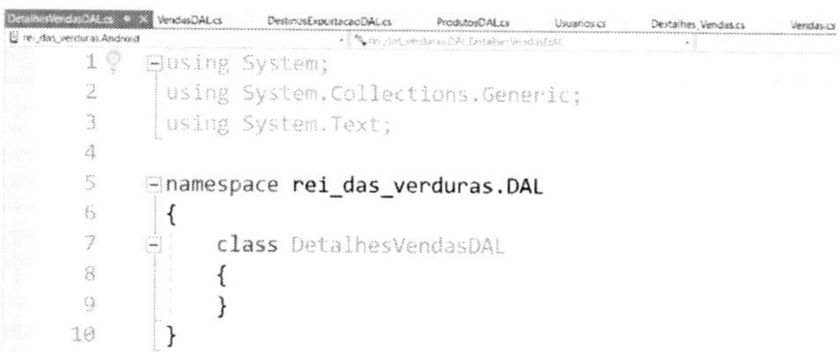

Figura 273

Agora vamos criar nossa **Classe DetalhesVendasDAL** dentro da pasta **DAL**, para isto selecione com o mouse a pasta **DAL** que está dentro do nosso projeto principal, dentro da janela **Solution Explorer**, em seguida selecione o item **Add**, em seguida selecione o item **Class...,** conforme vimos na **Figura 261**.

Ou vá até o menu **Project** e selecione o item **Add Class...**, conforme vimos na **Figura 262**. Independentemente da forma escolhida para inserir a classe, vai abrir a janela **Add New Item – rei_das_verduras**, o tipo **Class** estará selecionado, no item **Name:**, digite **DetalhesVendasDAL**, conforme vimos na **Figura 263**. Clique no botão **Add**, vai aparecer a área de código da classe **DetalhesVendasDAL,** conforme **Figura 273**.

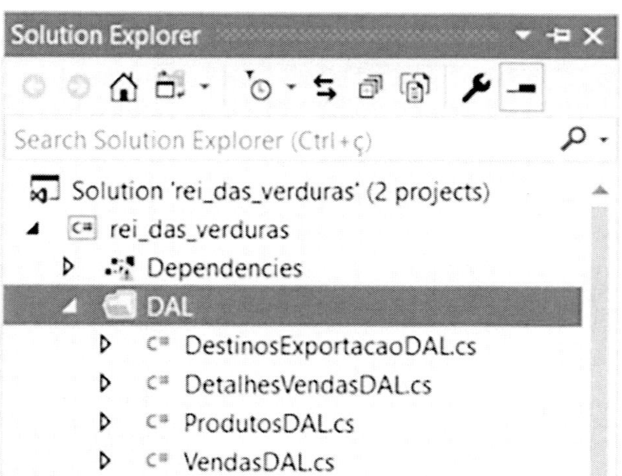

Figura 274

Vejam que as nossas classes foram criadas dentro do nosso projeto principal, na pasta **DAL**, na janela **Solution Explorer,** conforme **Figura 274**.

Salve seu projeto, conforme vimos nas **Figuras 249 e 250**.

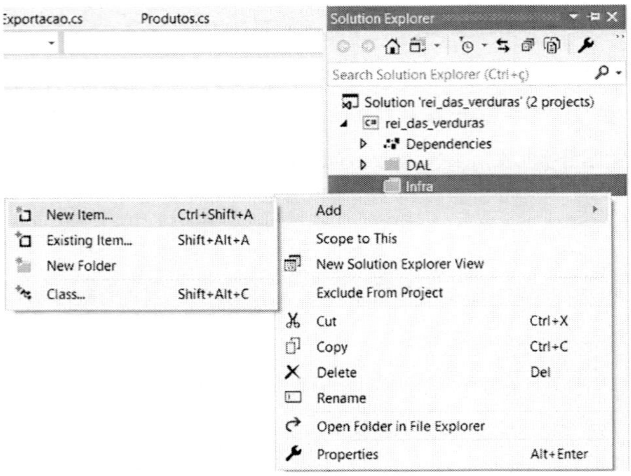

Figura 275

Agora vamos criar nossa **Interface ISQLiteDB-Connection** dentro da pasta **Infra**, para isto selecione com o mouse a pasta **Infra** que está dentro do nosso projeto principal, dentro da janela **Solution Explorer**, em seguida selecione o item **Add**, e logo após selecione o item **New Item...**, ou pressione, ao mesmo tempo, as teclas **Ctrl+Shift+A,** conforme **Figura 275**.

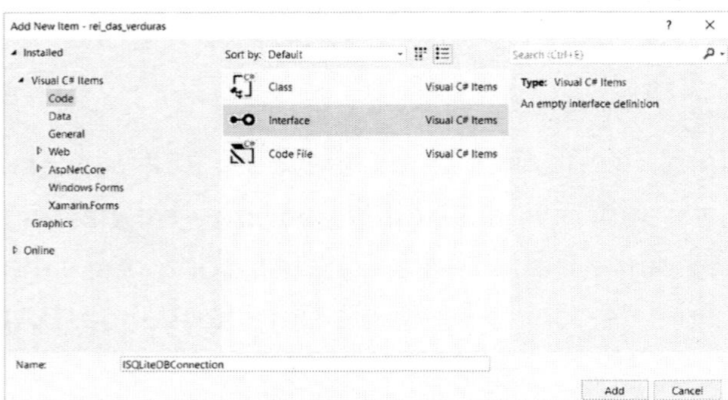

Figura 276

Vai abrir a janela **Add New Item – rei_das_verduras**, no menu do lado esquerdo, clique na setinha ao lado do item **Installed**, em seguida clique na setinha ao lado do item **Visual C# items**, selecione o item **Code**, no menu do lado direito, selecione o item **Interface**, no item **Name:**, digite **ISQLiteDBConnection,** conforme **Figura 276**.

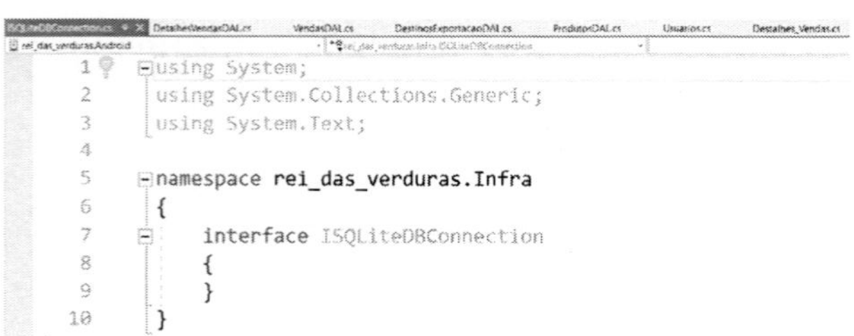

Figura 277

Clique no botão **Add**, vai aparecer a área de código da Interface **ISQLiteDBConnection,** conforme **Figura 277**.

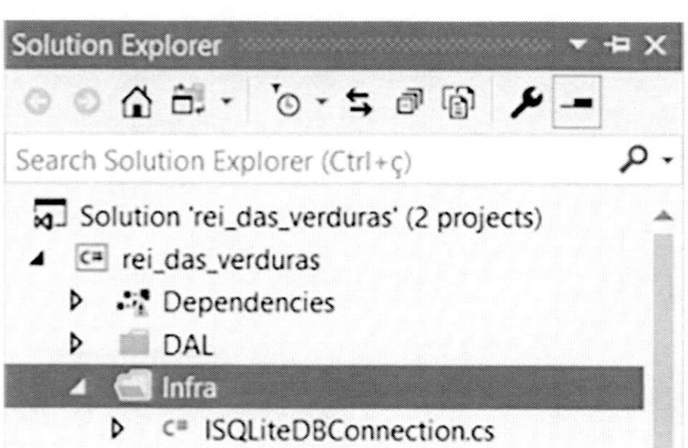

Figura 278

Vejam que a nossa **interface** foi criada dentro do nosso projeto principal, na pasta **Infra**, na janela **Solution Explorer,** conforme **Figura 278**.

Figura 279

Salve seu projeto, conforme vimos nas **Figuras 249 e 250**. Agora vamos criar nossa **Classe ProdutosViewModel** dentro da pasta **ViewModel**, para isto selecione com o mouse a pasta **ViewModel** que está dentro do nosso projeto principal, dentro da janela **Solution Explorer**, em seguida selecione o item **Add**, e logo após selecione o item **Class...**, conforme **Figura 261**.

Ou vá até o menu **Project** e selecione o item **Add Class...**, conforme vimos na **Figura 262**. Independentemente da forma escolhida para inserir a classe, vai abrir a janela **Add New Item – rei_das_verduras**, o tipo **Class** vai estará selecionado, no item **Name:**, digite **ProdutosViewModel**, conforme vimos na **Figura 263**. Clique no botão **Add**, vai aparecer a área de código da classe **ProdutosViewModel,** conforme **Figura 279**.

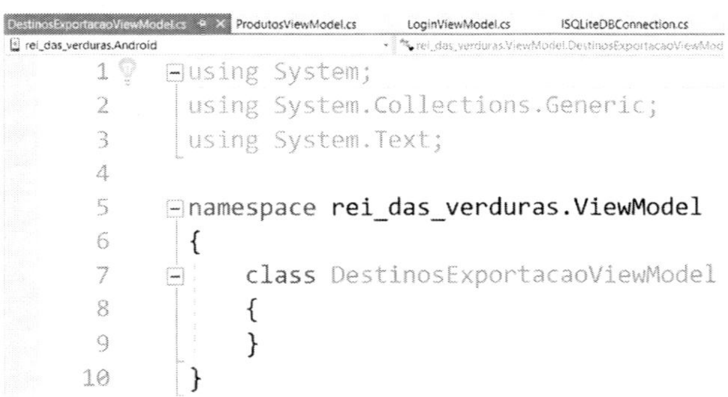

Figura 280

Agora vamos criar nossa **Classe DestinosExportacaoViewModel** dentro da pasta **ViewModel**, para isto selecione com o mouse a pasta **ViewModel** que está dentro do nosso projeto principal, dentro da janela **Solution Explorer**, em seguida selecione o item **Add**, e logo após selecione o item **Class...**, conforme **Figura 261**.

Ou vá até o menu **Project** e selecione o item **Add Class...**, conforme vimos na **Figura 262**. Independentemente da forma escolhida para inserir a classe vai abrir a janela **Add New Item – rei_das_verduras**, o tipo **Class** estará selecionado, no item **Name:** digite **DestinosExportacaoViewModel**, conforme vimos na **Figura 263**. Clique no botão **Add**, vai aparecer a área de código da classe **DestinosExportacaoViewModel,** conforme **Figura 280**.

Agora vamos criar nossa **Classe VendasViewModel** dentro da pasta **ViewModel**, para isto selecione com o mouse a pasta **ViewModel** que está dentro do nosso projeto principal, dentro da janela **Solution Explorer**, em seguida selecione o item **Add**, e logo após selecione o item **Class...**, conforme vimos na **Figura 261**. Ou vá até o menu **Project** e selecione o item **Add Class...**, conforme vimos na **Figura 262**. Independentemente da forma escolhida para inserir a classe vai abrir a janela **Add New Item – rei_das_verduras**, o tipo **Class** estará selecionado, no item **Name:**, digite **VendasViewModel**, conforme vimos na **Figura 263**. Clique no botão **Add**, vai aparecer a área de código da classe **VendasViewModel,** conforme **Figura 281**.

```
using System;
using System.Collections.Generic;
using System.Text;

namespace rei_das_verduras.ViewModel
{
    class VendasViewModel
    {
    }
}
```

Figura 281

Agora vamos criar nossa **Classe DetalhesVendasViewModel** dentro da pasta **ViewModel**, para isto selecione com o mouse a pasta **ViewModel** que está dentro do nosso projeto principal, dentro da janela **Solution Explorer**, em seguida selecione o item **Add**, e logo após selecione o item **Class...**, conforme **Figura 261**.

```
using System;
using System.Collections.Generic;
using System.Text;

namespace rei_das_verduras.ViewModel
{
    class DetalhesVendasViewModel
    {
    }
}
```

Figura 282

Ou vá até o menu **Project** e selecione o item **Add Class...**, conforme vimos na **Figura 262**. Independentemente da forma escolhida para inserir a classe, vai abrir a janela **Add New Item – rei_das_verduras**, o tipo **Class** estará selecionado, no item **Name:** digite **DetalhesVendasViewModel**, conforme vimos na **Figura 263**. Clique no botão **Add**, vai aparecer a área de código da classe **DetalhesVendasViewModel,** conforme **Figura 282.**

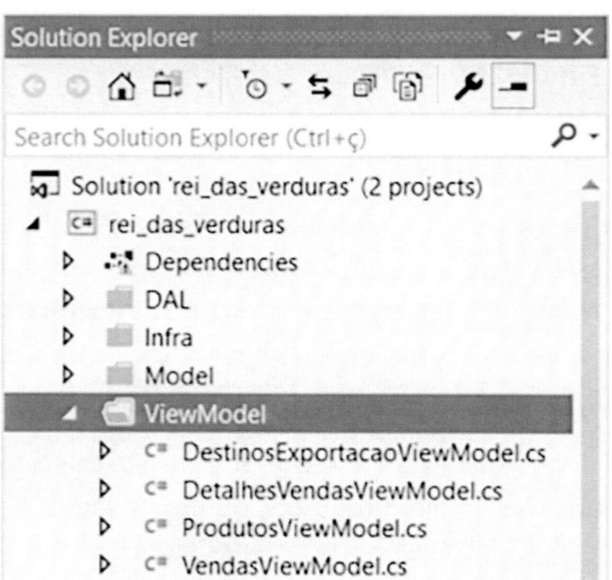

Figura 283

Vejam que as nossas Classes foram criadas dentro do nosso projeto principal, na pasta **ViewModel**, na janela **Solution Explorer,** conforme **Figura 283.**

Salve seu projeto, conforme vimos nas **Figuras 249 e 250**. Observem que as mesmas ficam disponibilizadas em abas, se não estiver aparecendo, basca clicar na setinha que aponta para baixo, no final da aba, conforme **Figura 284.**

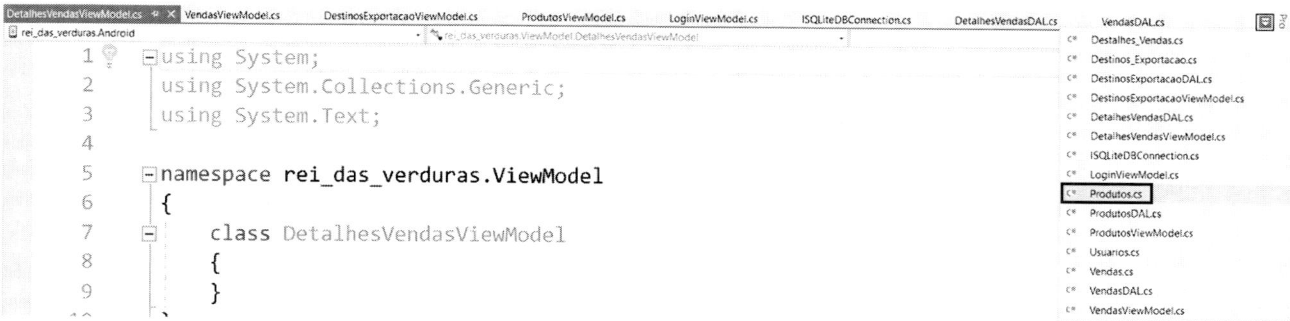

Figura 284

Vamos abrir a classe **Produtos.cs**, para isto basta clicar na aba com o nome da classe, conforme **Figura 284**. Se a mesma não estiver aberta, para abri-la, basta clicar duas vezes sobre o nome da classe **Produtos.cs**, que está dentro do nosso projeto principal, pasta **Model**, na janela **Solution Explorer**, conforme vimos na **Figura 269**. Com a classe **Produtos.cs** aberta, posicione o cursor do mouse no final da **linha 3**, e pressione a tecla **Enter**, e veja que o cursor do mouse vai ficar posicionado na **linha 4**. No local onde o cursor do mouse está piscando, na **linha 4**, digite o código abaixo:

```
using SQLite;
```

Veja como ficou, conforme **Figura 285**.

```
1  using System;
2  using System.Collections.Generic;
3  using System.Text;
4  using SQLite;
```

Figura 285

Salve seu projeto, conforme vimos nas **Figuras 249 e 250**. Posicione o cursor do mouse no início da **linha 8**, e digite o seguinte código:

```
public
```

Pressione a barra de espaço e veja como ficou, conforme **Figura 286.**

```
6   namespace rei_das_verduras.Model
7   {
8       public class Produtos
9       {
10      }
11  }
```

Figura 286

```
6   namespace rei_das_verduras.Model
7   {
8       public class Produtos
9       {
10          |
11      }
12  }
```

Figura 287

Salve seu projeto, conforme vimos nas **Figuras 249 e 250**. Agora posicione o cursor do mouse na **linha 9**, dentro da chave de abertura e pressione a tecla **Enter**, observe que o cursor do mouse vai ficar posicionado na **linha 10,** conforme **Figura 287**.

Na **linha 10**, onde o cursor do mouse está piscando, digite o código abaixo:

```
[PrimaryKey, AutoIncrement]
public long? pro_id { get; set; }
public string pro_nome { get; set; }
public decimal pro_preco_unitario { get; set; }
```

Veja como ficou, conforme **Figura 288**.

```
6   namespace rei_das_verduras.Model
7   {
8       public class Produtos
9       {
10          [PrimaryKey, AutoIncrement]
11          public long? pro_id { get; set; }
12          public string pro_nome { get; set; }
13          public decimal pro_preco_unitario { get; set; }
14      }
15  }
```

Figura 288

Veja como ficou o código completo:

```
using System;
using System.Collections.Generic;
using System.Text;
```

```
using SQLite;

namespace rei_das_verduras.Model
{
    public class Produtos
    {
        [PrimaryKey, AutoIncrement]
        public long? pro_id { get; set; }
        public string pro_nome { get; set; }
        public decimal pro_preco_unitario { get; set; }
    }
}
```

Salve seu projeto, conforme vimos nas **Figuras 249 e 250**. Na **linha 10**, definimos que o atributo **pro_id**, é a chave primária e autoincremento, através do atributo **[PrimaryKey, AutoIncrement]**. Na **linha 11**, definimos o atributo **pro_id**, do tipo inteiro **long?**, que vai ser passado como parâmetro. Na **linha 12**, definimos o atributo **pro_nome**, do tipo texto. Na **linha 13**, definimos o atributo **pro_preco_unitario**, do tipo valor **decimal,** que vão receber valores com casa decimais. Esta é a estrutura da classe **Produtos**, que representa nossa tabela **Produtos**.

Vamos abrir a classe **Destinos_Exportacao.cs**, para isto basta clicar na aba com o nome da Classe, conforme **Figura 284**. Se a mesma não estiver aberta, para abri-la, basta clicar duas vezes sobre o nome da classe **Destinos_Exportacao.cs**, que está dentro do nosso projeto principal, pasta **Model**, na janela **Solution Explorer**, conforme vimos na **Figura 269**. Com a classe **Destinos_Exportacao.cs** aberta, posicione o cursor do mouse no final da **linha 3**, e pressione a tecla **Enter**, e veja que o cursor do mouse vai ficar posicionado na **linha 4,** conforme **Figura 285**. No local onde o cursor do mouse está piscando, na **linha 4**, digite o código abaixo:

```
using SQLite;
```

Veja como ficou, conforme vimos na **Figura 285**. Salve seu projeto, conforme vimos nas **Figuras 249 e 250**. Posicione o cursor do mouse no início da **linha 8**, e digite o seguinte código:

```
    public
```

Pressione a barra de espaço e veja como ficou, conforme vimos na **Figura 286**. Salve seu projeto, conforme vimos nas **Figuras 249 e 250**. Agora posicione o cursor do mouse na **linha 9**, dentro da chave de abertura e pressione a tecla **Enter**, observe que o cursor do mouse vai ficar posicionado na **linha 10**, conforme vimos na **Figura 287**. Na **linha 10**, onde o cursor do mouse está piscando, digite o código abaixo:

```
        [PrimaryKey, AutoIncrement]
        public long? des_id { get; set; }
        public string des_nome { get; set; }
```

Veja como ficou, conforme **Figura 289**.

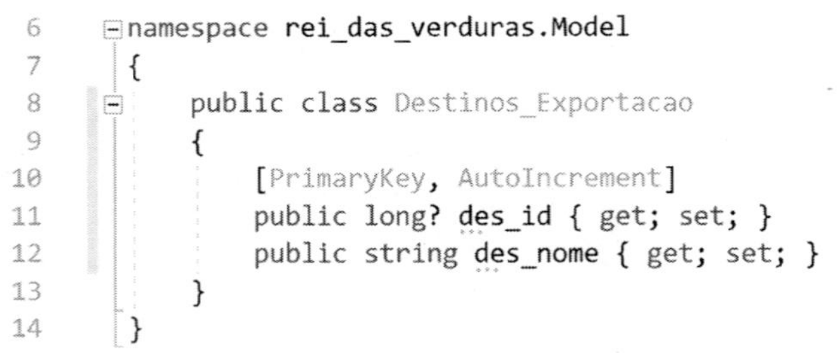

Figura 289

Veja como ficou o código completo:

```
using System;
using System.Collections.Generic;
using System.Text;
using SQLite;

namespace rei_das_verduras.Model
{
    public class Destinos_Exportacao
    {
        [PrimaryKey, AutoIncrement]
        public long? des_id { get; set; }
        public string des_nome { get; set; }
    }
}
```

Salve seu projeto, conforme vimos nas **Figuras 249 e 250**. Na **linha 10**, definimos que o atributo **des_id**, é a chave primária e autoincremento, através do atributo **[PrimaryKey, AutoIncrement]**. Na **linha 11**, definimos o atributo **des_id**, do tipo **long?** que vai ser passado como parâmetro. Na **linha 12**, definimos o atributo **des_nome**, do tipo texto. Esta é a estrutura da classe **Destinos_Exportacao**, que representa nossa tabela **Destinos_Exportacao**.

Vamos abrir a classe **Vendas.cs**, para isto basta clicar na aba com o nome da Classe, conforme **Figura 284**. Se a mesma não estiver aberta, para abri-la, basta clicar duas vezes sobre o nome da classe

Vendas.cs, que está dentro do nosso projeto principal, pasta **Model**, na janela **Solution Explorer**, conforme vimos na **Figura 269**. Com a classe **Vendas.cs** aberta, posicione o cursor do mouse no final da **linha 3**, e pressione a tecla **Enter**, e veja que o cursor do mouse vai ficar posicionado na **linha 4,** conforme **Figura 285**. No local onde o cursor do mouse está piscando, na **linha 4**, digite o código abaixo:

```
using SQLite;
```

Veja como ficou, conforme vimos na **Figura 285**. Salve seu projeto, conforme vimos nas **Figuras 249 e 250**. Posicione o cursor do mouse no início da **linha 8** e digite o seguinte código:

```
    public
```

Pressione a barra de espaço e veja como ficou, conforme vimos na **Figura 286**. Salve seu projeto, conforme vimos nas **Figuras 249 e 250**. Agora posicione o cursor do mouse na **linha 9**, dentro da chave de abertura e pressione a tecla **Enter**, observe que o cursor do mouse vai ficar posicionado na **linha 10**, conforme vimos na **Figura 287**. Na **linha 10**, onde o cursor do mouse está piscando, digite o código abaixo:

```
        [PrimaryKey, AutoIncrement]
        public long? ven_id { get; set; }
        public DateTime ven_data { get; set; }
        public long? des_id { get; set; }
```

Veja como ficou, conforme **Figura 290**.

```
6   namespace rei_das_verduras.Model
7   {
8       public class Vendas
9       {
10          [PrimaryKey, AutoIncrement]
11          public long? ven_id { get; set; }
12          public DateTime ven_data { get; set; }
13          public long? des_id { get; set; }
14      }
15  }
```

Figura 290

Veja como ficou o código completo,:

```
using System;
```

```
using System.Collections.Generic;
using System.Text;
using SQLite;

namespace rei_das_verduras.Model
{
    public class Vendas
    {
        [PrimaryKey, AutoIncrement]
        public long? ven_id { get; set; }
        public DateTime ven_data { get; set; }
        public long? des_id { get; set; }
    }
}
```

Salve seu projeto, conforme vimos nas **Figuras 249 e 250**. Na **linha 10**, definimos que o atributo **ven_id**, é a chave primária e autoincremento, através do atributo **[PrimaryKey, AutoIncrement]**. Na **linha 11**, definimos o atributo **ven_id**, do tipo **long?** que vai ser passado como parâmetro. Na **linha 12**, definimos o atributo **ven_data**, do tipo Data. Na **linha 13**, definimos o atributo **des_id**, do tipo **long?**, que vai ser passado como parâmetro, este atributo é a chave estrangeira, ou seja, é a ligação com a chave primária da tabela **Destinos_Exportacao**. Esta é a estrutura da classe **Vendas**, que representa nossa tabela **Vendas**.

Vamos abrir a classe **Detalhes_Vendas.cs**, para isto basta clicar na aba com o nome da Classe, conforme **Figura 284**. Se a mesma não estiver aberta, para abri-la, basta clicar duas vezes sobre o nome da classe **Detalhes_Vendas.cs**, que está dentro do nosso projeto principal, pasta **Model**, na janela **Solution Explorer**, conforme vimos na **Figura 269**. Com a classe **Detalhes_Vendas.cs** aberta, posicione o cursor do mouse no final da **linha 3**, e pressione a tecla **Enter**, e veja que o cursor do mouse vai ficar posicionado na **linha 4,** conforme **Figura 285**. No local onde o cursor do mouse está piscando, na **linha 4**, digite o código abaixo:

```
using SQLite;
```

Veja como ficou, conforme vimos na **Figura 285**. Salve seu projeto, conforme vimos nas **Figuras 249 e 250**. Posicione o cursor do mouse no início da **linha 8**, e digite o seguinte código:

```
    public
```

Pressione a barra de espaço e veja como ficou, conforme vimos na **Figura 286**. Salve seu projeto, conforme vimos nas **Figuras 249 e 250**. Agora posicione o cursor do mouse na **linha 9**, dentro da chave de abertura e pressione a tecla **Enter**, observe que o cursor do mouse vai ficar posicionado na **linha 10**, conforme vimos na **Figura 287**. Na **linha 10**, onde o cursor do mouse está piscando, digite o código abaixo:

```
[PrimaryKey]
public long? ven_id { get; set; }
[PrimaryKey]
public long? pro_id { get; set; }
public int dev_qtd { get; set; }
```

Veja como ficou, conforme **Figura 291**.

```
6   namespace rei_das_verduras.Model
7   {
8       public class Detalhes_Vendas
9       {
10          [PrimaryKey]
11          public long? ven_id { get; set; }
12          [PrimaryKey]
13          public long? pro_id { get; set; }
14          public int dev_qtd { get; set; }
15      }
16  }
```

Figura 291

Veja como ficou o código completo:

```
using System;
using System.Collections.Generic;
using System.Text;
using SQLite;

namespace rei_das_verduras.Model
{
    public class Destalhes_Vendas
    {
        [PrimaryKey]
        public long? ven_id { get; set; }
        [PrimaryKey]
        public long? pro_id { get; set; }
        public int dev_qtd { get; set; }
    }
}
```

Salve seu projeto, conforme vimos nas **Figuras 249 e 250**. Na **linha 10**, definimos que o atributo **ven_id** é a chave primária, através do atributo **[PrimaryKey]**. Na **linha 11**, definimos o atributo **ven_id**, do tipo **long?**, que vai ser passado como parâmetro. Na **linha 12**, definimos que o atributo **pro_id** é a chave primária, através do atributo **[PrimaryKey]**.

Na **linha 13**, definimos o atributo **pro_id**, do tipo **long?**, que vai ser passado como parâmetro, estes dois atributos são as chaves estrangeiras, ou seja, é a ligação com a chave primária da tabela **Vendas** e a tabela **Produtos**. Chamados de chave dupla. Na **linha 14**, definimos o atributo **dev_qtd**, do tipo **int**, por uma questão didática, vamos trabalhar com valores inteiros. Lembrando que esta tabela é a nossa tabela associativa, onde temos as chaves estrangeiras **ven_id** e **pro_id**. Esta é a estrutura da classe **Detalhes_Vendas**, que representa nossa tabela **Detalhes_Vendas**.

Vamos deletar a classe **Usuarios.cs**, para isto vamos para o nosso projeto principal, abra a pasta **Model**, na janela **Solution Explorer**, conforme vimos na **Figura 269**. Clique com o botão do mouse sobre a classe **Usuarios.cs**, em seguida selecione o item **Delete** ou pressione a tecla **Delete** do teclado, conforme **Figura 292.**

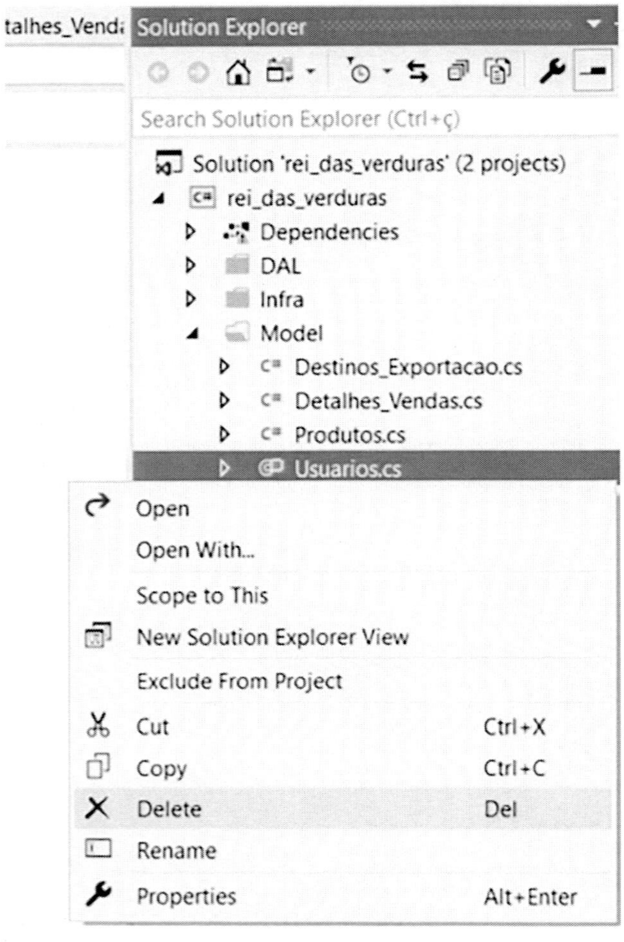

Figura 292

Salve seu projeto, conforme vimos nas **Figuras 249 e 250**. Vamos abrir a Interface **ISQLiteDBConnection.cs**, para isto basta clicar na aba com o nome da Classe, conforme **Figura 284**. Se a mesma não estiver aberta, para abri-la, basta clicar duas vezes sobre o nome da classe **ISQLiteDBConnection.cs**, que está dentro do nosso projeto principal, na pasta **Infra**, na janela **Solution Explorer**, conforme vimos na **Figura 278**. Com a interface **ISQLiteDBConnection.cs** aberta, posicione o cursor do mouse no final da **linha 3**, e pressione a tecla **Enter**, e veja que o cursor do mouse vai ficar posicionado na **linha 4,** conforme **Figura 285**. No local onde o cursor do mouse está piscando, na **linha 4**, digite o código abaixo:

```
using SQLite;
```

Veja como ficou, conforme vimos na **Figura 285**. Salve seu projeto, conforme vimos nas **Figuras 249 e 250**. Posicione o cursor do mouse no início da **linha 8**, e digite o seguinte código:

```
    public
```

Pressione a barra de espaço e veja como ficou, conforme vimos na **Figura 286**. Salve seu projeto, conforme vimos nas **Figuras 249 e 250**. Agora posicione o cursor do mouse na **linha 9**, pressione a tecla **Enter**. Observe que o cursor do mouse vai ficar posicionado na **linha 10**, conforme vimos na **Figura 287**. Na **linha 10**, onde o cursor do mouse está piscando, digite o código abaixo:

```
SQLiteConnection DbConnection();
```

Veja como ficou, conforme **Figura 293**.

```
6   namespace rei_das_verduras.Infra
7   {
8       public interface ISQLiteDBConnection
9       {
10          SQLiteConnection DbConnection();
11      }
12  }
```

Figura 293

Veja como ficou o código completo:

```
using System;
using System.Collections.Generic;
using System.Text;
using SQLite;

namespace rei_das_verduras.Infra
{
    public interface ISQLiteDBConnection
    {
        SQLiteConnection DbConnection();
    }
}
```

Salve seu projeto, conforme vimos nas **Figuras 249 e 250**. Na **linha 10**, definimos a interface que vamos usar nas plataformas **IOS**, **Android** e **UWP**, neste projeto iremos utilizar apenas a plataforma **Android**. Esta é a estrutura da interface **ISQLiteDBConnection**.

Definindo as Implementações: Views, ViewModels, DAL, Models e Infra

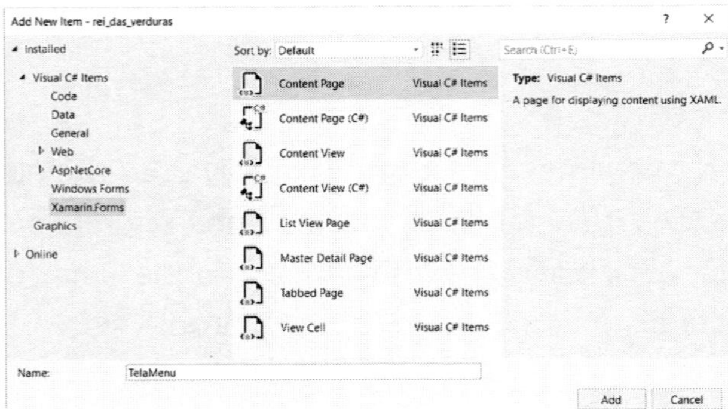

Figura 294

Agora vamos criar nossa **Content Page TelaMenu** dentro da pasta **Views**, para isto selecione com o mouse a pasta **Views** que está dentro do nosso projeto principal, dentro da janela **Solution Explorer**, conforme **Figura 259,** em seguida selecione o item **Add**, e logo após selecione o item **New Item...**, ou pressione, ao mesmo tempo, as teclas **Ctrl+Shift+A**, conforme vimos na **Figura 275**.

Vai abrir a janela **Add New Item – rei_das_verduras**, no menu do lado esquerdo, clique na setinha ao lado do item **Installed**, em seguida clique na setinha ao lado do item **Visual C# items**, selecione o item **Xamarin.Forms**, no menu do lado direito, selecione o item **Content Page**, no item **Name:**, digite **TelaMenu,** conforme **Figura 294**.

Clique no botão **Add**, vai aparecer a área de código da tela **TelaMenu,** conforme **Figura 295**.

```
<?xml version="1.0" encoding="utf-8" ?>
<ContentPage xmlns="http://xamarin.com/schemas/2014/forms"
             xmlns:x="http://schemas.microsoft.com/winfx/2009/xaml"
             xmlns:d="http://xamarin.com/schemas/2014/forms/design"
             xmlns:mc="http://schemas.openxmlformats.org/markup-compatibility/2006"
             mc:Ignorable="d"
             x:Class="rei_das_verdurtas.Views.TelaMenu">
    <ContentPage.Content>
        <StackLayout>
            <Label Text="Welcome to Xamarin.Forms!"
                VerticalOptions="CenterAndExpand"
                HorizontalOptions="CenterAndExpand" />
        </StackLayout>
    </ContentPage.Content>
</ContentPage>
```

Figura 295

Caso esteja aparecendo uma linha pontilhada azul logo abaixo da tag **ContentPage**, basta passar o botão do mouse sobre ela várias vezes. Repita o procedimento anterior e vamos criar nossa **Content Page TelaPrincipal** dentro da pasta **Views**, para isto selecione com o mouse a pasta **Views** que está dentro do nosso projeto principal, dentro da janela **Solution Explorer**, em seguida selecione o item **Add**, e logo após selecione o item **New Item...**, ou pressione ao mesmo tempo as teclas **Ctrl+Shift+A**, conforme vimos na **Figura 275**. Vai abrir a janela **Add New Item – rei_das_verduras**, no menu do lado esquerdo, clique na setinha ao lado do item **Installed**, em seguida clique na setinha ao lado do item **Visual C# items**, selecione o item **Xamarin.Forms**, no menu do lado direito, selecione o item **Content Page**, no item **Name:** digite **TelaPrincipal**, conforme vimos na **Figura 294**. Clique no botão **Add**, vai aparecer a área de código da tela **TelaPrincipal**, conforme vimos na **Figura 295**.

Repita o procedimento anterior e vamos criar nossa **Content Page TelaProdutos** dentro da pasta **Views**, para isto selecione com o mouse a pasta **Views** que está dentro do nosso projeto principal, dentro da janela **Solution Explorer**, em seguida selecione o item **Add**, e logo após selecione o item **New Item...**, ou pressione, ao mesmo tempo, as teclas **Ctrl+Shift+A**, conforme vimos na **Figura 275**. Vai abrir a janela **Add New Item – rei_das_verduras**, no menu da lado esquerdo, clique na setinha ao lado do item **Installed**, em seguida clique na setinha ao lado do item **Visual C# items**, selecione o item **Xamarin.Forms**, no menu do lado direito, selecione o item **Content Page**, no item **Name:**, digite **TelaProdutos**, conforme vimos na **Figura 294**. Clique no botão **Add**, vai aparecer a área de código da tela **TelaProdutos**, conforme vimos na **Figura 295**.

Repita o procedimento anterior e vamos criar nossa **Content Page TelaProdutosCRUD** dentro da pasta **Views**, para isto selecione com o mouse a pasta **Views** que está dentro do nosso projeto principal, dentro da janela **Solution Explorer**, em seguida selecione o item **Add**, e logo após selecione o item **New Item...**, ou pressione, ao mesmo tempo, as teclas **Ctrl+Shift+A**, conforme vimos na **Figura 275**. Vai abrir a janela **Add New Item – rei_das_verduras**, no menu do lado esquerdo, clique na setinha ao lado do item **Installed**, em seguida clique na setinha ao lado do item **Visual C# items**, selecione o item **Xamarin.Forms**, no menu do lado direito, selecione o item **Content Page**, no item **Name:**, digite **TelaProdutosCRUD**, conforme vimos na **Figura 294**. Clique no botão **Add**, vai aparecer a área de código da tela **TelaProdutosCRUD**, conforme vimos na **Figura 295**.

Repita o procedimento anterior e vamos criar nossa **Content Page TelaDestinos_Exportacao** dentro da pasta **Views**, para isto selecione com o mouse a pasta **Views** que está dentro do nosso projeto principal, dentro da janela **Solution Explorer**, em seguida selecione o item **Add**, e logo após selecione o item **New Item...**, ou pressione, ao mesmo tempo, as teclas **Ctrl+Shift+A**, conforme vimos na **Figura 275**. Vai abrir a janela **Add New Item – rei_das_verduras**, no menu da lado esquerdo, clique na setinha ao lado do item **Installed**, em seguida clique na setinha ao lado do item **Visual C# items**, selecione o item **Xamarin.Forms**, no menu do lado direito, selecione o item **Content Page**, no item **Name:**, digite **TelaDestinos_Exportacao**, conforme vimos na **Figura 294**. Clique no botão **Add**, vai aparecer a área de código da tela **TelaDestinos_Exportacao**, conforme vimos na **Figura 295**.

Repita o procedimento anterior e vamos criar nossa **Content Page TelaDestinos_ExportacaoCRUD** dentro da pasta **Views**, para isto selecione com o mouse a pasta **Views** que está dentro do nosso projeto principal, dentro da janela **Solution Explorer**, em seguida selecione o item **Add**, logo após selecione o item **New Item...**, ou pressione, ao mesmo tempo, as teclas **Ctrl+Shift+A**, conforme vimos na **Figura 275**. Vai abrir a janela **Add New Item – rei_das_verduras**, no menu do lado esquerdo, clique na setinha ao lado do item **Installed**, em seguida clique na setinha ao lado do item **Visual C# items**, selecione o item **Xamarin.Forms**, no menu do lado direito, selecione o item **Content Page**, no item **Name:**, digite **TelaDestinos_ExportacaoCRUD**, conforme vimos na **Figura 294**. Clique no botão **Add**, vai aparecer a área de código da tela **TelaDestinos_ExportacaoCRUD**, conforme vimos na **Figura 295**.

Repita o procedimento anterior e vamos criar nossa **Content Page TelaVendas** dentro da pasta **Views**, para isto selecione com o mouse a pasta **Views** que está dentro do nosso projeto principal, dentro da janela **Solution Explorer**, em seguida selecione o item **Add**, e logo após selecione o item **New Item...**, ou pressione, ao mesmo tempo, as teclas **Ctrl+Shift+A**, conforme vimos na **Figura 275**. Vai abrir a janela **Add New Item – rei_das_verduras**, no menu do lado esquerdo, clique na setinha ao lado do item **Installed**, em seguida clique na setinha ao lado do item **Visual C# items**, selecione o item **Xamarin.Forms**, no menu do lado direito, selecione o item **Content Page**, no item **Name:**, digite **TelaVendas**, conforme vimos na **Figura 294**. Clique no botão **Add**, vai aparecer a área de código da tela **TelaVendas**, conforme vimos na **Figura 295**.

Repita o procedimento anterior e vamos criar nossa **Content Page TelaVendasCRUD** dentro da pasta **Views**, para isto selecione com o mouse a pasta **Views** que está dentro do nosso projeto principal, dentro da janela **Solution Explorer**, em seguida selecione o item **Add**, e logo após selecione o item **New Item...**, ou pressione, ao mesmo tempo, as teclas **Ctrl+Shift+A**, conforme vimos na **Figura 275**. Vai abrir a janela **Add New Item – rei_das_verduras**, no menu do lado esquerdo, clique na setinha ao lado do item **Installed**, em seguida clique na setinha ao lado do item **Visual C# items**, selecione o item **Xamarin.Forms**, no menu do lado direito, selecione o item **Content Page**, no item **Name:**, digite **TelaVendasCRUD**, conforme vimos na **Figura 294**. Clique no botão **Add**, vai aparecer a área de código da tela **TelaVendasCRUD**, conforme vimos na **Figura 295**.

Repita o procedimento anterior e vamos criar nossa **Content Page TelaDetalhes_Vendas** dentro da pasta **Views**, para isto selecione com o mouse a pasta **Views** que está dentro do nosso projeto principal, dentro da janela **Solution Explorer**, em seguida selecione o item **Add**, e logo após selecione o item **New Item...**, ou pressione ao mesmo tempo as teclas **Ctrl+Shift+A**, conforme vimos na **Figura 275**. Vai abrir a janela **Add New Item – rei_das_verduras**, no menu do lado esquerdo, clique na setinha ao lado do item **Installed**, em seguida clique na setinha ao lado do item **Visual C# items**, selecione o item **Xamarin.Forms**, no menu do lado direito, selecione o item **Content Page**, no item **Name:**, digite **TelaDetalhes_Vendas**, conforme vimos na **Figura 294**. Clique no botão **Add**, vai aparecer a área de código da tela **TelaDetalhes_Vendas**, conforme vimos na **Figura 295**.

Repita o procedimento anterior e vamos criar nossa **Content Page TelaDetalhes_VendasCRUD** dentro da pasta **Views**, para isto selecione com o mouse a pasta **Views** que está dentro do nosso projeto principal, dentro da janela **Solution Explorer**, em seguida selecione o item **Add**, e logo após selecione o item **New Item...**, ou pressione, ao mesmo tempo, as teclas **Ctrl+Shift+A**, conforme vimos na **Figura 275**. Vai abrir a janela **Add New Item – rei_das_verduras**, no menu da lado esquerdo, clique na setinha ao lado do item **Installed**, em seguida clique na setinha ao lado do item **Visual C# items**, selecione o item **Xamarin.Forms**, no menu do lado direito, selecione o item **Content Page**, no item **Name:**, digite **TelaDetalhes_VendasCRUD**, conforme vimos na **Figura 294**. Clique no botão **Add**, vai aparecer a área de código da tela **TelaDetalhes_VendasCRUD**, conforme vimos na **Figura 295**. Vejam que as nossas Telas foram criadas dentro do nosso projeto principal, na pasta **Views**, na janela **Solution Explorer,** conforme **Figura 296**.

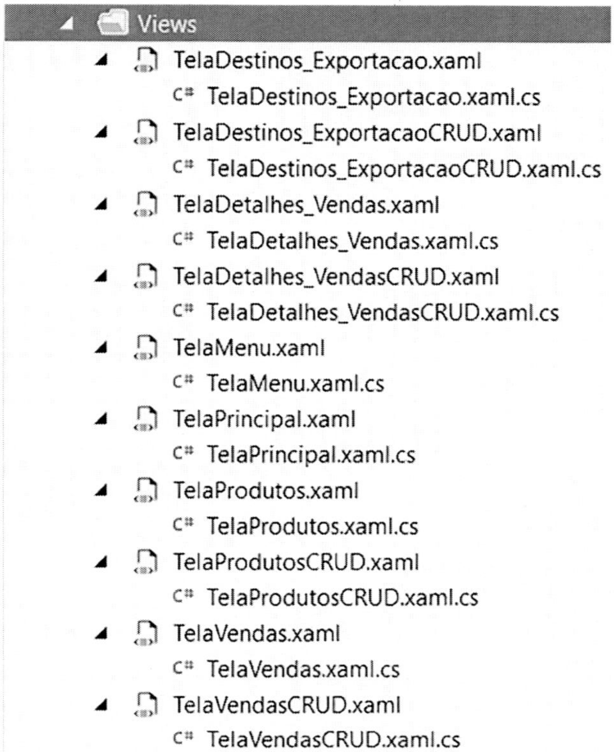

Figura 296

Vejam que todas as telas têm um arquivo **.cs**, relacionado. Este arquivo chamamos de **Code Behing**. Observem também que a **TelaMenu.axml** não tem um **CRUD**, pois não estamos fazendo o tratamento de **Alteração** e **Exclusão** nesta tela. A **TelaPrincipal**, também não tem nenhum correspondente de **CRUD** e **Views**, pois a mesma somente vai fazer chamada às telas secundárias, não fazendo acesso à Base de Dados. Para que nossa aplicação seja totalmente funcional, temos que implementar o acesso do nosso banco de dados no **Android**.

Para isto, abra a janela **Solution Explorer** ou pressione, ao mesmo tempo, as teclas **Ctrl+Alt+L**, e deve abrir a janela **Solution Explorer**, conforme vimos na **Figura 231**, e clique com o botão do mouse sobre o projeto **rei_das_verduras.Android**, em seguida clique no item **Add**, em seguida clique no subitem **New Folder**, conforme vimos na **Figura 257.** No nome da pasta digite **SQLiteDBConnection**, conforme vimos na **Figura 258**. Pressione a tecla **Enter** do teclado. Salve seu projeto, conforme vimos nas **Figuras 249 e 250**.

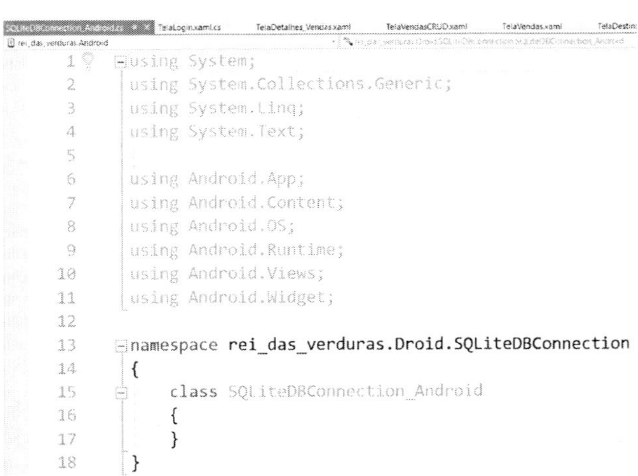

Figura 297

Agora vamos criar nossa **Classe SQLiteDBConnection_Android** dentro da pasta **SQLiteDBConnection**, para isto selecione com o mouse a pasta **SQLiteDBConnection**, que está dentro do projeto **rei_das_verduras.Android**, dentro da janela **Solution Explorer**, em seguida selecione o item **Add**, e logo após selecione o item **Class...**, conforme vimos na **Figura 261**. Ou vá até o menu **Project** e selecione o item **Add Class...**, conforme vimos na **Figura 262**.

Independentemente da forma escolhida para inserir a classe, vai abrir a janela **Add New Item – rei_das_verduras.Android**, o tipo **Class** vai estar selecionado, no item **Name:**, digite **SQLiteDBConnection_Android**, conforme vimos na **Figura 263**. Clique no botão **Add**, vai aparecer a área de código da classe **SQLiteDBConnection_Android,** conforme **Figura 264**.

Posicione o cursor do mouse no final da **linha 11**, e pressione a tecla **Enter**, e veja que o cursor do mouse vai ficar posicionado na **linha 12**. No local onde o cursor do mouse está piscando, na **linha 12**, digite o código abaixo:

```
using SQLite;
using rei_das_verduras.Infra;
using System.IO;
using rei_das_verduras.Droid.SQLiteDBConnection;
```

Veja como ficou, conforme vimos na **Figura 285**. Salve seu projeto, conforme vimos nas **Figuras 249 e 250**. Posicione o cursor do mouse no início da **linha 19**, e digite o seguinte código:

```
    public
```

Pressione a barra de espaço e veja como ficou, conforme vimos na **Figura 286**. Posicione o cursor do mouse no final da **linha 19**, pressione a barra de espaço e digite o seguinte código:

```
: ISQLiteDBConnection
```

Salve seu projeto, conforme vimos nas **Figuras 249 e 250**. Veja como ficou, conforme **Figura 298.**

```
17  namespace rei_das_verduras.Droid.SQLiteDBConnection
18  {
19      public class SQLiteDBConnection_Android : ISQLiteDBConnection
20      {
21      }
22  }
```

Figura 298

Não se preocupem com os erros, pois ainda temos que implementar outros códigos que são referências para estes. Estamos fazendo uma herança com a interface **ISQLiteDBConnection**, que está no nosso projeto principal, agora temos que implementar esta interface, para isto, posicione o cursor do mouse no final da **linha 20**, pressione a tecla **Enter**, observe que o cursor do mouse vai ficar posicionado na **linha 21,** conforme **Figura 299**.

```
17  namespace rei_das_verduras.Droid.SQLiteDBConnection
18  {
19      public class SQLiteDBConnection_Android : ISQLiteDBConnection
20      {
21          |
22      }
23  }
```

Figura 299

Na **linha 21**, onde o cursor do mouse está piscando, digite o código abaixo:

```
public SQLiteConnection DbConnection()
{
    var dbName = "rei_das_verduras.db3";
   string documentsFolder = System.Environment.GetFolderPath(System.Environment.
SpecialFolder.Personal);
    string path = Path.Combine(documentsFolder, dbName);
    return new SQLiteConnection(path);
}
```

Veja como ficou, conforme **Figura 300**.

```
17  namespace rei_das_verduras.Droid.SQLiteDBConnection
18  {
19      public class SQLiteDBConnection_Android : ISQLiteDBConnection
20      {
21          public SQLiteConnection DbConnection()
22          {
23              var dbName = "rei_das_verduras.db3";
24              string documentsFolder = System.Environment.GetFolderPath(System.Environment.SpecialFolder.Personal);
25              string path = Path.Combine(documentsFolder, dbName);
26              return new SQLiteConnection(path);
27          }
28      }
29  }
```

Figura 300

Para que nosso aplicativo seja compilado na plataforma **Android**, temos que fazer a referência do **assembly**, para isto posicione o cursor do mouse na **linha 16**, pressione a tecla **Enter**, observe que o cursor do mouse vai ficar posicionado na **linha 17**, no local onde o cursor do mouse está piscando, na **linha 17**, digite o código abaixo:

```
[assembly: Xamarin.Forms.Dependency(typeof(SQLiteDBConnection_Android))]
```

Salve seu projeto, conforme vimos nas **Figuras 249 e 250**. Veja como ficou o código completo:

```
using System;
using System.Collections.Generic;
using System.Linq;
using System.Text;

using Android.App;
using Android.Content;
using Android.OS;
using Android.Runtime;
using Android.Views;
using Android.Widget;
using SQLite;
using rei_das_verduras.Infra;
using System.IO;
using rei_das_verduras.Droid.SQLiteDBConnection;

[assembly: Xamarin.Forms.Dependency(typeof(SQLiteDBConnection_Android))]
namespace rei_das_verduras.Droid.SQLiteDBConnection
{
    public class SQLiteDBConnection_Android : ISQLiteDBConnection
    {
        public SQLiteConnection DbConnection()
        {
            var dbName = "rei_das_verduras.db3";
            string documentsFolder = System.Environment.GetFolderPath(System.
Environment.SpecialFolder.Personal);
            string path = Path.Combine(documentsFolder, dbName);
            return new SQLiteConnection(path);
        }
    }
}
```

Definindo os Layouts das Telas (Views)

A visão (**views**) e a interação do usuário com o aplicativo, neste caso, no **Xamarin.Forms**, é a página(Page), conforme vimos na **Figura 224**. Não vou entrar em detalhes de layout e programação, pois não é o objetivo deste livro. Vamos apenas deixar nosso App mais profissional, com a adição de layout nas nossas telas, contendo ícones, imagens de fundo, entre outros detalhes. São os formulários que o usuário vai interagir com o aplicativo. Vamos implementar apenas a tela do **Menu**, a tela **Principal**, a tela **Produtos** e a tela **ProdutosCRUD**, pois as outras basta seguir o exemplo das telas **Produtos** e **ProdutosCRUD**. Vamos abrir a tela **TelaMenu.xaml**, para isto basta clicar na aba com o nome da tela. Se a mesma não estiver aberta, para abri-la, basta clicar duas vezes sobre o nome da tela **TelaMenu.xaml**, que está dentro do nosso projeto principal, na pasta **Views**, na janela **Solution Explorer**, conforme vimos na **Figura 296**. Com a tela **TelaMenu.xaml** aberta, pressione, ao mesmo tempo, as teclas **Ctrl+A**, veja que vai ser selecionado todo o código, conforme **Figura 301**.

```
1   <?xml version="1.0" encoding="utf-8" ?>
2   <ContentPage xmlns="http://xamarin.com/schemas/2014/forms"
3                xmlns:x="http://schemas.microsoft.com/winfx/2009/xaml"
4                xmlns:d="http://xamarin.com/schemas/2014/forms/design"
5                xmlns:mc="http://schemas.openxmlformats.org/markup-compatibility/2006"
6                mc:Ignorable="d"
7                x:Class="rei_das_verduras.Views.TelaMenu">
8       <ContentPage.Content>
9           <StackLayout>
10              <Label Text="Welcome to Xamarin.Forms!"
11                  VerticalOptions="CenterAndExpand"
12                  HorizontalOptions="CenterAndExpand" />
13          </StackLayout>
14      </ContentPage.Content>
15  </ContentPage>
```

Figura 301

Em seguida pressione a tecla **Delete** ou **Del** do teclado, na **linha 1**, onde o cursor do mouse está piscando, digite o código abaixo:

```
<?xml version="1.0" encoding="utf-8" ?>
<MasterDetailPage xmlns="http://xamarin.com/schemas/2014/forms"
            xmlns:x="http://schemas.microsoft.com/winfx/2009/xaml"
            xmlns:d="http://xamarin.com/schemas/2014/forms/design"
            xmlns:mc="http://schemas.openxmlformats.org/markup-compatibili-
ty/2006"
            mc:Ignorable="d"
            xmlns:pag="clr-namespace:rei_das_verduras.Views"
            x:Class="rei_das_verduras.Views.TelaMenu">
    <MasterDetailPage.Master>
        <ContentPage Title="Menu" Padding="0">
            <ContentPage.Content>
                <StackLayout>
                    <Grid>
                        <Image Source="logo.png" Aspect="Fill" />
                    </Grid>
                    <TableView Intent="Menu">
                        <TableSection>
                            <ViewCell Tapped="IrTelaProdutos">
                                <StackLayout VerticalOptions="FillAndExpand"
Orientation="Horizontal" Padding="20,10,0,10" Spacing="20">
                                    <Image Source="icon_produtos.png" WidthRe-
quest="30" HeightRequest="30" VerticalOptions="Center" />
                                    <Label Text="Tela Produtos" FontSize="Small"
VerticalOptions="Center" TextColor="Black" FontAttributes="Bold"/>
```

```
                                    </StackLayout>
                                </ViewCell>
                            </TableSection>
                            <TableSection>
                                <ViewCell Tapped="IrTelaDestinosExportacao">
                                    <StackLayout VerticalOptions="FillAndExpand"
Orientation="Horizontal" Padding="20,10,0,10" Spacing="20">
                                        <Image Source="icon_des_exportacao.png"
WidthRequest="30" HeightRequest="30" VerticalOptions="Center" />
                                        <Label Text="Tela Destinos Expor-
tação" FontSize="Small" VerticalOptions="Center" TextColor="Black"
FontAttributes="Bold"/>
                                    </StackLayout>
                                </ViewCell>
                            </TableSection>
                            <TableSection>
                                <ViewCell Tapped="IrTelaVendas">
                                    <StackLayout VerticalOptions="FillAndExpand"
Orientation="Horizontal" Padding="20,10,0,10" Spacing="20">
                                        <Image Source="icon_vendas.png" WidthRe-
quest="30" HeightRequest="30" VerticalOptions="Center" />
                                        <Label Text="Tela Vendas" FontSize="Small"
VerticalOptions="Center" TextColor="Black" FontAttributes="Bold" />
                                    </StackLayout>
                                </ViewCell>
                            </TableSection>
                            <TableSection>
                                <ViewCell Tapped="IrTelaDetalhesVendas">
                                    <StackLayout VerticalOptions="FillAndExpand"
Orientation="Horizontal" Padding="20,10,0,10" Spacing="20">
                                        <Image Source="icon_det_vendas.png" WidthRe-
quest="30" HeightRequest="30" VerticalOptions="Center" />
                                        <Label Text="Tela Detalhes de Ven-
das" FontSize="Small" VerticalOptions="Center" TextColor="Black"
FontAttributes="Bold"/>
                                    </StackLayout>
                                </ViewCell>
                            </TableSection>
                        </TableView>
                    </StackLayout>
```

```
            </ContentPage.Content>
        </ContentPage>
    </MasterDetailPage.Master>
</MasterDetailPage>
```

Salve seu projeto, conforme vimos nas **Figuras 249 e 250**. Agora vamos abrir o arquivo **TelaMenu.xaml.cs**, para isto basta clicar na aba com o nome do arquivo. Se a mesma não estiver aberta, para abri-la, basta clicar na setinha, na frente da tela **TelaMenu.xaml**, que está dentro do nosso projeto principal, na pasta **Views**, na janela **Solution Explorer**, conforme vimos na **Figura 296**. Em seguida clique duas vezes sobre o arquivo **TelaMenu.xaml.cs**, vai abrir o código da mesma, pressione, ao mesmo tempo, as teclas **Ctrl+A**, veja que vai ser selecionado todo o código, conforme a **Figura 302**.

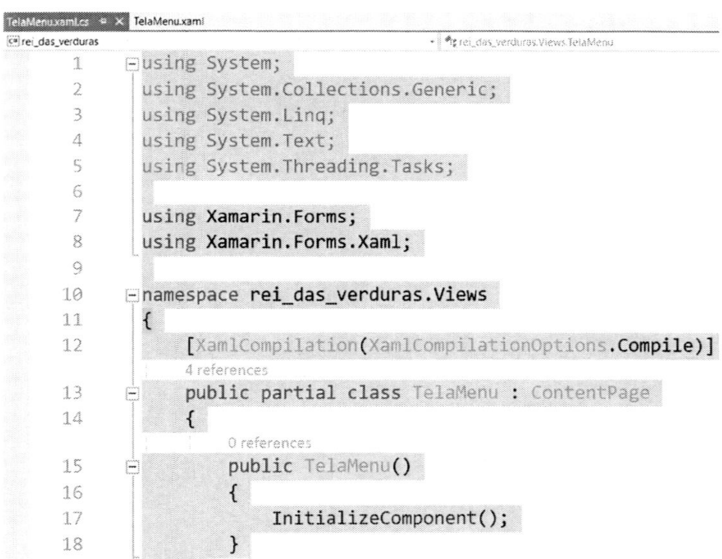

Figura 302

Em seguida pressione a tecla **Delete** ou **Del** do teclado, na **linha 1**, onde o cursor do mouse está piscando, digite o código abaixo:

```
using System;
using System.Collections.Generic;
using System.Linq;
using System.Text;
using System.Threading.Tasks;

using Xamarin.Forms;
using Xamarin.Forms.Xaml;
```

```
namespace rei_das_verduras.Views
{
        [XamlCompilation(XamlCompilationOptions.Compile)]
        public partial class TelaMenu : MasterDetailPage
        {
                public TelaMenu ()
                {
                        InitializeComponent ();
               Detail = new NavigationPage(new TelaPrincipal());
          }

          private void IrTelaProdutos(object sender, EventArgs e)
          {
              Detail.Navigation.PushAsync(new TelaProdutos());
              IsPresented = false;
          }

          private void IrTelaDestinosExportacao(object sender, EventArgs e)
          {
              Detail.Navigation.PushAsync(new TelaDestinos_Exportacao());
              IsPresented = false;
          }

          private void IrTelaVendas(object sender, EventArgs e)
          {
              Detail.Navigation.PushAsync(new TelaVendas());
              IsPresented = false;
          }

          private void IrTelaDetalhesVendas(object sender, EventArgs e)
          {
              Detail.Navigation.PushAsync(new TelaDetalhes_Vendas());
              IsPresented = false;
          }
      }
}
```

Salve seu projeto, conforme vimos nas **Figuras 249 e 250**. Agora vamos abrir a tela **TelaPrincipal.xaml**, para isto basta clicar na aba com o nome da tela. Se a mesma não estiver aberta, para abri-la, basta clicar duas vezes sobre o nome da tela **TelaPrincipal.xaml**, que está dentro do nosso projeto principal, na pasta **Views**, na janela **Solution Explorer**, conforme vimos na **Figura 296**. Com a tela **TelaPrincipal.xaml** aberta, pressione, ao mesmo tempo, as teclas **Ctrl+A**, veja que vai ser selecionado todo o código, conforme vimos na **Figura 301**, em seguida pressione a tecla **Delete** ou **Del** do teclado, na **linha 1**, onde o cursor do mouse está piscando, digite o código abaixo:

```
<?xml version="1.0" encoding="utf-8" ?>
<ContentPage xmlns="http://xamarin.com/schemas/2014/forms"
             xmlns:x="http://schemas.microsoft.com/winfx/2009/xaml"
             xmlns:d="http://xamarin.com/schemas/2014/forms/design"
             xmlns:mc="http://schemas.openxmlformats.org/markup-compatibili-
ty/2006"
             mc:Ignorable="d"
             x:Class="rei_das_verduras.Views.TelaPrincipal"
             BackgroundImage="fundo.jpg"
             Title="Tela Principal">
    <ContentPage.Content>
        <StackLayout Padding="0" VerticalOptions="Start">
            <TableView>
                <TableSection>
                    <ViewCell Tapped="IrTelaProdutos">
                        <StackLayout VerticalOptions="FillAndExpand"
Orientation="Horizontal" Padding="20,10,0,10" Spacing="20">
                            <Image Source="icon_produtos.png" WidthRequest="30"
HeightRequest="30" VerticalOptions="Center" />
                            <Label Text="Tela Produtos" FontSize="Small"
FontAttributes="Bold" VerticalOptions="Center" TextColor="Red" />
                        </StackLayout>
                    </ViewCell>
                </TableSection>
                <TableSection>
                    <ViewCell Tapped="IrTelaDestinosExportacao">
                        <StackLayout VerticalOptions="FillAndExpand"
Orientation="Horizontal" Padding="20,10,0,10" Spacing="20">
                            <Image Source="icon_des_exportacao.png" WidthRe-
quest="30" HeightRequest="30" VerticalOptions="Center" />
                            <Label Text="Tela Destinos Exportação"
FontSize="Small" FontAttributes="Bold" VerticalOptions="Center" TextColor="Red"
/>
                        </StackLayout>
                    </ViewCell>
```

```
                </TableSection>
                <TableSection>
                    <ViewCell Tapped="IrTelaVendas">
                        <StackLayout VerticalOptions="FillAndExpand"
Orientation="Horizontal" Padding="20,10,0,10" Spacing="20">
                            <Image Source="icon_vendas.png" WidthRequest="30"
HeightRequest="30" VerticalOptions="Center" />
                            <Label Text="Tela Vendas" FontSize="Small"
FontAttributes="Bold" VerticalOptions="Center" TextColor="Red" />
                        </StackLayout>
                    </ViewCell>
                </TableSection>
                <TableSection>
                    <ViewCell Tapped="IrTelaDetalhesVendas">
                        <StackLayout VerticalOptions="FillAndExpand"
Orientation="Horizontal" Padding="20,10,0,10" Spacing="20">
                            <Image Source="icon_det_vendas.png" WidthRe-
quest="30" HeightRequest="30" VerticalOptions="Center" />
                            <Label Text="Tela Detalhes de Vendas"
FontSize="Small" FontAttributes="Bold" VerticalOptions="Center" TextColor="Red"
/>
                        </StackLayout>
                    </ViewCell>
                </TableSection>
            </TableView>
        </StackLayout>
    </ContentPage.Content>
</ContentPage>
```

Não se preocupem com os erros, pois ainda temos que codificar outras telas e outras Classes, estes erros só vão desaparecer quando terminarmos de codificar todo o aplicativo. Salve seu projeto, conforme vimos nas **Figuras 249 e 250**. Agora vamos abrir o arquivo **TelaPrincipal.xaml.cs**, para isto basta clicar na aba com o nome do arquivo. Se a mesma não estiver aberta, para abri-la, basta clicar na setinha, na frente da tela **TelaPrincipal.xaml**, que está dentro do nosso projeto principal, na pasta **Views**, na janela **Solution Explorer**, conforme vimos na **Figura 296**. Em seguida clique duas vezes sobre o arquivo **TelaPrincipal.xaml.cs**, vai abrir o código da mesma, pressione, ao mesmo tempo, as teclas **Ctrl+A**, veja que vai ser selecionado todo o código, conforme vimos na **Figura 302**, em seguida pressione a tecla **Delete** ou **Del** do teclado, na **linha 1**, onde o cursor do mouse está piscando, digite o código abaixo:

```
using System;
using System.Collections.Generic;
using System.Linq;
using System.Text;
using System.Threading.Tasks;

using Xamarin.Forms;
using Xamarin.Forms.Xaml;

namespace rei_das_verduras.Views
{
	[XamlCompilation(XamlCompilationOptions.Compile)]
	public partial class TelaPrincipal : ContentPage
	{
		public TelaPrincipal ()
		{
			InitializeComponent ();
		}

        private void IrTelaProdutos(object sender, EventArgs e)
        {
            Navigation.PushAsync(new TelaProdutos());
        }

        private void IrTelaDestinosExportacao(object sender, EventArgs e)
        {
            Navigation.PushAsync(new TelaDestinos_Exportacao());
        }

        private void IrTelaVendas(object sender, EventArgs e)
        {
            Navigation.PushAsync(new TelaVendas());
        }

        private void IrTelaDetalhesVendas(object sender, EventArgs e)
        {
            Navigation.PushAsync(new TelaDetalhes_Vendas());
        }
    }
}
```

Salve seu projeto, conforme vimos nas **Figuras 249 e 250**. Agora vamos abrir a tela **TelaProdutos.xaml**, para isto basta clicar na aba com o nome da tela. Se a mesma não estiver aberta, para abri-la, basta clicar duas vezes sobre o nome da tela **TelaProdutos.xaml**, que está dentro do nosso projeto principal, na pasta **Views**, na janela **Solution Explorer**, conforme vimos na **Figura 296**. Com a tela **TelaProdutos.xaml** aberta, pressione, ao mesmo tempo, as teclas **Ctrl+A**, veja que vai ser selecionado todo o código, conforme vimos na **Figura 301**, em seguida pressione a tecla **Delete** ou **Del** do teclado, na **linha 1**, onde o cursor do mouse está piscando, digite o código abaixo:

```
<?xml version="1.0" encoding="utf-8" ?>
<ContentPage xmlns="http://xamarin.com/schemas/2014/forms"
             xmlns:x="http://schemas.microsoft.com/winfx/2009/xaml"
             xmlns:d="http://xamarin.com/schemas/2014/forms/design"
             xmlns:mc="http://schemas.openxmlformats.org/markup-compatibili-
ty/2006"
             mc:Ignorable="d"
             x:Class="rei_das_verduras.Views.TelaProdutos"
             BackgroundImage="fundo_telas.jpg"
             Title="Produtos">
    <StackLayout HorizontalOptions="FillAndExpand" VerticalOptions="FillAndExpa
nd">
        <ListView x:Name="lvProdutos" HasUnevenRows="True" SeparatorColor="Blue"
                  HorizontalOptions="FillAndExpand" VerticalOptions="FillAndExpa
nd">
            <ListView.ItemTemplate>
                <DataTemplate>
                    <ViewCell>
                        <ViewCell.ContextActions>
                            <MenuItem Clicked="OnAlterarClick"
CommandParameter="{Binding .}" Text="Alterar"/>
                            <MenuItem Clicked="OnRemoverClick"
CommandParameter="{Binding .}" Text="Excluir" IsDestructive="True"/>
                        </ViewCell.ContextActions>
                        <StackLayout Orientation="Horizontal" Padding="2">
                            <StackLayout HorizontalOptions="StartAndExpand">
                                <Label Text="Nome do Produto" FontSize="Small"
FontAttributes="Bold" />
                                <Label Text="{Binding pro_nome}"
TextColor="Blue" FontSize="Small" FontAttributes="Bold"/>
                                <Label Text="Preço do Produto" FontSize="Small"
FontAttributes="Bold" />
```

```
                                <Label Text="{Binding pro_preco_unitario,
StringFormat=' {0:C}'}" TextColor="Black" FontSize="Small" FontAttributes="Bold"
/>
                            </StackLayout>
                        </StackLayout>
                    </ViewCell>
                </DataTemplate>
            </ListView.ItemTemplate>
        </ListView>
        <StackLayout Padding="0" VerticalOptions="End">
            <Button     Text="Incluir Produto" x:Name="BtnNovoProduto"
Image="novo.jpg" BackgroundColor="White"/>
        </StackLayout>
    </StackLayout>
</ContentPage>
```

Salve seu projeto, conforme vimos nas **Figuras 249 e 250**. Agora vamos abrir o arquivo **TelaProdutos.xaml.cs**, para isto basta clicar na aba com o nome do arquivo. Se a mesma não estiver aberta, para abri-la, basta clicar na setinha, na frente da tela **TelaProdutos.xaml**, que está dentro do nosso projeto principal, na pasta **Views**, na janela **Solution Explorer**, conforme vimos na **Figura 296**. Em seguida clique duas vezes sobre o arquivo **TelaProdutos.xaml.cs**, vai abrir o código da mesma, pressione, ao mesmo tempo, as teclas **Ctrl+A**, veja que vai ser selecionado todo o código, conforme vimos na **Figura 302**, em seguida pressione a tecla **Delete** ou **Del** do teclado, na **linha 1**, onde o cursor do mouse está piscando, digite o seguinte código:

```
using System;
using System.Collections.Generic;
using System.Collections.ObjectModel;
using System.Linq;
using System.Text;
using System.Threading.Tasks;
using rei_das_verduras.Model;
using rei_das_verduras.ViewModel;

using Xamarin.Forms;
using Xamarin.Forms.Xaml;

namespace rei_das_verduras.Views
{
    [XamlCompilation(XamlCompilationOptions.Compile)]
```

```
public partial class TelaProdutos : ContentPage
{
    private ProdutosViewModel produtos;
    private ObservableCollection<Produtos> _produtos;
    public TelaProdutos()
    {
        InitializeComponent();
        BtnNovoProduto.Clicked += BtnNovoProdutoClick;
    }
    protected override void OnAppearing()
    {
        base.OnAppearing();
        produtos = new ProdutosViewModel();
        _produtos = produtos.Produtos;
        lvProdutos.ItemsSource = produtos.Produtos;
    }
    private async void BtnNovoProdutoClick(object sender, EventArgs e)
    {
        Produtos produto = new Produtos();
        await Navigation.PushAsync(new TelaProdutosCRUD(produto));
    }
    private async void OnAlterarClick(object sender, EventArgs e)
    {
        try
        {
            var mi = ((MenuItem)sender);
            var produto = mi.CommandParameter as Produtos;
            if (produto != null)
            {
                await Navigation.PushAsync(new TelaProdutosCRUD(produto));
            }
            else
            {
                return;
            }
        }
        catch (Exception ex)
        {
            await DisplayAlert("Erro : ", ex.Message, "OK");
        }
```

```
        }
        private async void OnRemoverClick(object sender, EventArgs e)
        {
            var mi = ((MenuItem)sender);
            var produto = mi.CommandParameter as Produtos;
            if (produto != null)
            {
                var opcao = await DisplayAlert("Excluir Produto", "Deseja Real-
mente Excluir Este Produto ? :        " + produto.pro_nome.ToUpper() + " ? ",
"Sim", "Não");
                if (opcao)
                {
                    var produtos = new ProdutosViewModel();
                    produtos.RemoverProduto(produto);
                    _produtos.Remove(produto);
                }
            }
            else
            {
                await DisplayAlert("Erro na Exclusão", "Não Foi Possível Excluir
o Produto !!!!", "OK");
            }
        }
    }
}
```

Salve seu projeto, conforme vimos nas **Figuras 249 e 250**. Agora vamos abrir a tela **TelaProdutos-CRUD.xaml**, para isto basta clicar na aba com o nome da tela. Se a mesma não estiver aberta, para abri-la, basta clicar duas vezes sobre o nome da tela **TelaProdutosCRUD.xaml**, que está dentro do nosso projeto principal, na pasta **Views**, na janela **Solution Explorer**, conforme vimos na **Figura 296**. Com a tela **TelaProdutosCRUD.xaml** aberta, pressione, ao mesmo tempo, as teclas **Ctrl+A**, veja que vai ser selecionado todo o código, conforme vimos na **Figura 301**, em seguida pressione a tecla **Delete** ou **Del** do teclado, na **linha 1**, onde o cursor do mouse está piscando, digite o código abaixo:

```
<?xml version="1.0" encoding="utf-8" ?>
<ContentPage xmlns="http://xamarin.com/schemas/2014/forms"
             xmlns:x="http://schemas.microsoft.com/winfx/2009/xaml"
             xmlns:d="http://xamarin.com/schemas/2014/forms/design"
             xmlns:mc="http://schemas.openxmlformats.org/markup-compatibili-
ty/2006"
```

```
            mc:Ignorable="d"
            x:Class="rei_das_verduras.Views.TelaProdutosCRUD"
            BackgroundImage="fundo_telas.jpg"
            Title="Produtos">
    <StackLayout VerticalOptions="Center" Padding="6">
        <StackLayout>
            <Entry     Placeholder="Nome do Produto" x:Name="txtpro_nome"
Text="{Binding pro_nome}"/>
            <Entry     Placeholder="Preço Unitário" x:Name="txtpro_preco_uni-
tario" Text="{Binding pro_preco_unitario}" TextChanged="Mascara" MaxLength="6"
Keyboard="Numeric"/>
        </StackLayout>
        <StackLayout Orientation="Horizontal" HorizontalOptions="Center">
            <Button     Text="Incluir Produto" x:Name="btnIncluirPro"
Command="{Binding Gravar}" HorizontalOptions="Center"/>
            <Button     Text="Alterar Produto" x:Name="btnAlterarPro"
Command="{Binding Alterar}" HorizontalOptions="Center"/>
        </StackLayout>
    </StackLayout>
</ContentPage>
```

Salve seu projeto, conforme vimos nas **Figuras 249 e 250**. Agora vamos abrir o arquivo **TelaProdutosCRUD.xaml.cs**, para isto basta clicar na aba com o nome do arquivo. Se a mesma não estiver aberta, para abri-la, basta clicar na setinha na frente da tela **TelaProdutosCRUD.xaml**, que está dentro do nosso projeto principal, na pasta **Views**, na janela **Solution Explorer**, conforme vimos na **Figura 296**. Em seguida clique duas vezes sobre o arquivo **TelaProdutosCRUD.xaml.cs**, vai abrir o código da mesma, pressione, ao mesmo tempo, as teclas **Ctrl+A**, veja que vai ser selecionado todo o código, conforme vimos na **Figura 302**, em seguida pressione a tecla **Delete** ou **Del** do teclado, na **linha 1**, onde o cursor do mouse está piscando, digite o seguinte código:

```
using rei_das_verduras.Model;
using rei_das_verduras.ViewModel;
using System;
using System.Collections.Generic;
using System.Linq;
using System.Text;
using System.Text.RegularExpressions;
using System.Threading.Tasks;

using Xamarin.Forms;
```

```
using Xamarin.Forms.Xaml;

namespace rei_das_verduras.Views
{
    [XamlCompilation(XamlCompilationOptions.Compile)]
    public partial class TelaProdutosCRUD : ContentPage
    {
        private string titulo;

        public TelaProdutosCRUD(Produtos produto)
        {
            InitializeComponent();
            if (produto.pro_id == null)
            {
                Title = "Incluir Novo Produto";
                titulo = "Inclusão";
                btnAlterarPro.IsVisible = false;
            }
            else
            {
                Title = "Alterar Dados do Produto";
                titulo = "Alteração de dados";
                btnIncluirPro.IsVisible = false;
            }

            var produtovm = new ProdutosViewModel(produto);
            BindingContext = produtovm;
        }

        private void Mascara(object sender, TextChangedEventArgs e)
        {
            var ev = e as TextChangedEventArgs;
            if (ev.NewTextValue != ev.OldTextValue)
            {
                var entry = (Entry)sender;
                entry.TextChanged -= Mascara;
                string text = Regex.Replace(ev.NewTextValue.Trim(), @"[^0-9]", "");

                if (text.Length > 2)
                {
                    text = text.Insert(text.Length - 2, ".");
```

```
                    }

                    if (text.Length > 6)
                    {
                        text = text.Insert(text.Length - 6, ",");
                    }
                    if (entry.Text != text)
                        entry.Text = text;
                    entry.TextChanged += Mascara;
                }
            }
        }
    }
```

Salve seu projeto, conforme vimos nas **Figuras 249 e 250**. As outras telas devem seguir o mesmo procedimento que vimos anteriormente. As mesmas vão ser disponibilizadas no Google Drive, na pasta do livro, no seguinte link: **https://drive.google.com/drive/folders/11Tan0rHayUSpV6uJjpFKIZpj_2k22RcV?usp=sharing**.

Definindo a ViewModel

É um **Model** projetado especificamente para a **View**, contendo **propriedades** que vão representar o estado da **View** e **métodos** que implementaram a lógica por trás da **View**. Não tem nenhuma ligação com a **View**, nenhuma referência, apenas fornece os dados e executa ações que a **View** necessita. Se conectando diretamente com o **Model**, desta forma, tem acesso às propriedades e funcionalidades que estiverem disponíveis no **Model**. Ainda pode implementar algumas interfaces, tais como: **INotifyPropertyChanged**, **INotifyCollectionChanged**, **ICommand**, etc. Veja como é esta interação, conforme vimos na **Figura 260**.

Agora, vamos abrir a ViewModel **ProdutosViewModel.cs**, para isto basta clicar na aba com o nome da ViewModel. Se a mesma não estiver aberta, para abri-la, basta clicar duas vezes sobre o nome da ViewModel **ProdutosViewModel.cs**, que está dentro do nosso projeto principal, na pasta **ViewModel**, na janela **Solution Explorer**, conforme vimos na **Figura 259**. Com a ViewModel **ProdutosViewModel.cs** aberta, pressione, ao mesmo tempo, as teclas **Ctrl+A**, veja que será selecionado todo o código, conforme vimos na **Figura 301**, em seguida pressione a tecla **Delete** ou **Del** do teclado, na **linha 1**, onde o cursor do mouse está piscando, digite o código abaixo:

```
using MvvmHelpers;
using rei_das_verduras.DAL;
using rei_das_verduras.Model;
```

```
using System;
using System.Collections.Generic;
using System.Collections.ObjectModel;
using System.Text;
using System.Windows.Input;
using Xamarin.Forms;

namespace rei_das_verduras.ViewModel
{
    public class ProdutosViewModel : BaseViewModel
    {
        ProdutosDAL produtoDAL = new ProdutosDAL();

        private ObservableCollection<Produtos> _produtos;
        public ObservableCollection<Produtos> Produtos
        {
            get { return _produtos; }
            set
            {
                if (_produtos != value)
                {
                    _produtos = value;
                    OnPropertyChanged(nameof(Produtos));
                }
            }
        }

        private long? _pro_id;
        private string _pro_nome;
        private decimal _pro_preco_unitario;

        public ProdutosViewModel()
        {
            Produtos = new ObservableCollection<Produtos>(produtoDAL.GetAll());
        }

        public ProdutosViewModel(Produtos produto)
        {
            this._pro_id = produto.pro_id;
            this._pro_nome = produto.pro_nome;
```

```
            this._pro_preco_unitario = produto.pro_preco_unitario;
            Produtos = new ObservableCollection<Produtos>(produtoDAL.GetAll());
        }

        public long? pro_id
        {
            get { return _pro_id; }
            set { _pro_id = value; OnPropertyChanged(); }
        }


        public string pro_nome
        {
            get { return _pro_nome; }
            set { _pro_nome = value; OnPropertyChanged(); }
        }

        public decimal pro_preco_unitario
        {
            get { return _pro_preco_unitario; }
            set { _pro_preco_unitario = value; OnPropertyChanged(); }
        }

        public void RemoverProduto(Produtos pro)
        {
            try
            {
                produtoDAL.DeleteById((long)pro.pro_id);
            }
            catch
            {
                 App.Current.MainPage.DisplayAlert("Erro na Exclusão", "Falha ao Excluir
Produto !!!!", "OK");
            }
        }

        public ICommand Gravar
        {
            get
            {
```

```
            var produtoDAL = new ProdutosDAL();
            return new Command(() =>
            {

                Produtos pro = GetProduto();
                if ((pro.pro_nome != null) && (pro.pro_preco_unitario != 0))
                {

                    produtoDAL.Add(pro);
                     App.Current.MainPage.DisplayAlert("Novo Produto", "Produto In-
cluído com Sucesso !!!!", "OK");
                }
                else
                {
                     App.Current.MainPage.DisplayAlert("Erro na Inclusão", "Produto
não Foi Incluído !!!!", "OK");
                }
            });
        }
    }

    public ICommand Alterar
    {
        get
        {
            var produtoDAL = new ProdutosDAL();
            return new Command(() =>
            {
                Produtos pro = GetProduto();
                if ((pro.pro_nome != null) && (pro.pro_preco_unitario != 0))
                {
                    produtoDAL.Update(pro);
                     App.Current.MainPage.DisplayAlert("Alterar Produto", "Alteração
do Produto Realizada com Sucesso !!!!", "OK");
                }
                else
                {
                    App.Current.MainPage.DisplayAlert("Erro na Alteraçpão", "Produto
não Foi Alterado !!!!", "OK");
                }
```

```
                });
            }
        }

        private Produtos GetProduto()
        {
            return new Produtos()
            {
                pro_id = this.pro_id,
                pro_nome = this.pro_nome,
                pro_preco_unitario = this.pro_preco_unitario,
            };
        }
    }
}
```

Salve seu projeto, conforme vimos nas **Figuras 249 e 250**. Os outros arquivos **ViewModel**, devem seguir o mesmo procedimento que vimos anteriormente. Os mesmos vão ser disponibilizados no Google Drive, na pasta do livro, no seguinte link: **https://drive.google.com/drive/folders/11Tan0rHayUSpV6uJjpFKIZpj_2k22RcV?usp=sharing**.

Definindo a Camada DAL

Esta é a nossa camada de acesso a dados, que vai acessar o **SQLite** para fazer as operações de **Incluir**, **Alterar**, **Excluir** e **Pesquisar**, ou seja, nosso **CRUD**. Também é reponsável por acessar nosso Modelo de Domínio o **Model**, e vai acessar a infraestrutura para se comunicar com a arquitetura do **Android**, **IOS** e **Windows Universal**. Agora vamos abrir a Classe **ProdutosDAL.cs**, para isto basta clicar na aba com o nome da Classe. Se a mesma não estiver aberta, para abri-la, basta clicar duas vezes sobre o nome da Classe **ProdutosDAL.cs**, que está dentro do nosso projeto principal, na pasta **DAL**, na janela **Solution Explorer**, conforme vimos na **Figura 259**. Com a Classe **ProdutosDAL.cs** aberta, pressione, ao mesmo tempo, as teclas **Ctrl+A**, veja que vai ser selecionado todo o código, conforme vimos na **Figura 301**, em seguida pressione a tecla **Delete** ou **Del** do teclado, na **linha 1**, onde o cursor do mouse está piscando, digite o código abaixo:

```
using rei_das_verduras.Infra;
using rei_das_verduras.Model;
using SQLite;
using System;
using System.Collections.Generic;
using System.Linq;
```

```
using System.Text;
using Xamarin.Forms;

namespace rei_das_verduras.DAL
{
    public class ProdutosDAL
    {
        private SQLiteConnection sqlConnection;

        public ProdutosDAL()
        {
            this.sqlConnection = DependencyService.Get<ISQLiteDBConnection>().
DbConnection();
            this.sqlConnection.CreateTable<Produtos>();
        }
        public void Add(Produtos produto)
        {
            sqlConnection.Insert(produto);
        }
        public void DeleteById(long id)
        {
            sqlConnection.Delete<Produtos>(id);
        }
        public void Update(Produtos produto)
        {
            sqlConnection.Update(produto);
        }
        public IEnumerable<Produtos> GetAll()
        {
            return (from t in sqlConnection.Table<Produtos>() select
t).OrderBy(i => i.pro_nome).ToList();
        }
        public Produtos GetProdutoById(long id)
        {
            return sqlConnection.Table<Produtos>().FirstOrDefault(t => t.pro_id
```

```
== id);
            }
        }
}
```

Salve seu projeto, conforme vimos nas **Figuras 249 e 250**. As outras Classes **DAL** devem seguir o mesmo procedimento que vimos anteriormente. As mesmas vão ser disponibilizadas no Google Drive, na pasta do livro, no seguinte link: **https://drive.google.com/drive/folders/11Tan0rHayUSpV6uJjpFKIZpj_2k22RcV?usp=sharing**.

Definindo a Chamada da tela Menu e Tela Principal

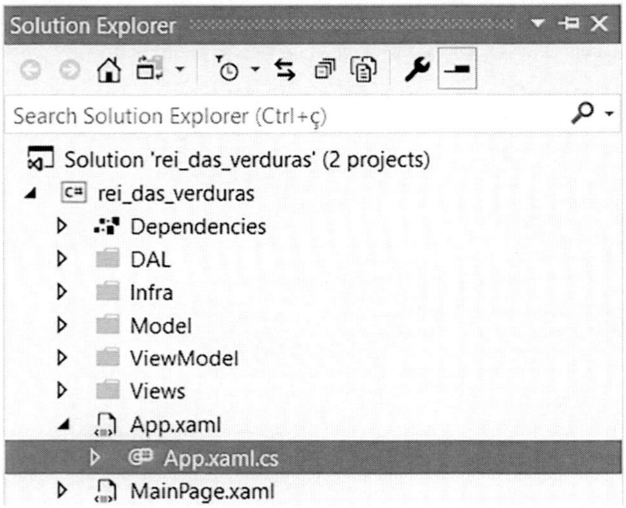

Figura 303

Agora vamos abrir a Classe **App.xaml.cs**, para isto basta clicar na aba com o nome da Classe. Se a mesma não estiver aberta, para abri-la, basta clicar duas vezes sobre o nome da Classe **App.xaml.cs**, que está dentro do nosso projeto principal, na janela **Solution Explorer**, conforme vimos na **Figura 259**. Clique na setinha que tem ao lado do arquivo **App.xaml**, em seguida clique duas vezes sobre a Classe **App.xaml.cs,** conforme **Figura 303**.

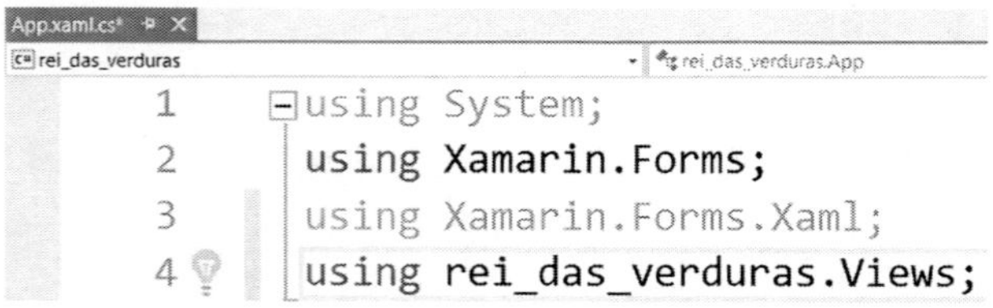

Figura 304

Vai abrir a área de código da Classe **App.xaml.cs**, posicione o cursor do mouse no final da **linha 3**, e pressione a tecla **Enter**, e veja que o cursor do mouse vai ficar posicionado na **linha 4,** conforme **Figura 285**. No local onde o cursor do mouse está piscando, na **linha 4**, digite o código abaixo:

```
using rei_das_verduras.Views;
```

Veja como ficou, conforme **Figura 304.**

```
1  using System;
2  using Xamarin.Forms;
3  using Xamarin.Forms.Xaml;
4  using rei_das_verduras.Views;
5
6  namespace rei_das_verduras
7  {
       10 references
8      public partial class App : Application
9      {
           1 reference
10         public App()
11         {
12             InitializeComponent();
13
14             MainPage = new TelaMenu();
15         }
```

Figura 305

Em seguida, selecione a **linha 14**, pressione a tecla **Delete** ou **Del** do teclado, na **linha 14**, onde o cursor do mouse está piscando, digite o código abaixo:

```
MainPage = new TelaMenu();
```

Veja como ficou, conforme **Figura 305**.

Salve seu projeto, conforme vimos nas **Figuras 249 e 250**. Vamos configurar a view **MainActivity.cs**, para que nosso ícone possa ser trocado. Para isto, vamos abrir o projeto **rei_das_verduras.Android**, basta clicar na setinha que tem ao lado do nome do projeto, em seguida clique duas vezes sobre o arquivo **MainActivity.cs**, vai abrir a área de código do arquivo **MainActivity.cs**, observe na **linha 12**, os seguintes comandos: **Label = "rei_das_verduras"** e **Icon = "@mipmap/icon"**.

```
1  using System;
2
3  using Android.App;
4  using Android.Content.PM;
5  using Android.Runtime;
6  using Android.Views;
7  using Android.Widget;
8  using Android.OS;
9
10 namespace rei_das_verduras.Droid
11 {
12     [Activity(Label = "rei_das_verduras", Icon = "@mipmap/icon", Theme = "@style/MainTheme", M
       0 references
13     public class MainActivity : global::Xamarin.Forms.Platform.Android.FormsAppCompatActivity
14     {
           0 references
15         protected override void OnCreate(Bundle savedInstanceState)
16         {
17             TabLayoutResource = Resource.Layout.Tabbar;
18             ToolbarResource = Resource.Layout.Toolbar;
```

Figura 306

Vamos alterá-lo, conforme código abaixo:

```
Label = "Rei das Verduras" e Icon = "@drawable/icon"
```

Veja como ficou:

```
1   using System;
2
3   using Android.App;
4   using Android.Content.PM;
5   using Android.Runtime;
6   using Android.Views;
7   using Android.Widget;
8   using Android.OS;
9
10  namespace rei_das_verduras.Droid
11  {
12      [Activity(Label = "Rei das Verduras", Icon = "@drawable/icon", Theme = "@style/MainTheme",
        0 references
13      public class MainActivity : global::Xamarin.Forms.Platform.Android.FormsAppCompatActivity
14      {
            0 references
15          protected override void OnCreate(Bundle savedInstanceState)
16          {
17              TabLayoutResource = Resource.Layout.Tabbar;
18              ToolbarResource = Resource.Layout.Toolbar;
```

Figura 307

Salve seu projeto, conforme vimos nas **Figuras 249 e 250**. Caso apareça um erro na **linha 24**, feche totalmente o **Visual Studio 2019** e abra-o novamente. E nosso aplicativo está pronto para ser compilado.

Compilando(Debugging) o Aplicativo

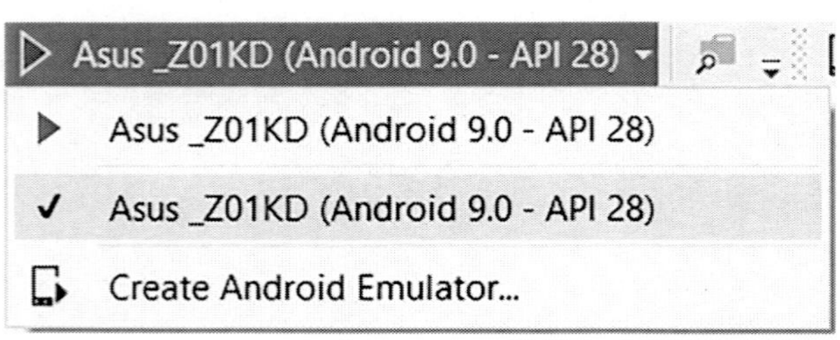

Figura 308

Antes de inciar o processo de compilação, vamos até o **Anexo II**, para configurar nosso smartphone. Após a configuração, estamos aptos para compilar o nosso aplicativo, para isto, na janela **Select Device**, clique na setinha para baixo no **ComboBox**, e verifique se tem os itens, conforme **Figura 308**.

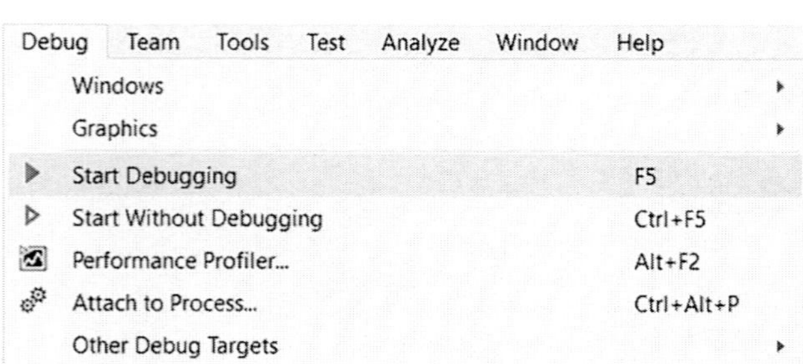

Figura 309

Observem que estou com o meu celular, **Asus_Z01KD(Android 9.0 – API 28) Android** conectado no **Windows**. Se você não tem um celular **Android** ou se tem, mas não queira conectá-lo ao computador, terá que criar um **Emulador Android**. Só lembrando que os emuladores consomem muita memória e tempo de execução, para criá-lo, vá até o **Anexo V.**

Figura 310

O ideal é que possamos usar nosso celular para testar nossos aplicativos, pois aí estaremos trabalhando no ambiente real e não no emulador, o que demandaria menos consumo de memória do computador. No meu caso, estou usando um smartphone **Asus Zenfone 4**, com **Android 9**. Após a criação do **Emulador Android**, conforme visto no **Anexo V**, no meu caso, vou usar o meu aparelho celular, então vou selecionar o item **Asus_Z01KD(Android 9.0 – API 28)**, conforme vimos na **Figura 308**. Em seguida vá para o menu **Debug**, e logo após selecione o item **Start Debugging** ou pressione a tecla **F5**, conforme **Figura 309**.

Ou simplesmente clique na setinha verde que fica na janela **Select Device**, conforme **Figura 310**.

Figura 311

Observe que, no canto inferior esquerdo, aparecerão algumas mensagens de inicialização do emulador, conforme **Figura 311**.

Figura 312

Este processo pode demorar um pouco. Quando o aplicativo for instalado no smartphgone, aparecerá a seguinte mensagem **Ready** no canto inferior esquerdo, conforme **Figura 312**.

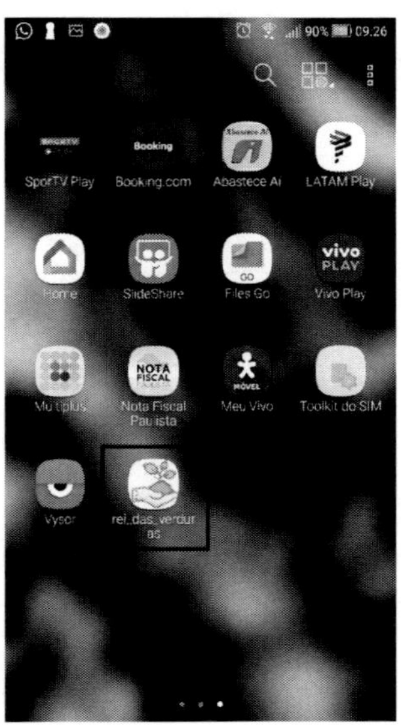

Figura 313

Vamos abrir o aplicativo no smartphone, para isto procure o ícone do mesmo, conforme **Figura 313**.

Figura 314

Será aberta a janela principal do aplicativo, conforme **Figura 314**.

Figura 315

Clique no link **Tela Produtos** e veja que vai aparecer a tela de produtos vazia, conforme **Figura 315**.

Figura 316

Clique no botão **INCLUIR PRODUTO**, que fica no final da tela, e vai aparecer a janela para inclusão de produtos, conforme **Figura 316**.

Figura 317

Digite um nome e um valor com números inteiros, em seguida clique no botão **INCLUIR PRODUTO**, aparecerá uma janela dizendo que o produto foi incluído com sucesso, conforme **Figura 317**.

Figura 318

Clique no botão **OK** e vamos retornar para nossa tela de inclusão de produtos. Para incluir um novo produto, apague o anterior e digite outro. Cuidado, pois se você clicar novamente no botão incluir, incluirá o mesmo produto, pois não estou prevendo isto no código, não é o foco deste livro. Se isto acontecer, basta retornar para a tela anterior, clicando na setinha que aponta para o lado esquerdo, no título da página, ou clicar na setinha de retorno do seu smartphone. Na tela de **Produtos**, segure por alguns segundos o item desejado, e vai aparecer um menu para **Alterar** ou **Excluir,** conforme **Figura 318**.

Figura 319

Escolha o item desejado. Caso não queira nenhum, basta clicar na setinha que aponta para a esquerda para sair. Clicando novamente nesta mesma setinha, vamos retornar para a nossa Tela Principal, conforme vimos na **Figura 314**.

Vejam que podemos navegar através do menu, basta clicar no item com três tracinhos, que fica no canto superior esquerdo, conforme **Figura 319**.

Vai abrir o nosso **Menu**, com os mesmos links da **Tela Principal,** conforme **Figura 320**.

Figura 320

Figura 321

Ao clicar em qualquer outra **Tela**, veja que teremos uma tela padrão do **Xamarin.Forms,** conforme **Figura 321**.

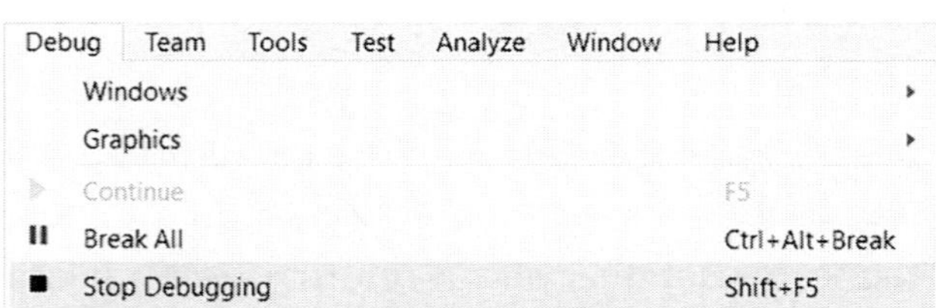

Figura 322

Pois as mesmas não foram desenvolvidas. Pronto! É isto que a nossa aplicação faz. Vamos retornar ao **Visual Studio**. Para isto, clique no ícone do **Visual Studio** na barra de tarefas do **Windows**, conforme vimos na **Figura 210**.

Ao abrir o **Visual Studio**, vá para o menu **Debug**, em seguida, selecione o item **Stop Debugging** ou pressione simultaneamente as teclas **Shift+F5,** conforme **Figura 322**.

Para remover o aplicativo do seu smartphone, veja o **Anexo III**.

Capítulo 07

Chegamos ao Fim

Espero que este livro possa ajudá-los a conhecer um pouco sobre o banco de dados **SQLite**, e sua utilização no **Android** com **Xamarin.Forms**, para que possam estar aptos a implementar um aplicativo utilizando um banco de dados pequeno, porém robusto, e estar preparados para participar deste mercado cada vez mais crescente, no que diz respeito ao desenvolvimento de aplicativos. Quero salientar que o aprendizado não se resume apenas ao conteúdo deste livro e sim, na busca constante por novos conhecimentos.

Anexo I

Instalando o Ambiente de Desenvolvimento do Microsoft Visual Studio Community 2019

Antes de instalar o aplicativo de desenvolvimento do **Microsoft Visual Studio Community 2019**, devemos lembrar que o emulador do **Android** e outros ambientes devem ser instalados no **Windows 10 Pro**. Para verificar qual sua versão do **Windows**, digite na área de pesquisa **Sistema**, em seguida selecione o item de menu **Sistema,** conforme **Figura 323**.

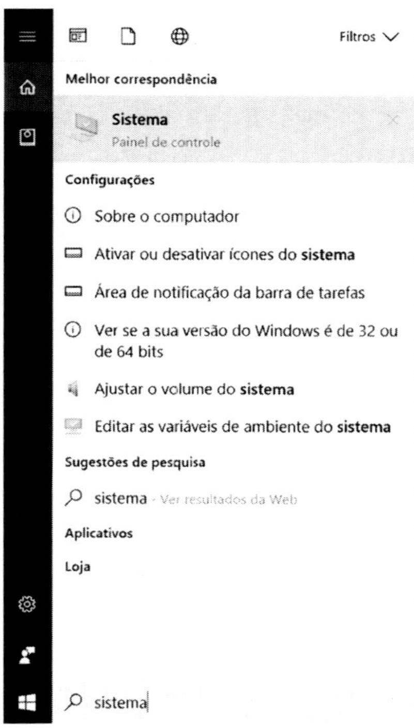

Figura 323

Vai abrir a janela com as informações básicas do computador, conforme **Figura 324**.

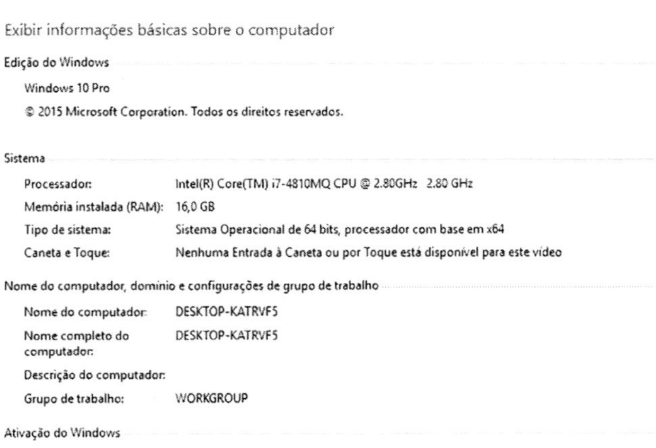

Figura 324

Observe os itens que estão marcados, são estes que lhe interessam para ter uma instalação bem-sucedida do **Microsoft Visual Studio Community 2019**. Caso seu **Windows** não esteja com estas configurações, você deverá trocá-lo por uma versão Pro e de preferência de 64 bits. Quanto mais memória **RAM**, melhor, no mínimo **8 GB**. Feitas estas considerações, a partir deste momento, vou considerar que você tem as configurações acima citadas.

Vamos agora instalar o **Microsoft Visual Studio Community 2019**, para isto digite o seguinte link em seu navegador web: **https://visualstudio.microsoft.com/pt-br/**, eu estou usando o novo navegador da Microsoft, o **Edge**, na página que abre, no item **IDE do Visual Studio**, clique na setinha para baixo e selecione **Community 2019**, conforme **Figura 325**.

Figura 325

Deve aparecer no rodapé do **Microsoft Edge**, perguntando onde salvar os downloads, no botão **Salvar**, clique na setinha para cima e selecione **Salvar como, conforme Figura 326**.

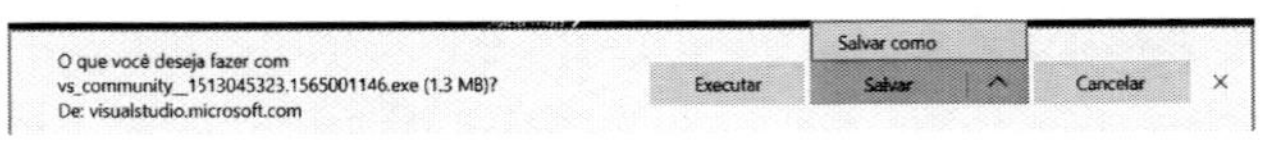

Figura 326

Vai abrir a janela **Salvar como,** conforme **Figura 327**.

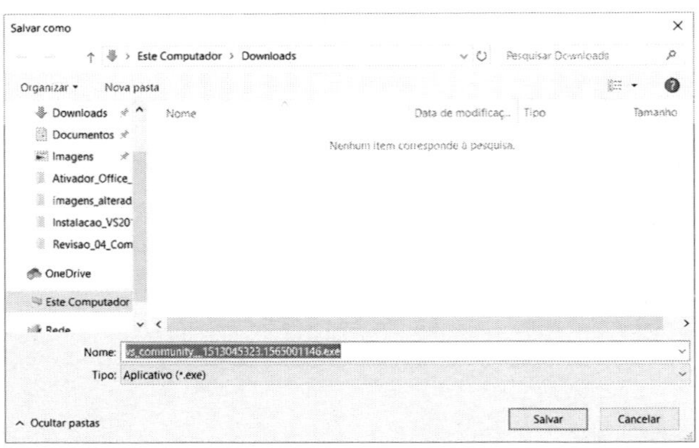

Figura 327

Por padrão, esta janela abre dentro da pasta **Downloads**, mas podemos mudar para a pasta que quisermos. Vou deixar na pasta padrão. Clique no botão **Salvar** e aguarde o término do download, que dependendo da configuração da sua máquina pode demorar um pouco.

Figura 328

Após o término do download, abra a pasta **Downloads**, basta clicar no ícone da pasta **Explorador de Arquivos**, que fica fixa na barra de tarefas do **Windows,** conforme **Figura 328**.

Vai abrir a janela **Explorador de Arquivos,** conforme **Figura 329**.

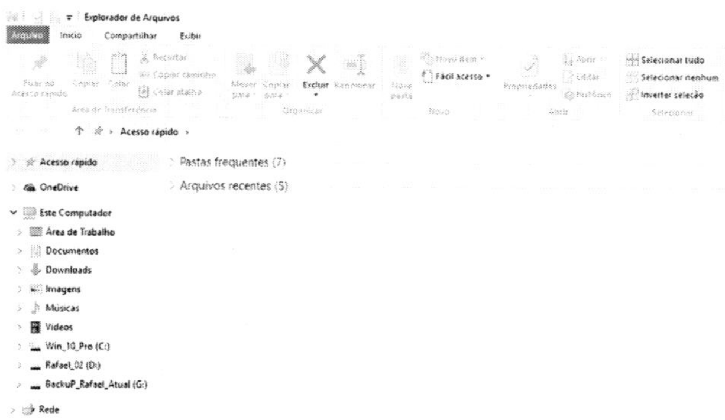

Figura 329

Clique sobre a pasta **Downloads**, e veja que o nosso arquivo baixado está lá, conforme **Figura 330**.

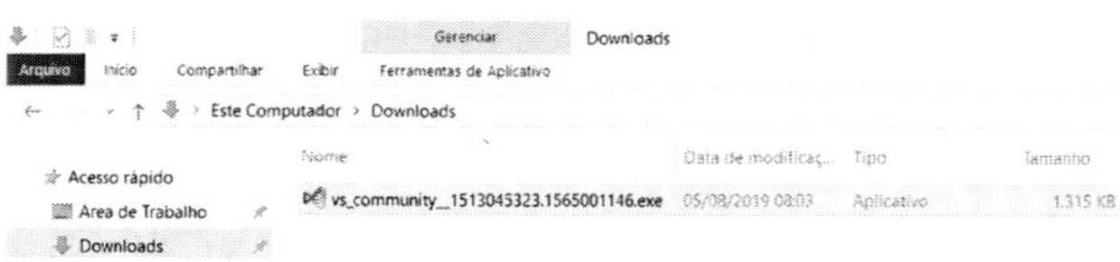

Figura 330

Vamos iniciar a instalação do aplicativo. Eu estou instalando a partir de uma instalação zerada do **Windows**, o único programa que tenho instalado é o **Office 2010**, portanto, vocês podem pular alguns passos, pois alguns aplicativos já devem estar instalados em seu computador. Outro detalhe, você deve estar conectado à Internet durante a instalação deste programa. Clique com o botão esquerdo do mouse sobre o arquivo **vs_community__1513045323.1565001146.exe**, e selecione o item **Executar como administrador**, conforme **Figura 331**.

Figura 331

Em seguida, vai abrir uma janela perguntando se você quer permitir alterações no seu computador, **Deseja permitir que este aplicativo faça alterações no seu computador?**, clique no botão **Sim** e veja que deve aparecer uma janela para aceitar os **Termos de Licença,** conforme **Figura 332**.

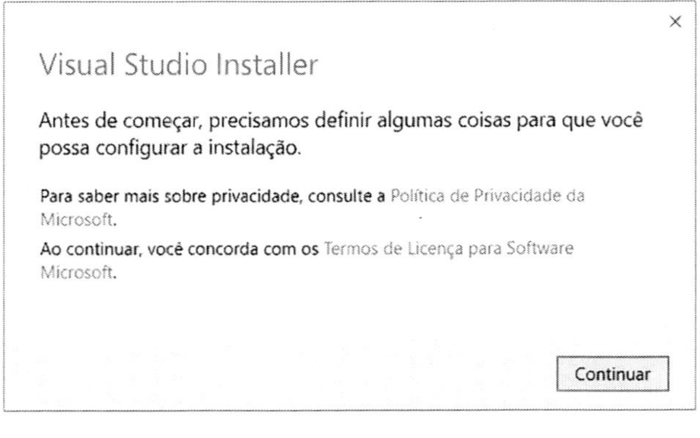

Figura 332

Clique no botão **Continuar**. Aguarde o carregamento, conforme **Figura 333**.

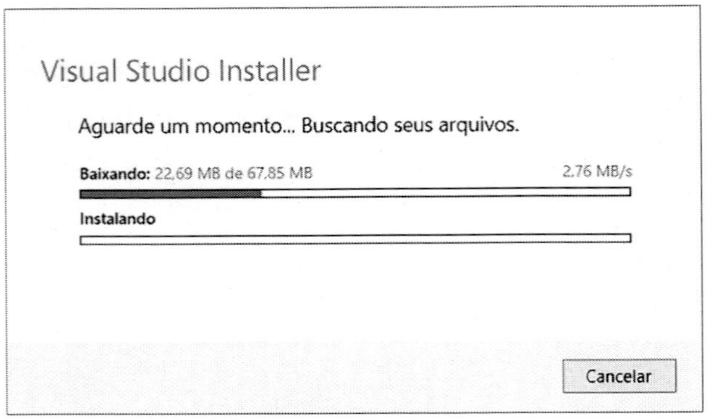

Figura 333

Após o carregamento, vai aparecer a nova tela de configurações do **Visual Studio 2019,** conforme **Figura 334**.

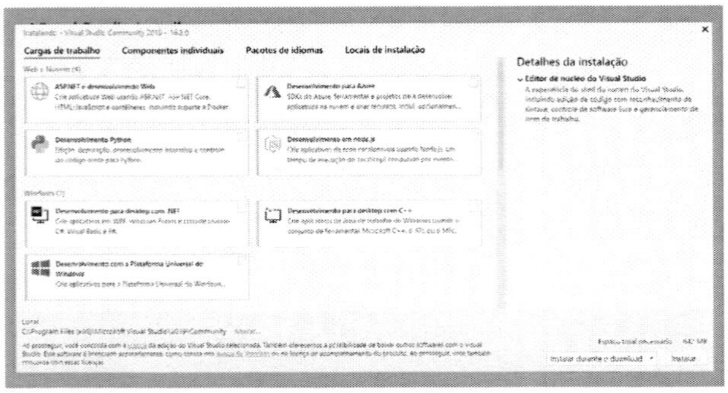

Figura 334

Nesta nova janela, podemos escolher nossas preferências e quais módulos devem ser instalados. No item **Cargas de trabalho**, vamos selecionar no item **Windows**, **Desenvolvimento com a Plataforma Universal do Windows,** conforme **Figura 335**.

Figura 335

Figura 336

Observe que do lado direito, temos uma coluna chamada **Resumo**, nesta coluna, no item **Opcional**, selecione todos os itens, conforme **Figura 336**.

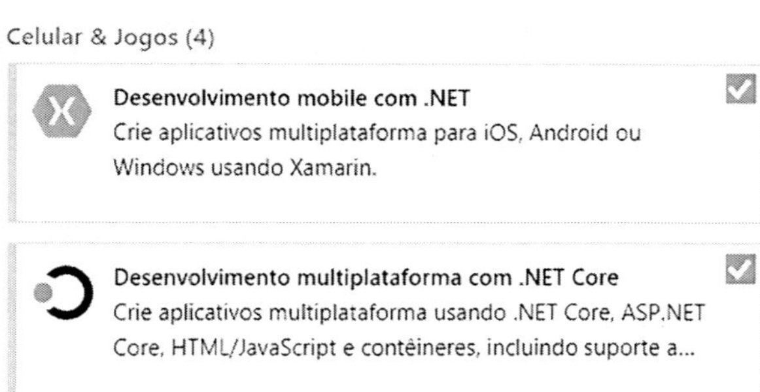

Figura 337

Agora clique na barra de rolagem, e vamos para o item **Celular & Jogos**, e vamos selecionar os itens **Desenvolvimento mobile com .NET** e **Desenvolvimento multiplataforma com .NET Core**, conforme **Figura 337**.

Observe que do lado direito, temos uma coluna chamada **Resumo**, nesta coluna, no item **Opcional**, selecione todos os itens, conforme **Figura 338**.

Figura 338

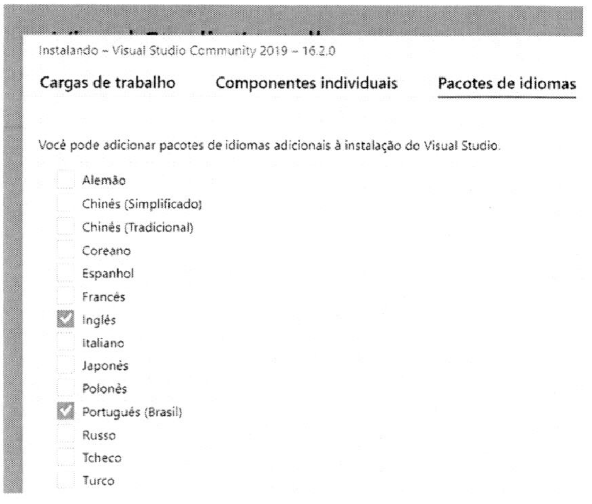

Figura 339

Agora clique no item **Pacotes de Idiomas**, vamos selecionar o item Inglês, conforme **Figura 339**.

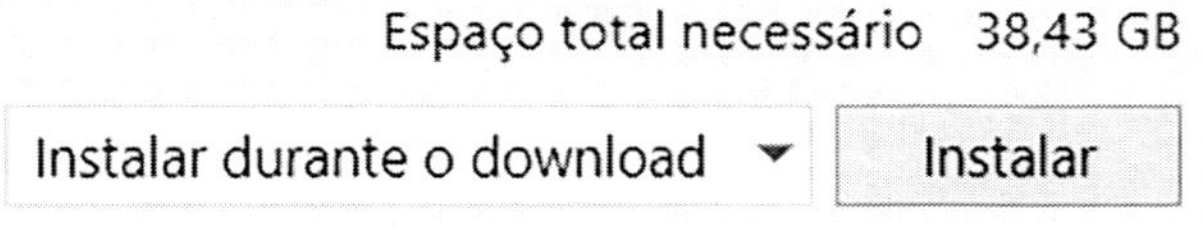

Figura 340

Pronto, podemos começar a instalação, para isto clique no botão **Instalar**, que fica no canto inferior direito da janela de instalação, conforme **Figura 340**.

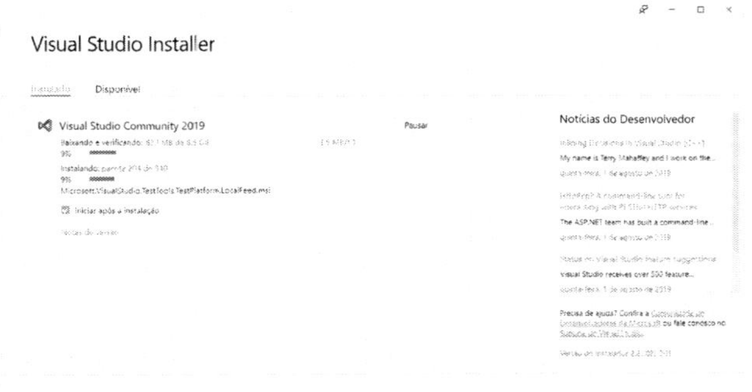

Figura 341

Vai abrir a janela de andamento da instalação, conforme **Figura 341**.

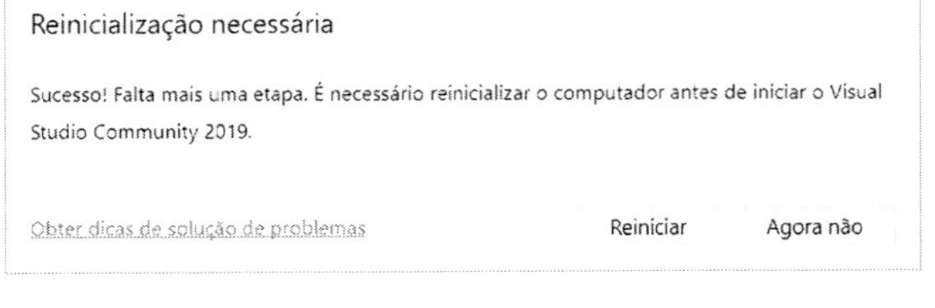

Figura 342

Aguarde o término da instalação, conforme a configuração da sua máquina, pode demorar. Após o término, pode ser que apareça a janela **Reinicialização Necessária,** conforme **Figura 342**.

Clique no botão **Reiniciar** e aguarde o seu computador retornar. Caso esta janela não apareça, feche o **Visual Studio**, e reinicie o computador. Pronto o **Microsoft Visual Studio Community 2019** está instalado e pronto para ser utilizado.

Anexo II

Configurando o Smartphone para Modo Desenvolvedor

Ativando as Opções de Desenvolvedor no Seu Smartphone

Modelo Asus Zenfone 4

Este tutorial é para o modelo **Asus_Z01KD**, com **Android 8.0**, procure na Internet como fazer com o seu modelo de smartphone, mas na maioria das vezes, o procedimento é o mesmo. Na tela inicial, procure um ícone, conforme **Figura 343**.

Pressione o mesmo, na próxima tela, procure o item **Configurar,** conforme **Figura 344**.

Figura 343

Figura 344

Na tela **Configurar**, clique sobre o item **Sistema,** conforme **Figura 345**.

Figura 345

Na tela **Sistema**, clique sobre o item **Sobre,** conforme **Figura 346**.

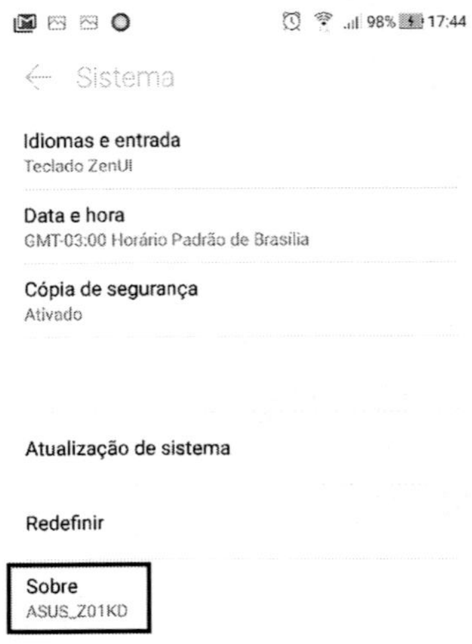

Figura 346

Na tela **Sobre**, clique sobre o item **Informações do software,** conforme **Figura 347**.

Figura 347

Na tela **Informações do software**, clique sete vezes sobre o item **Número da versão,** conforme **Figura 348**.

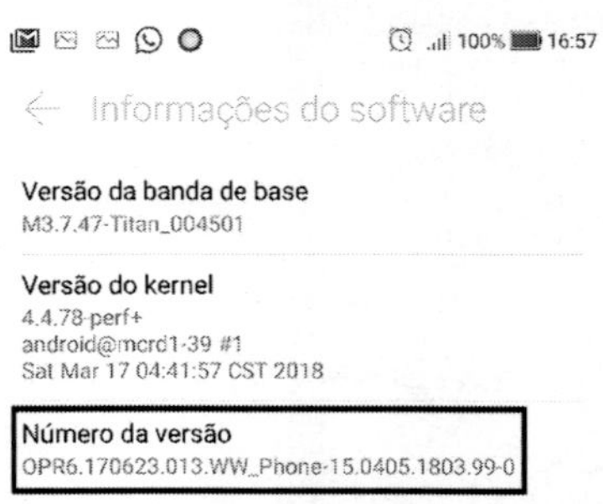

Figura 348

Retorne para a tela **Sistemas**, e veja que agora o item **Opções do desenvolvedor** está ativado, conforme **Figura 349**.

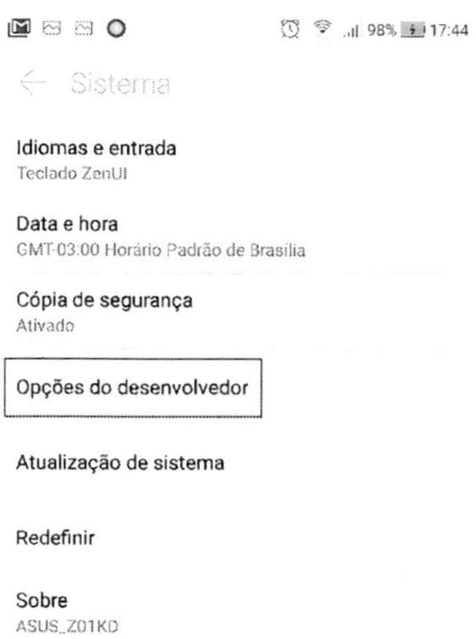

Figura 349

Clique sobre o item **Opções do desenvolvedor** e role a tela um pouco e encontre os itens **Depuração USB** e **Verificar apps por USB** e ative-os, para isto clique sobre o botão que fica do lado direito, e o mesmo deve ficar azulado, conforme **Figura 350**.

Figura 350

Desta forma seu smartphone estará pronto para ser utilizado, basta inseri-lo na porta USB do seu compurador e o **Windows** deverá reconhecê-lo automaticamente, conforme **Figura 351**.

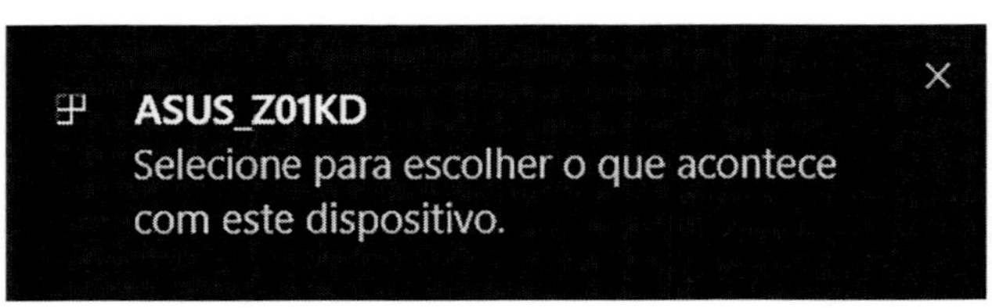

Figura 351

No smartphone, deverá aparecer uma mensagem **Use USB para transf. De arquivo?**, conforme **Figura 352.**

Figura 352

Clique no botão **Sim**. Deve aparecer outra mensagem **Permitir a depuração USB?**, conforme **Figura 353.**

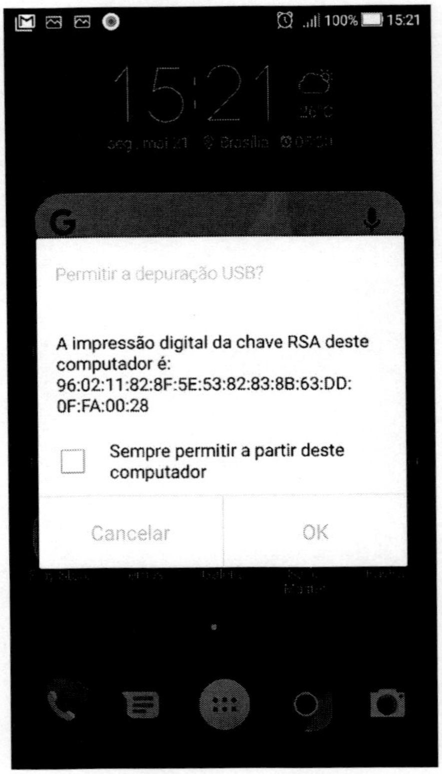

Figura 353

Clique no botão **OK** e deve aparecer novamente outra mensagem **Permitir a depuração USB?**, conforme **Figura 353**, clique no botão **OK**. Caso isto não aconteça, procure na Internet o driver do seu smartphone e faça a instalação do mesmo. Estamos prontos para utilizar nossos aplicativos desenvolvidos no **Visua Studio 2019** no nosso telefone celular.

Desinstalar um Aplicativo do Smartphone

Modelo Asus Zenfone 4

Este tutorial é para o modelo **Asus_Z01KD**, com **Android 8.0**, procure na Internet como fazer com o seu modelo de smartphone, mas na maioria das vezes, o procedimento é o mesmo. Na tela inicial, procure um ícone, conforme vimos na **Figura 327**. Em seguida role as páginas até encontrar o ícone do **App**, segure com o dedo e arraste até o item **Desinstalar,** conforme **Figura 354**.

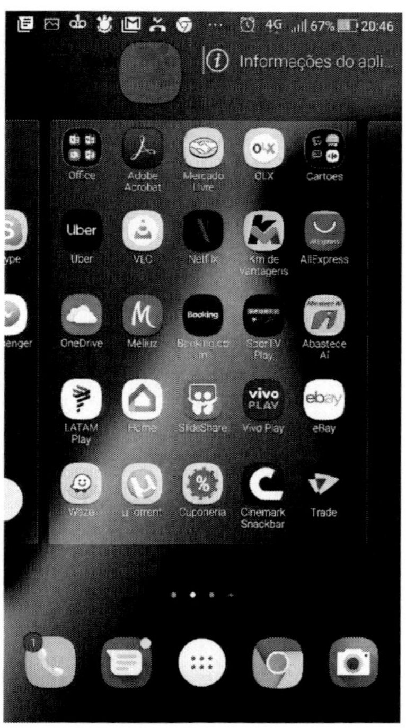

Figura 354

Aguarde e deve aparecer uma mensagem **rei_das_verduras.Android: Rei das Verduras é parte do seguinte app: rei_das_verduras.Android: Rei das Verduras. Deseja desinstalar este app?**, conforme **Figura 355.**

Figura 355

Clique no botão **OK**. Vai aparecer uma mensagem no rodapé da tela dizendo que o app foi desinstalado, conforme **Figura 356**.

Figura 356

Anexo IV

Publicando seu app na Play Store

Nosso aplicativo para **Android** foi criado com sucesso, agora veremos como distribuir esse aplicativo na loja da **Google**, para isto, vamos reduzir o tamanho do aplicativo pegando apenas assemblies **SDK**, para isto, abra a janela **Solution Explorer** ou pressione, ao mesmo tempo, as teclas **Ctrl+Alt+L**, e deve abrir a janela **Solution Explorer,** conforme vimos na **Figura 231**, em seguida clique com o botão direito do mouse sobre o projeto **rei_das_verduras.Android**, e logo após selecione o item de menu **Properties**, ou pressione ao mesmo tempo as teclas **Alt+Enter,** conforme **Figura 357**.

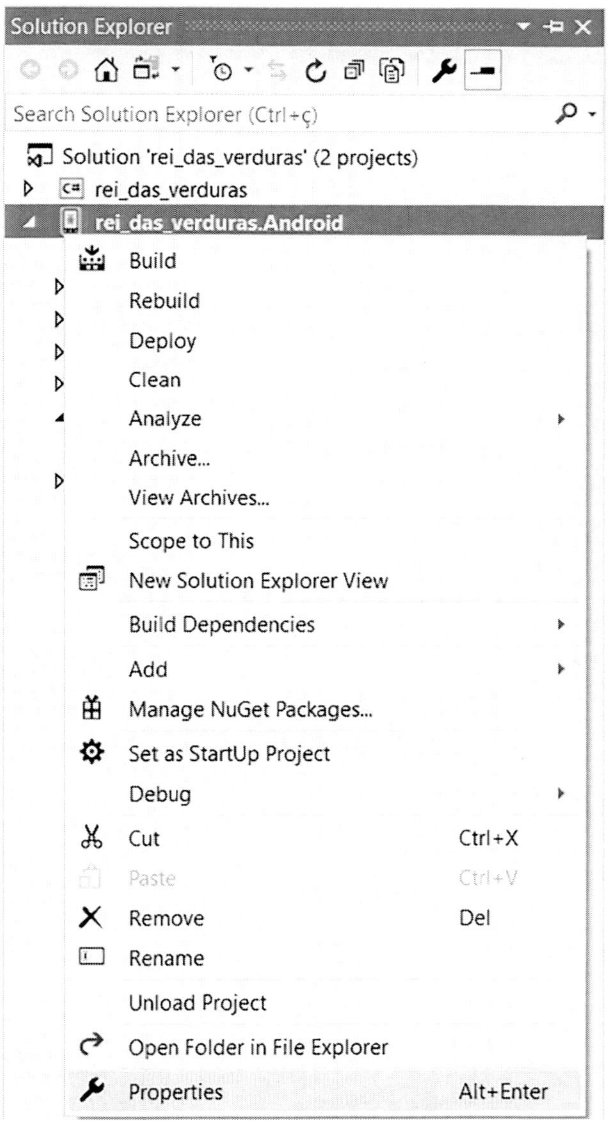

Figura 357

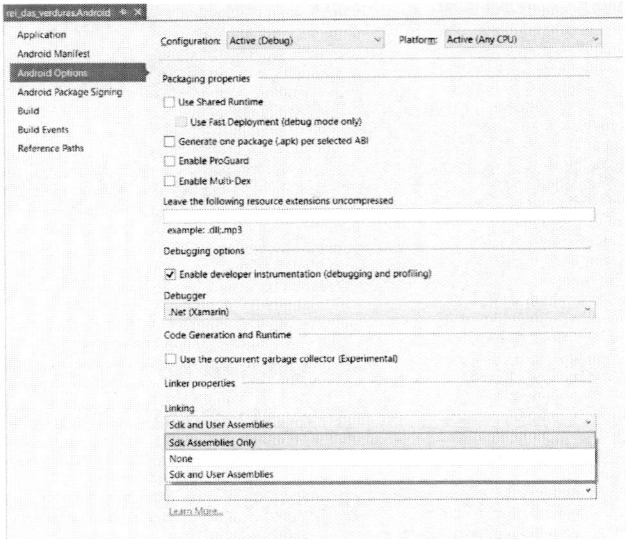

Figura 358

Vai abrir a janela de propriedades do projeto, no menu lateral do lado esquerdo, clique no item **Android Options**, no item **Packaging properties**, verifique se a opção **Use Shared Runtime** está desmarcado, se não tiver, desmarque-a, no item **Linking**, selecione no **combo box**, o item **Sdk Assemblies Only**, conforme **Figura 358**.

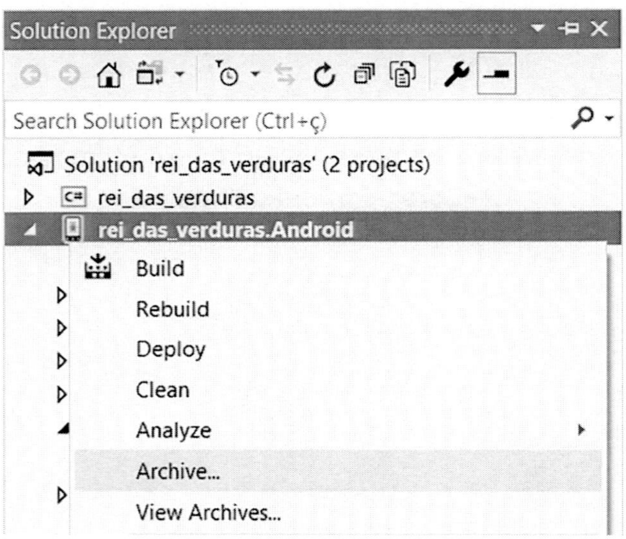

Figura 359

Em seguida salve seu projeto, conforme vimos nas **Figuras 249 e 250**. Clique no **X,** que fica no lado superior direito da janela, para fechá-la. Agora vamos criar um pacote **Android**, para isto, abra a janela **Solution Explorer** ou pressione, ao mesmo tempo, as teclas **Ctrl+Alt+L**, e deve abrir a janela **Solution Explorer** conforme vimos na **Figura 231**, em seguida clique com o botão direito do mouse sobre o projeto **rei_das_verduras.Android**, em seguida selecione o item de menu **Archive...,** conforme **Figura 359**.

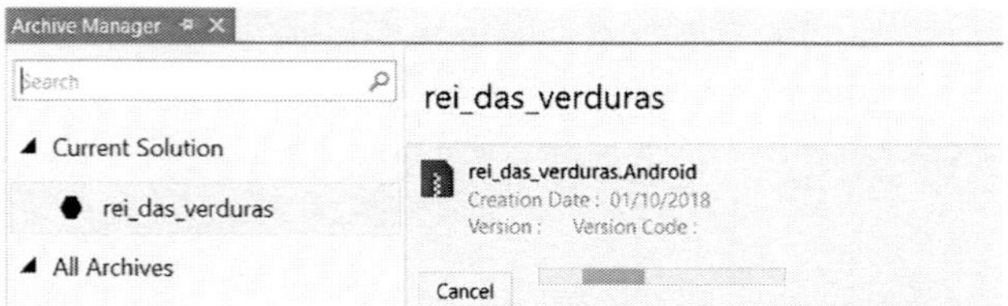

Figura 360

Vai abrir a janela **Archive Manager**, que vai criar o pacote **Android**, conforme **Figura 360**.

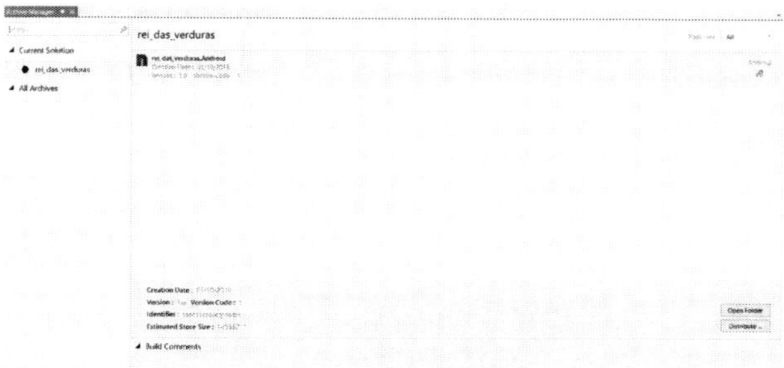

Figura 361

Aguarde o término da criação do pacote, e a tela deve ficar conforme **Figura 361**.

Figura 362

Observe que abaixo dessa tela apareceram dois botões, **Open Folder**, vai abrir a pasta onde o pacote **Android .apk** foi criado, mas o mesmo ainda não está assinado. Para distribuirmos um aplicativo corretamente, precisamos assinar este app antes da distribuição. Para isto, clique no segundo botão **Distribute...**, e vai abrir a janela **Distribute**, perguntando como você deseja distribuir pelo **Google Play** ou **Ad Hoc,** conforme **Figura 362**.

Figura 363

Se escolhermos o **Google Play**, então precisaremos fazer o processo de registro, pagar 35 dólares e assim por diante. Aqui, vamos utilizar a opção **Ad Hoc**, que é usado para distribuir localmente, desta forma, basta enviar um email para seu cliente com o pacote anexo, e instalar o mesmo. Veremos mais adiante como fazer isto. Clique no botão **Ad Hoc**, na nova configuração da janela, clique no botão com um sinal de mais (+) na cor verde, conforme **Figura 363**.

Figura 364

Vai abrir a janela **Create Android Keystore,** conforme **Figura 364**.

Como não temos nenhum certificado assinado, vamos preencher todos os campos da janela **Create Android Keystore**, o primeiro é o campo **Alias** ou apelido, vou colocar as inicias do meu nome **RSA**. No campo **Password** ou senha, digite uma senha que você não esqueça, pois vamos precisar dela mais adiante. No campo **Confirm** ou confirmar, repita a senha digitada. No campo **Validity** ou validade, deixe como está, com 30 anos. No campo **Full Name** ou nome completo, digite o seu nome completo. No campo **Organizational Unit** ou unidade organizacional, digite Desenvolvimento. No campo **Organization** ou organização, digite o nome da sua empresa, se for autônomo, digite Particular.

Figura 365

No campo **City or Locality** ou cidade ou localização, digite o nome da sua cidade. No campo **State or Province** ou estado ou província, digite o nome do seu estado. No campo **Country Code** ou Código do País, digite 55, que é o código do Brasil. Verifique se ficou tudo preenchido, conforme **Figura 365**.

Figura 366

Clique no botão **Create**, e vamos retornar para a nossa janela **Distribute**, selecione o certificado **RSA** que se econtra na grade, pois é o único que temos no momento, conforme **Figura 366**.

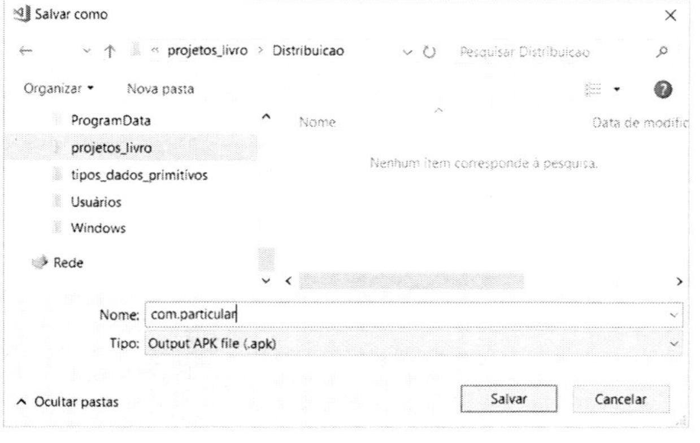

Figura 367

Clique no botão **Save As**, vai abrir a janela **Salvar como**, conforme vimos na **Figura 327**, procure a pasta onde salvamos nosso projetos, no meu caso estou direcionando para uma pasta que chamei de **projetos_livro** no meu **C:**, crie uma nova pasta chamada **Distribuicao**, para isto clique no item **Nova pasta**, no menu de ferramentas, em seguida digite **Distribuicao**, conforme vimos na **Figura 234**. Pressione a tecla **Enter** duas vezes. Pronto, acabamos de criar nossa pasta, no item **Nome:**, digite com.particular, veja como ficou, conforme **Figura 367**.

Figura 368

Clique no botão **Salvar**, será pedido para digitar a senha, que criamos no certificado, conforme **Figura 368**.

Figura 369

Digite a senha e clique no botão **OK**, aguarde um pouco e vamos retornar para janela **Archive Manager**, o Aplicativo assinado será gerado na pasta **Distribuicao** que criamos. Para localizá-lo clique no botão **Open Distribution** ou abrir distribuição, conforme **Figura 369**.

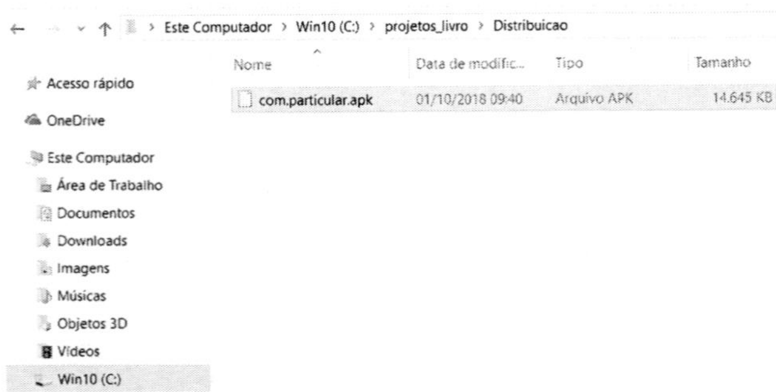

Figura 370

Veja que nosso pacote **com.particular.apk** foi criado e está assinado e pronto para distribuir para nossos clientes, conforme **Figura 370**.

Nosso aplicativo está pronto para ser distribuído. Agora, podemos compartilhar este aplicativo em qualquer lugar em que o **Android OS** seja compatível. No nosso caso, vamos criar uma pasta no **Google Drive**, para compartilhar com nossos clientes e os mesmos vão instalar via **Google Drive** em seu smartphone.

Instalando o App Via Google Drive

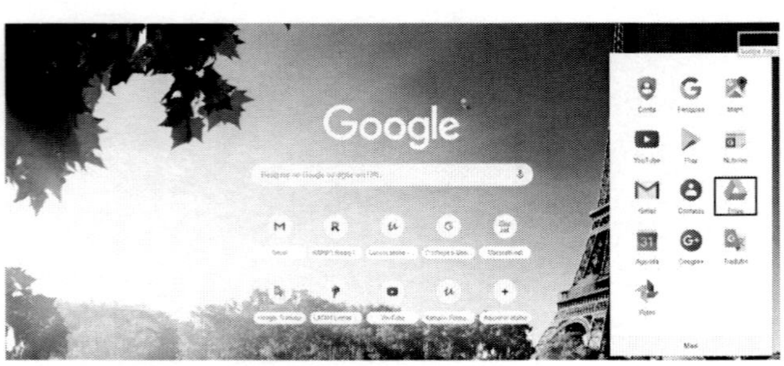

Figura 371

Primeiro vamos criar uma pasta chamada **DistribuirApp**, no **Google Drive**, para isto, abra o navegador **Chrome**, vamos até o item **Google Apps**, que fica no canto superior direito da janela e vamos selecionar o item **Drive,** conforme **Figura 371**.

Na janela do **Escolha uma conta**, entre com sua conta do **gmail**, se não tiver uma, tem que criar. Clique sobre o nome da sua conta, conforme **Figura 372**.

Figura 372

Na próxima janela, digite a senha da sua conta, conforme **Figura 373**.

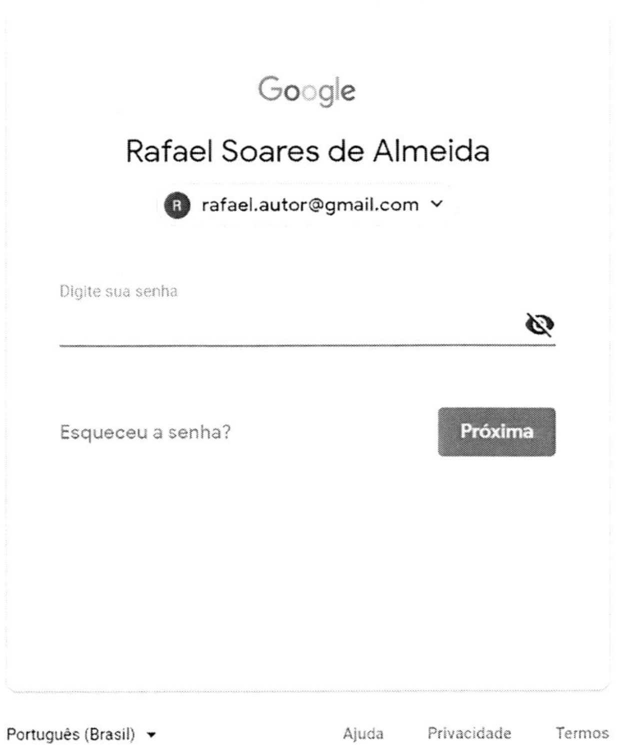

Figura 373

Clique no botão **Próxima**, pode ser que o gmail peça alguma confirmação da sua conta, faça as confirmações e iremos para a janela do **Drive**, clique no botão **Novo**, em seguida clique no item **Pasta,** conforme **Figura 374**.

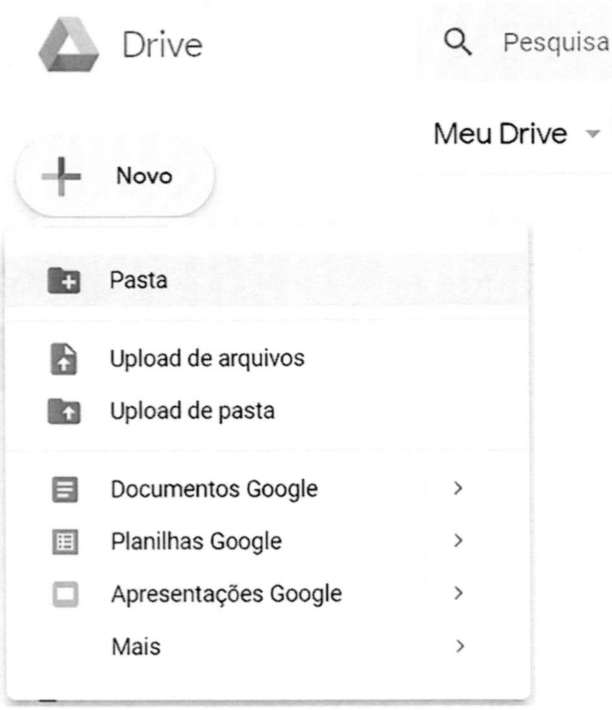

Figura 374

Na janela **Nova pasta**, digite **DistribuirApp,** conforme **Figura 375**.

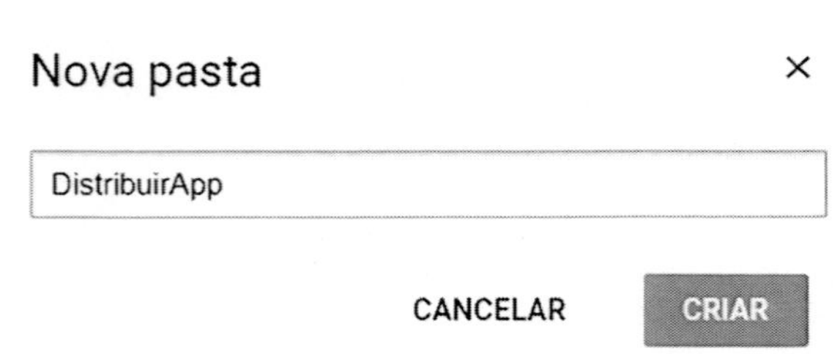

Figura 375

Clique no botão **Criar**, veja que a nossa pasta foi criada, conforme **Figura 376**.

Figura 376

Clique duas vezes sobre a pasta **DistribuirA-pp**, em seguida clique com o botão esquerdo do mouse na área vazia da pasta, e no menu suspenso selecione o item **Fazer upload de arquivos...**, conforme **Figura 377.**

Figura 377

Procure a pasta onde salvamos nossos projetos, no meu caso estou direcionando para uma pasta que chamei de **Distribuicao** no seguinte caminho: **C:\projetos_livro\Distribuicao**, selecione o arquivo **com.particular.apk,** conforme **Figura 378**.

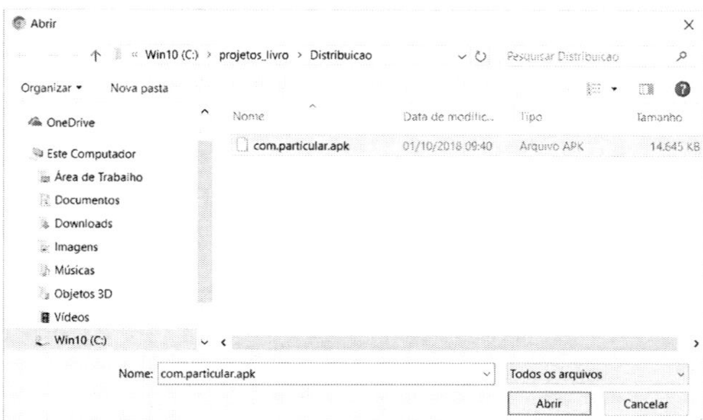

Figura 378

Clique no botão **Abrir**, e aguarde o término do **upload,** conforme **Figura 379**.

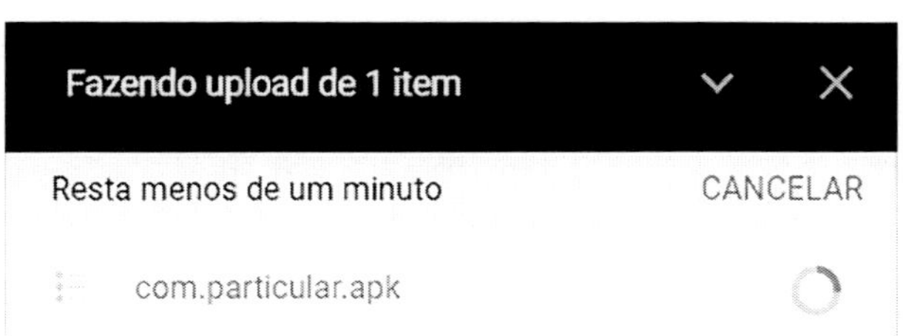

Figura 379

Ao finalizar, veja vomo ficou, conforme **Figura 380**.

Figura 380

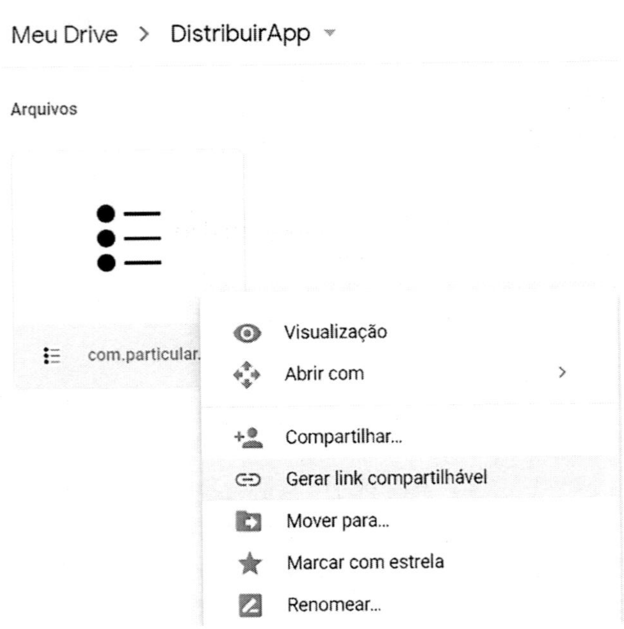

Figura 381

Agora selecione o pacote **com.particular.apk**, clique com o botão esquerdo do mouse sobre o mesmo, e no menu suspenso selecione o item **Gerar link compartilhável,** conforme **Figura 381**.

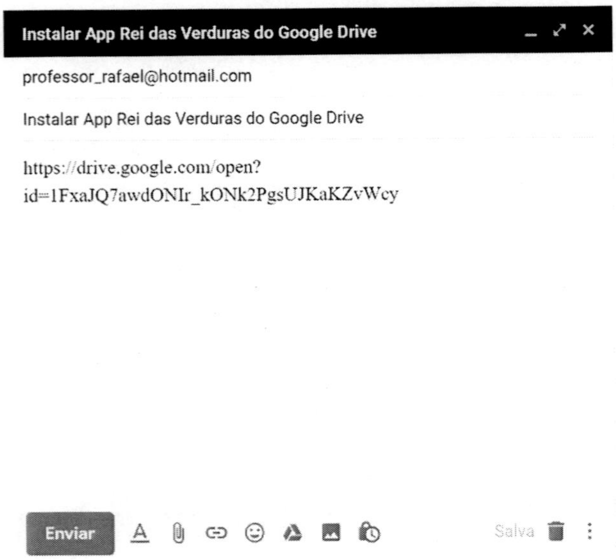

Figura 382

Agora, abra o seu gerenciador de email, vou usar um email antigo, da **Hotmail**, para vermos que independentemente do email, podemos baixar o pacote para nosso smartphone, desde que o mesmo esteja configurado com a conta de email do cliente ou clientes, no corpo do email pressione, ao mesmo tempo, as teclas **Ctrl+V**, para colar o link gerado, veja como ficou, conforme **Figura 382**.

Clique no botão **Enviar**. Agora vamos ao smartphone e baixar o pacote.

Como foi usado o **Hotmail**, o cliente deve ter em seu smartphone o **Outlook** configurado, para isto procure o ícone do mesmo no smartphone, conforme **Figura 383**.

Figura 383

Pressione este ícone e vamos para a caixa de entrada do **Outlook,** conforme **Figura 384**.

Figura 384

O cliente vai abrir a mensagem que recebeu, conforme **Figura 385**.

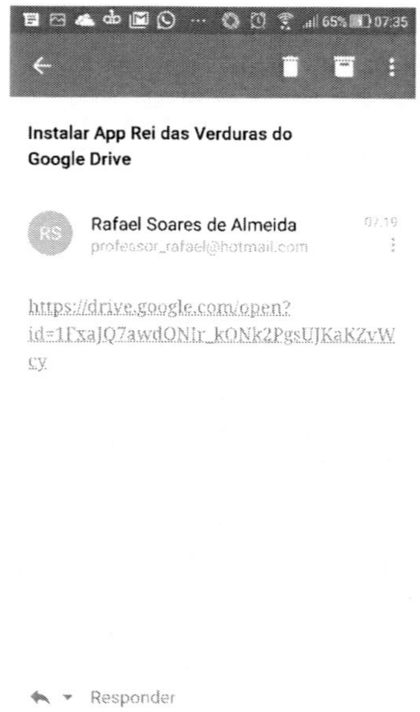

Figura 385

Agora o cliente deve segurar com o dedo por alguns segundos sobre o link que está no corpo do email, que foi enviado para ele, e deve abrir uma janela no rodapé do smartphone, perguntando se o mesmo quer **Copiar endereço do link** ou **Abrir no navegador**, deve ser escolhida a 2ª opção, conforme **Figura 386**.

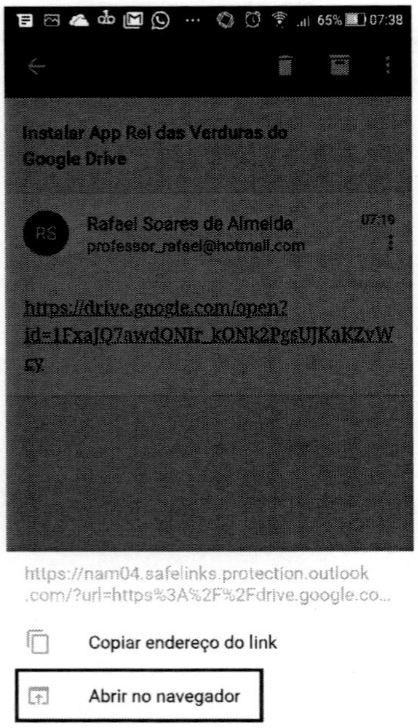

Figura 386

Na próxima tela deve aparecer uma mensagem **Abrindo no Google Drive,** conforme **Figura 387**.

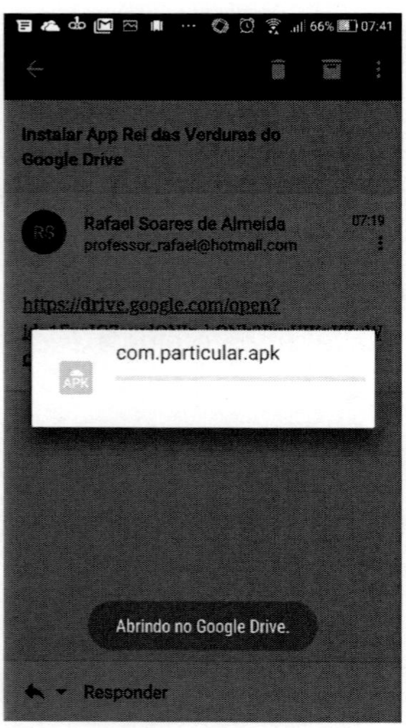

Figura 387

Aguarde, na próxima tela deve aparecer uma mensagem **Promovendo app...**, conforme **Figura 388**.

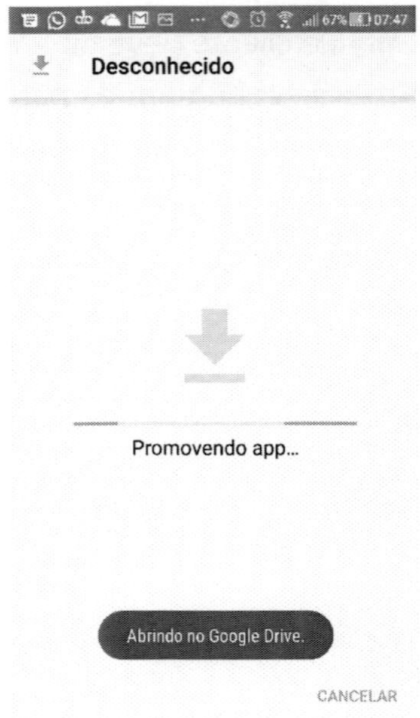

Figura 388

Aguarde, na próxima tela deve aparecer uma mensagem perguntando se o cliente quer permitir a instalação do App do **Google Drive,** conforme **Figura 389**.

Figura 389

Clique no botão **CONFIGURAÇÕES**, vai abrir a janela **Instalar apps desconhecidos,** conforme **Figura 390**.

Figura 390

Habilite o item **Permitir desta fonte**, para isto deslize o controle para a esquerda, de forma que ele fique habilitado, conforme **Figura 391**.

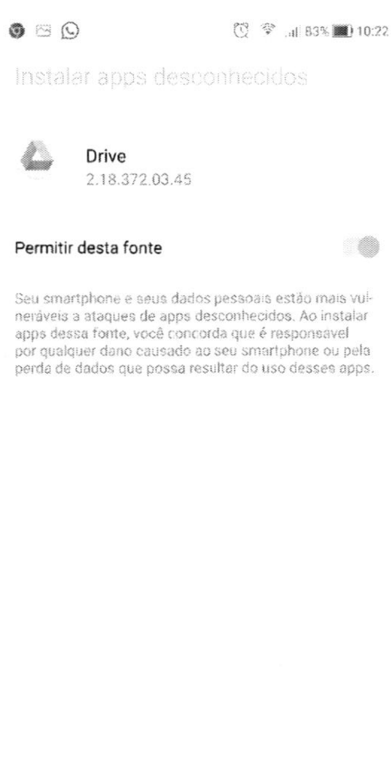

Figura 391

Em seguida, pressione a tecla múltiplas janelas do smartphone, e feche as janelas: **Instalador do pacote**, **Drive** e **Chrome** Basta clicar no botão do **X** das mesmas, conforme **Figura 392**.

Figura 392

Vamos retornar para o **Outlook**, e repetir os procedimentos que vimos nas **Figuras 385** a **388**, como já foi habilitado para baixar do **Google Drive**, vai aparecer a janela **Desconhecido**, e a mensagem **Promovendo app...**, conforme **Figura 393**.

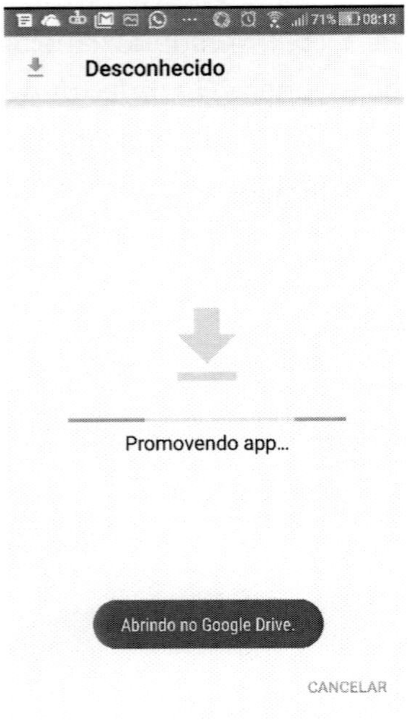

Figura 393

Em seguida vai aparecer a janela perguntando se o cliente quer instalar o **App,** conforme **Figura 394**.

Figura 394

Clique no botão **INSTALAR**, aguarde a instalação, conforme **Figura 395**.

Figura 395

Se o cliente tiver algum antivírus, pode ser que apareça a tela abaixo, conforme **Figura 396**.

Figura 396

Clique no botão **INSTALAR ASSIM MESMO**, aguarde e vai aparecer a janela dizendo que o App foi instalado, conforme **Figura 397**.

Figura 397

Clique no botão **ABRIR**, e veja que vai aparecer a tela principal do aplicativo, conforme vimos na **Figura 314**. Para abrir o aplicativo no smartphone, procure o ícone do mesmo, conforme vimos na **Figura 313**. Pronto, este é o procedimento para quem não quer gastar dinheiro com a loja da Google Play.

Anexo V

Instalando o SDK do Android

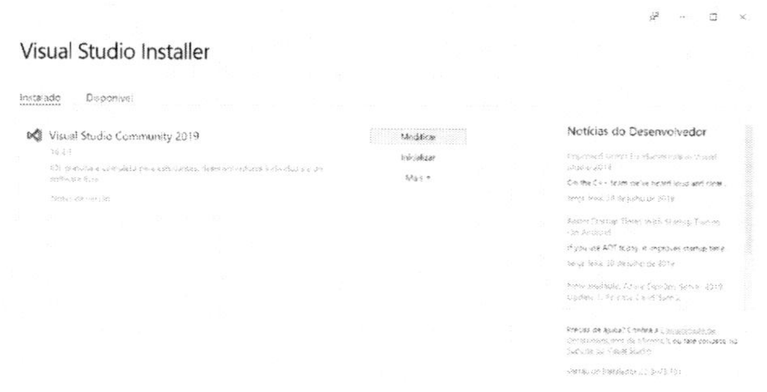

Figura 398

Caso tenha dado o erro que aparece na **Figura 230**, vamos repetir o processo de instalação do **Visual Studio 2019**, conforme vimos nas **Figuras 330** e **331**, vai aparecer a janela **Visual Studio Installer**, conforme **Figura 398**.

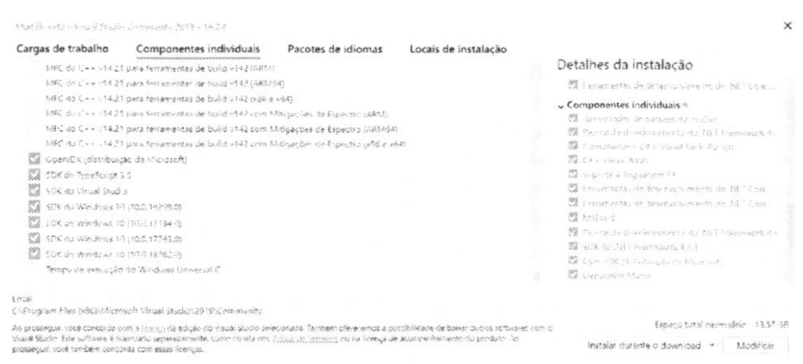

Figura 399

Clique no botão **Modificar**, na janela **Modificando**, clique sobre o item **Componentes Individuais**, em seguida vá rolando a barra de rolagem e no item **Atividades de desenvolvimento**, selecione a opção **Xamarim**, clicando na caixinha que tem na frente do mesmo.

Continue e vá até o item **Emuladores**, selecione a opção **Google Android Emulator (Nível 25 da API) (instalação local)**, clicando na caixinha que tem na frente do mesmo. Continue e vá até o item **SDKs, bibliotecas e estruturas**, selecione a opção **Instalação do SDK do Android (nível da API 28)**, clicando na caixinha que tem na frente do mesmo. Continue neste item e selecione a opção **SDK do Visual Studio**, clicando na caixinha que tem na frente do mesmo, conforme **Figura 399**.

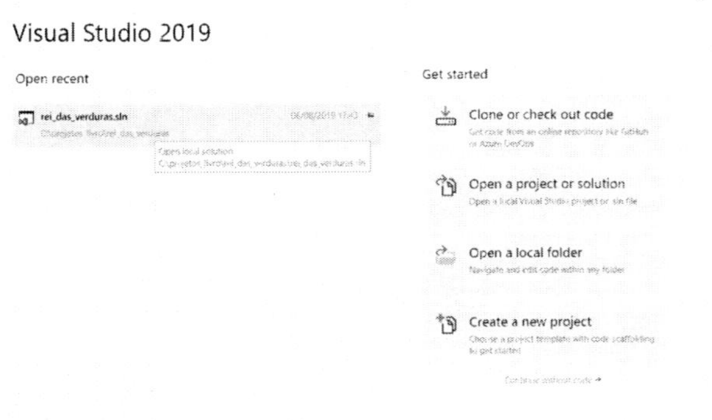

Figura 400

Após selecionar os itens acima, clique no botão **Modificar** e aguarde o término da instalação. Ao terminar vamos retornar para a janela **Visual Studio Installer**, conforme vimos na **Figura 398**, agora clique no botão **Inicializar**, vai abrir o **Visual Studio 2019**, veja que agora no item **Open recent**, temos o projeto que criamos anteriormente, conforme **Figura 400**.

Clique com o botão do mouse sobre o nome do projeto e aguarde a abertura do mesmo. E veja que o erro sumiu.

Instalando o Emulador do Android

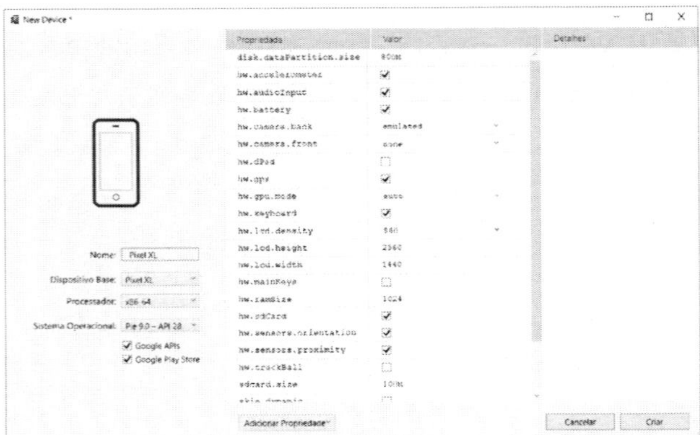

Figura 401

Para instalar o **Emulador** do **Android**, vá até a janela **Select Device**, clique na setinha para baixo no **ComboBox**, e selecione o item **Create Android Emulator...**, conforme vimos **Figura 308**, vai aparecer uma janela perguntando **Deseja permitir que este aplicativo faça alterações no seu computador?**, clique no botão **Sim** e veja que vai aparecer a janela **New Device**, no item **Nome:**, digite um nome para seu dispositivo, eu vou usar o nome **Pixel XL**, no item **Dispositivo Base:**, clique na setinha da **combobox** e selecione o item **Pixel XL**, no item **Processador:**, selecione **x86_64**, conforme **Figura 401**.

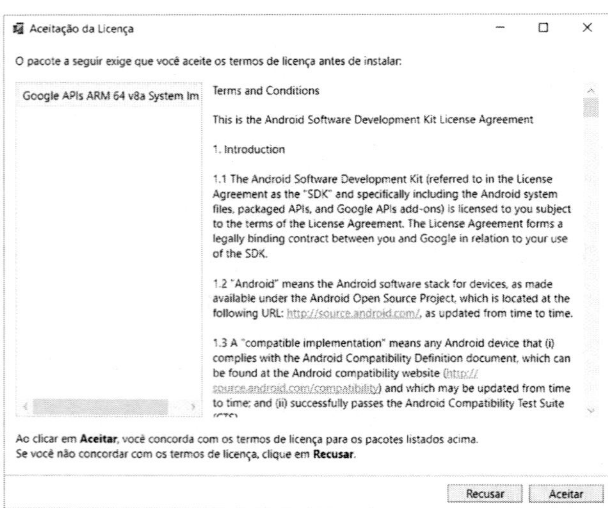

Figura 402

Clique no botão **Criar**, vai aparecer a janela **Aceitação da Licença**, conforme **Figura 402**.

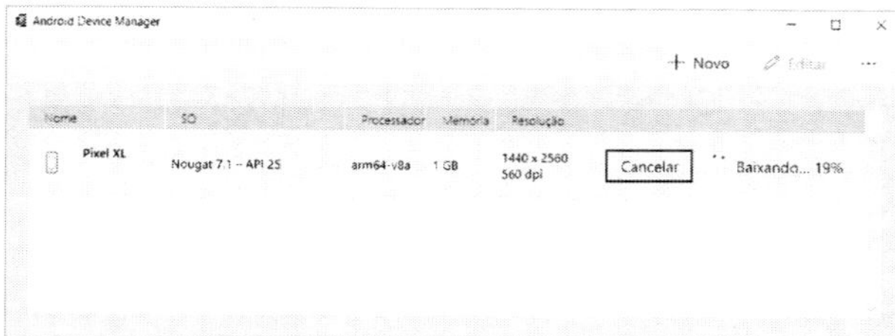

Figura 403

Clique no botão **Aceitar**, vai aparecer a janela **Android Device Manager**, conforme **Figura 403**.

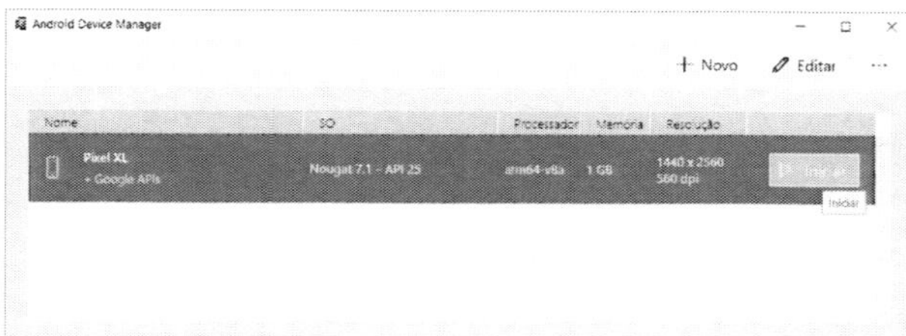

Figura 404

Aguarde até que o **Download** do **Emulador** seja feito e o mesmo seja criado e atualizado, ao final a janela **Android Device Manager** vai ficar conforme **Figura 404**.

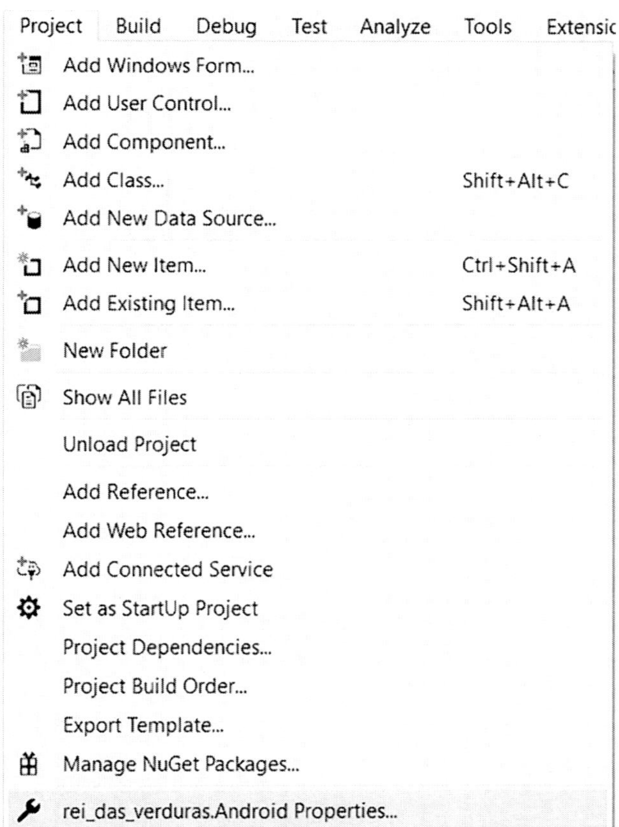

Figura 405

Feche esta janela, basta clicar no **X** no canto superior direito. Vamos retornar para nossa IDE do **Visual Studio 2019**, clique no menu Project, em seguida, selecione o item **rei_das_verduras.Android Properties...**, conforme **Figura 405**.

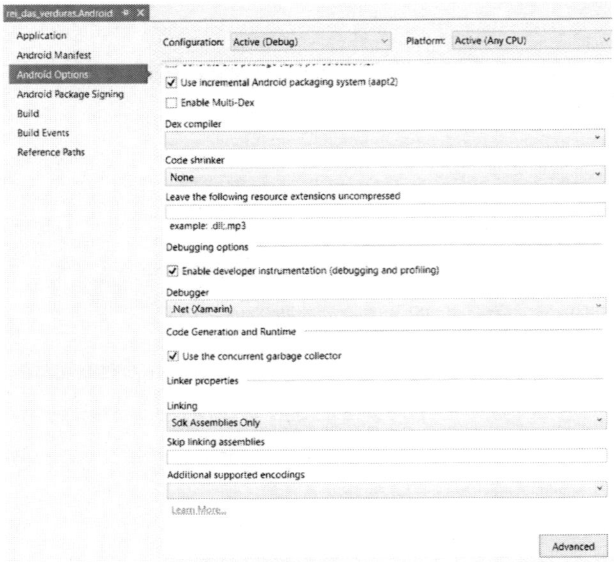

Vai abrir a janela de configuração do projeto **rei_das_verduras.Android**, no menu do lado esquerdo, no item **Android Options**, role a tela até encontrar o botão **Advanced**, conforme **Figura 406**.

Figura 406

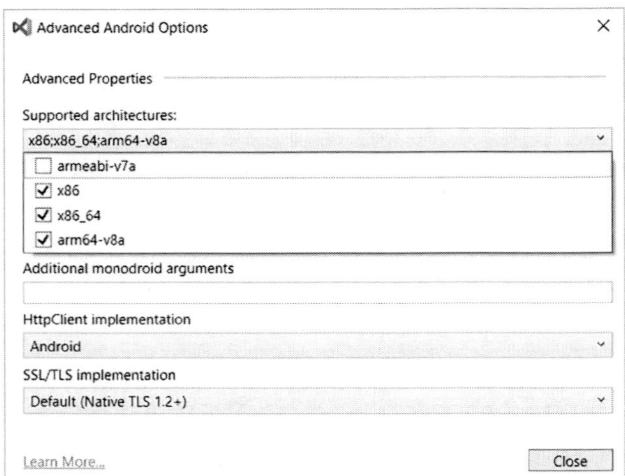

Clique no botão **Advanced**, vai abrir a janela **Advanced Properties Options**, no item **Supported architectures:**, clique na setinha para baixo da caixa **combobox** e deixe marcado somente os itens conforme **Figura 407**.

Figura 407

Clique no botão **Close**. Salve seu projeto, conforme vimos nas **Figuras 249** e **250**. Feche a janela **rei_das_verduras.Android**, clicando no X ao lado do nome da mesma. Feche o **Visual Studio 2019** vamos habilitar o **Hyper-V**.

Habilitar a aceleração do Hyper-V

Vamos seguir as seguintes etapas para acelerar o **Emulator Android** com o **Hyper-V**:

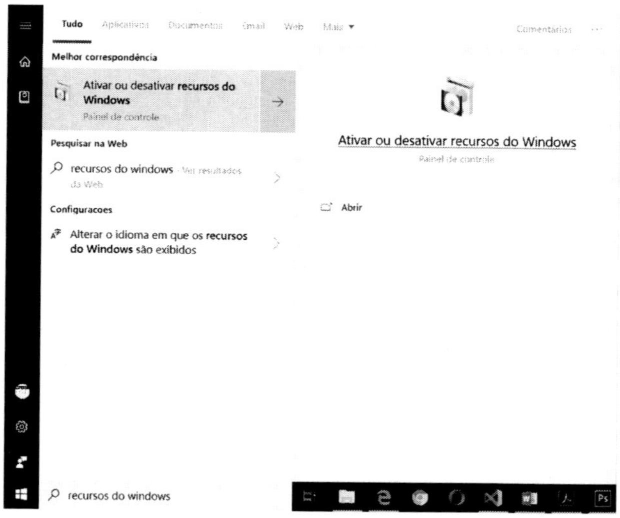

Figura 408

Digite **recursos do windows** na caixa de pesquisa do **Windows**, na janela do lado direito clique sobre o item e selecione **Ativar ou desativar recursos do Windows,** conforme **Figura 408**.

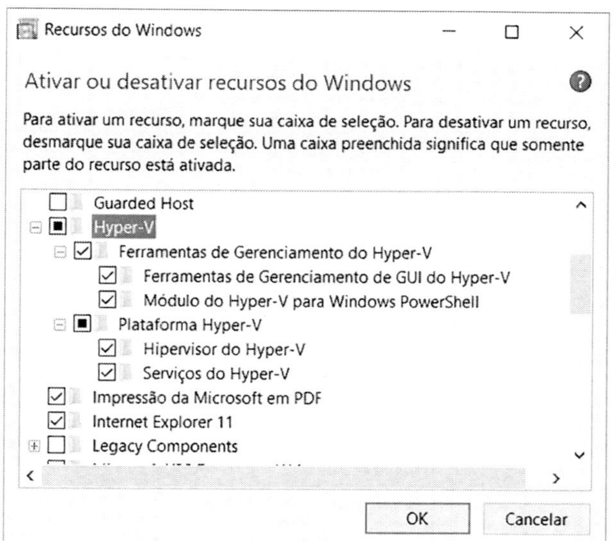

Figura 409

Vai abrir a janela **Recursos do Windows**, selecione o item **Hyper-V**, clicando no quadradinho em frente ao item, conforme **Figura 409**.

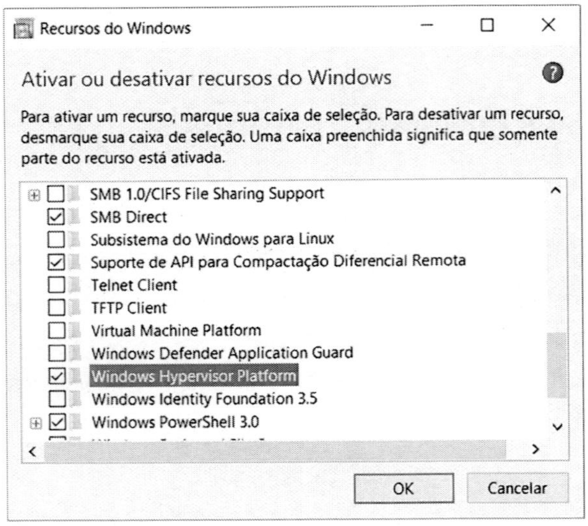

Figura 410

Role a tela e procure o item **Windows Hypervisor Platform**, e marque-o, conforme **Figura 410**.

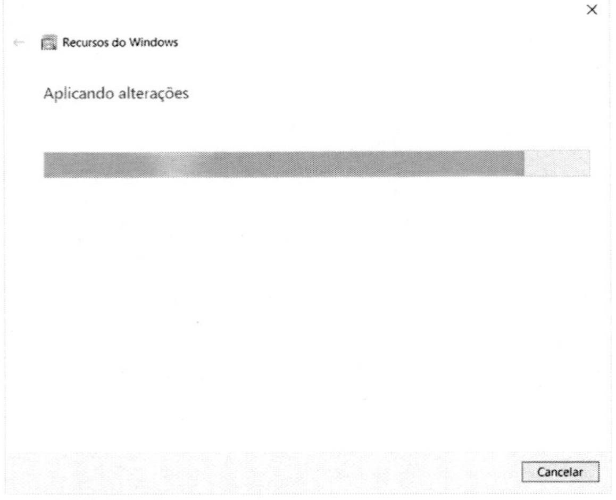

Figura 411

Clique no botão **OK**, aguarde a pesquisa dos arquivos e a aplicação das alterações, conforme **Figura 411**.

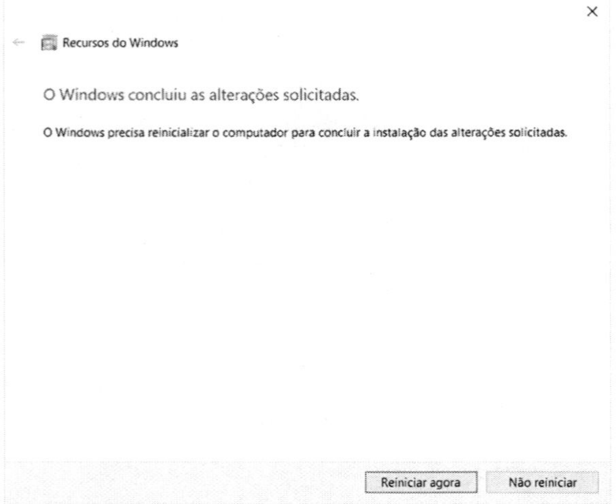

Figura 412

Após a conclusão das alterações, vai aparecer uma janela pedindo para reiniciar o computador, conforme **Figura 412**.

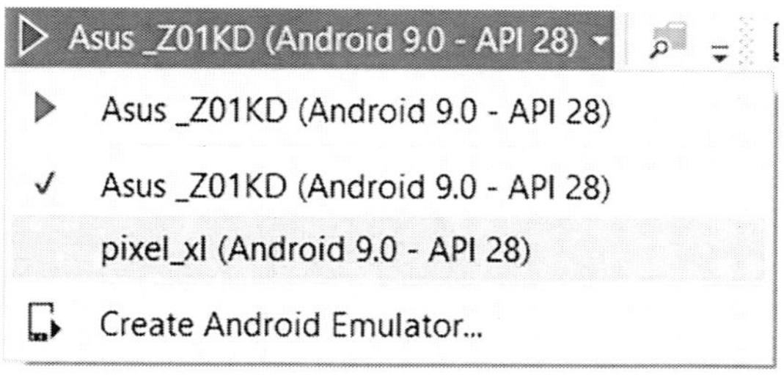

Figura 413

Clique no botão **Reiniciar agora**, aguarde o reinício. Quando voltar, vai abrir novamente o **Visual Studio 2019**, para isto basta clicar sobre o ícone do programa, conforme vimos na **Figura 210**, vai abrir o **Visual Studio 2019**, veja que agora no item **Open recent**, temos o projeto que criamos anteriormente, conforme vimos na **Figura 400**.

Clique com o botão do mouse sobre o nome do projeto e aguarde a abertura do mesmo. Vá até a janela **Select Device**, clique na setinha para baixo no **ComboBox**, e selecione o item **pixel_xl (Android 9.0 – API 28)**, conforme **Figura 413**.

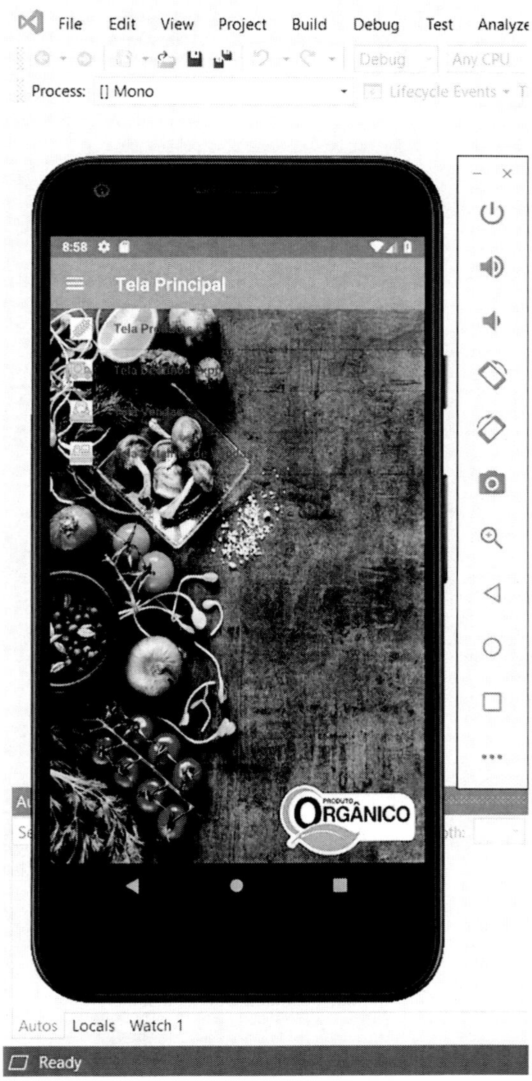

Figura 414

Em seguida vá para o menu **Debug**, e logo após selecione o item **Start Debugging** ou pressione a tecla **F5**, conforme vimos na **Figura 309**. Ou simplesmente clique na setinha verde que fica na janela **Select Device**, conforme vimos na **Figura 310**. Observe que, no canto inferior esquerdo, aparecerão algumas mensagens de inicialização do emulador, conforme vimos na **Figura 311**. Este processo pode demorar um pouco. Quando o aplicativo for instalado no emulador, aparecerá a seguinte mensagem **Ready** no canto inferior esquerdo, conforme **Figura 414**.

Vamos retornar ao **Visual Studio**. Para isto, clique no ícone do **Visual Studio** na barra de tarefas do **Windows**, conforme vimos na **Figura 210**. Ao abrir o **Visual Studio**, vá para o menu **Debug**, em seguida, selecione o item **Stop Debugging** ou pressione simultaneamente as teclas **Shift+F5,** conforme vimos na **Figura 322**. Se for usar sempre o emulador, não feche o mesmo, pois com ele aberto a compilação fica mais rápida.

Impressão e acabamento
Gráfica da Editora Ciência Moderna Ltda.
Tel: (21) 2201 - 6662